프랑스어
사전의 역사

〈전통과 혁신〉

Dictionaire Francoislatin, contenant les motz & manieres de parler Francois, tournez en Latin.

A PARIS.
De l'imprimerie de Robert Estienne.
M.D.XXXIX. 1539

Auec priuilege du Roy.

로베르 에티엔의 프랑스어-라틴어 사전(1539)

프랑스어를 표제어로 삼은 최초의 사전이다. 표지 아래에 왕의 허가를 얻어 출간되었다는 표시가 되어 있다. 약 9,000개의 표제어가 등재되어 있다. 프랑스 국립도서관 소장

에티엔의 프랑스어-라틴어 사전
제2판(1549)

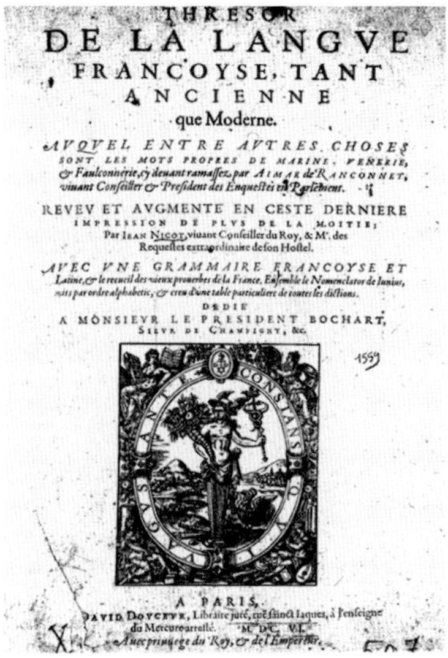

장 니코의 프랑스어 보고
(1606)

『프랑스어 보고』는 에티엔의 『프랑스어-라틴어 사전』 5판에 해당되었으나 그 내용이 많이 변하게 되면서 편찬 책임을 맡았던 니코가 사전의 이름을 바꾼 것이다. 사전은 니코 사후에 출간되었으며 18,000여 개의 표제어가 등재되어 있다. 프랑스 국립도서관 소장

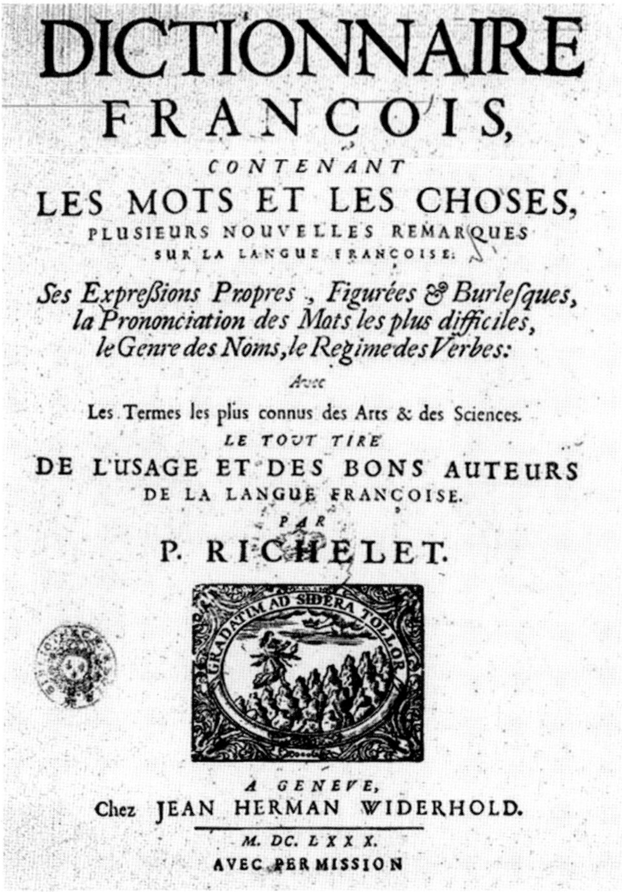

DICTIONNAIRE
FRANCOIS,
CONTENANT
LES MOTS ET LES CHOSES,
PLUSIEURS NOUVELLES REMARQUES
SUR LA LANGUE FRANCOISE:
Ses Expreßions Propres, Figurées & Burlesques, la Prononciation des Mots les plus difficiles, le Genre des Noms, le Regime des Verbes:
Avec
Les Termes les plus connus des Arts & des Sciences.
LE TOUT TIRE
DE L'USAGE ET DES BONS AUTEURS
DE LA LANGUE FRANCOISE.
PAR
P. RICHELET.
GRADATIM AD SIDERA TOLLOR
A GENEVE,
Chez JEAN HERMAN WIDERHOLD.
M. DC. LXXX.
AVEC PERMISSION

피에르 리슐레의 프랑스어 사전(1680)

최초의 프랑스어 단일어 사전이다. 사전은 전문과 〈사전에 관한 고찰〉, 본문으로 이루어져 있으며 약 25,000여 개의 표제어가 등재되어 있다. 리트레, 로베르로 이어지는 기술사전의 시원이 된다. 프랑스 국립도서관 소장

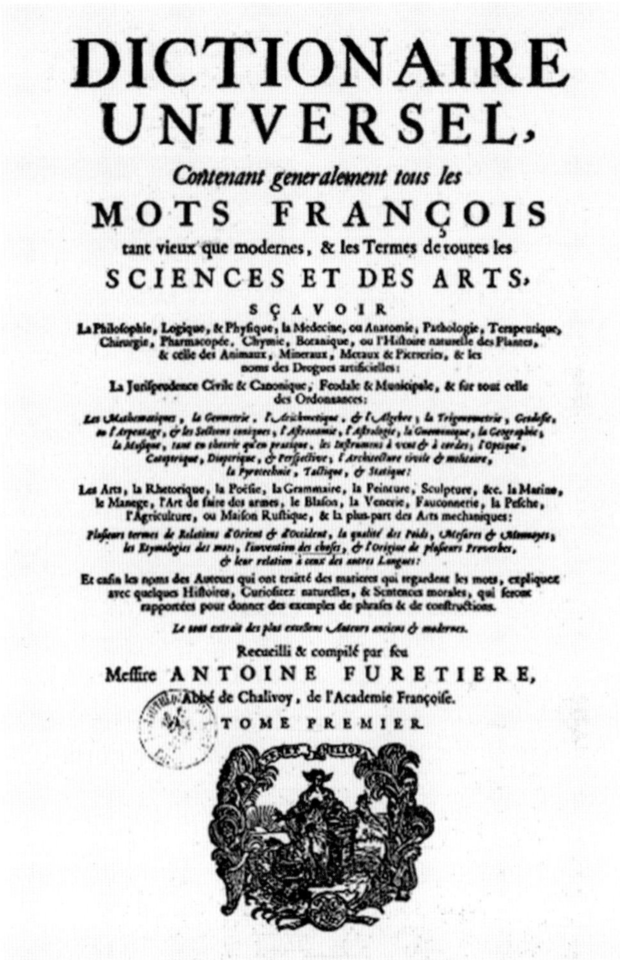
DICTIONAIRE
UNIVERSEL,
Contenant generalement tous les
MOTS FRANÇOIS
tant vieux que modernes, & les Termes de toutes les
SCIENCES ET DES ARTS,
SÇAVOIR
La Philosophie, Logique, & Physique, la Medecine, ou Anatomie, Pathologie, Terapeutique, Chirurgie, Pharmacopée, Chymie, Botanique, ou l'Histoire naturelle des Plantes, & celle des Animaux, Mineraux, Metaux & Pierreries, & les noms des Drogues artificielles:
La Jurisprudence Civile & Canonique, Feodale & Municipale, & sur tout celle des Ordonnances:
Les Mathematiques, la Geometrie, l'Arithmetique, & l'Algebre, la Trigonometrie, Geodesie, ou l'Arpentage, & les Sections coniques, l'Astronomie, l'Astrologie, la Gnomonique, la Geographie, la Musique, tant en theorie qu'en pratique, les Instrumens à vent & à cordes, l'Optique, Catoptrique, Dioptrique, & Perspective, l'Architecture civile & militaire, la Pyrotechnie, Tactique, & Statique:
Les Arts, la Rhetorique, la Poësie, la Grammaire, la Peinture, Sculpture, &c. la Marine, le Manege, l'Art de faire des armes, le Blason, la Venerie, Fauconnerie, la Pesche, l'Agriculture, ou Maison Rustique, & la plus-part des Arts mechaniques:
Plusieurs termes de Relations d'Orient & d'Occident, la qualité des Poids, Mesures & Monnoyes, les Etymologies des mots, l'invention des choses, & l'Origine de plusieurs Proverbes, & leur relation à ceux des autres Langues:
Et enfin les noms des Auteurs qui ont traitté des matieres qui regardent les mots, expliquez avec quelques Histoires, Curiositez naturelles, & Sentences morales, qui seront rapportées pour donner des exemples de phrases & de constructions.
Le tout extrait des plus excellens Auteurs anciens & modernes.
Recueilli & compilé par feu
Messire ANTOINE FURETIERE,
Abbé de Chalivoy, de l'Academie Françoise.
TOME PREMIER.

퓌르티에르의 보편사전(1690)

『보편사전』은 언어사전과 전문어 사전의 성격을 겸하는 백과식 사전이다. 약 40,000개의 표제어가 등재되어 있다. 프랑스 국립도서관 소장

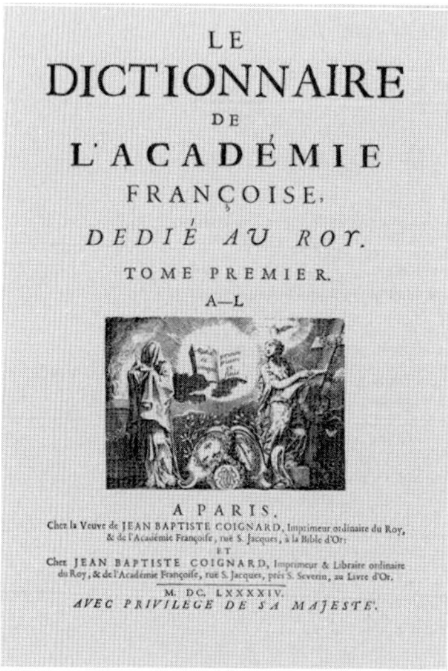

아카데미 프랑세즈 사전 초판
(1694)

아카데미 프랑세즈 사전 제9판
3권(2011)

아카데미 프랑세즈는 사전 작업을 시작한지 60여 년 만에 초판을 완성하였다. 19,000여 개의 어휘목록이 실려 있으며 용례는 회원들이 직접 만들었다. 회원들은 초판을 출간한 후 곧 수정작업에 착수하였고, 이때부터 이전 판을 수정하여 새 판을 내는 작업은 아카데미의 주요 업무가 되었다. 현재 제9판이 출간 중에 있다.

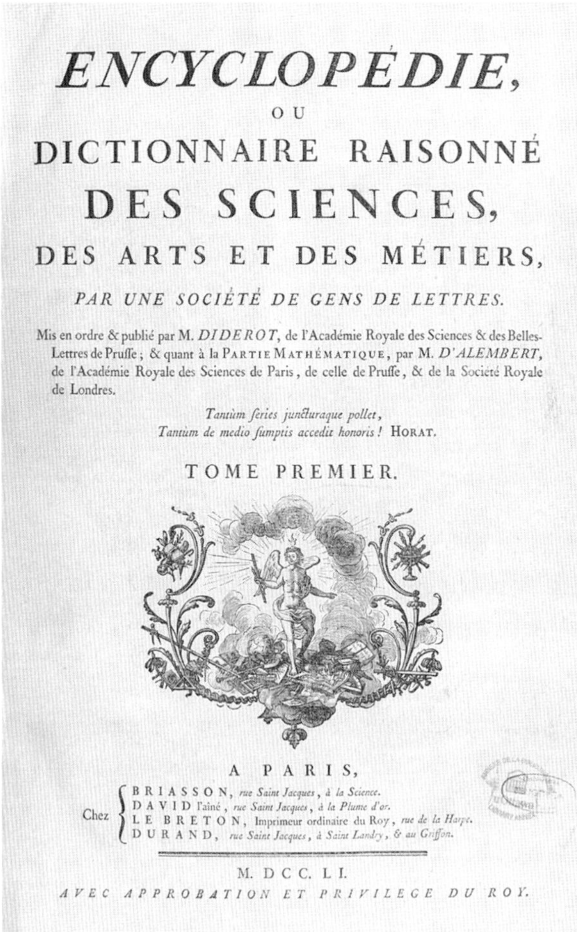
ENCYCLOPÉDIE,
OU
DICTIONNAIRE RAISONNÉ
DES SCIENCES,
DES ARTS ET DES MÉTIERS,
PAR UNE SOCIÉTÉ DE GENS DE LETTRES.

Mis en ordre & publié par M. *DIDEROT*, de l'Académie Royale des Sciences & des Belles-Lettres de Pruſſe ; & quant à la PARTIE MATHÉMATIQUE, par M. *D'ALEMBERT*, de l'Académie Royale des Sciences de Paris, de celle de Pruſſe, & de la Société Royale de Londres.

Tantùm ſeries juncturaque pollet,
Tantùm de medio ſumptis accedit honoris ! HORAT.

TOME PREMIER.

A PARIS,
Chez BRIASSON, *rue Saint Jacques, à la Science.*
DAVID l'aîné, *rue Saint Jacques, à la Plume d'or.*
LE BRETON, Imprimeur ordinaire du Roy, *rue de la Harpe.*
DURAND, *rue Saint Jacques, à Saint Landry, & au Griffon.*

M. DCC. LI.
AVEC APPROBATION ET PRIVILEGE DU ROY.

디드로와 달랑베르의 백과전서(1751-1772)

디드로와 달랑베르의 『백과전서』는 본문 책 17권과 도판 책 11권으로 구성되어 있다. 1776-1777년 팡쿠크가 4권의 본문 책과 1권의 도판 부록을, 1780년 무송이 2권의 색인을 출판하여 총 35권의 '파리 초판'이 완성되었다.

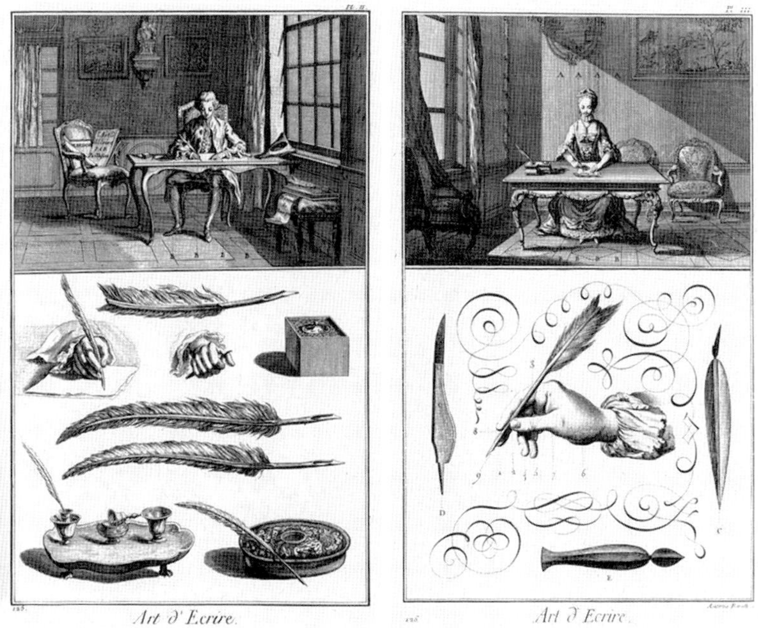

백과전서의 도판 책 '쓰는 기법' 관련 삽화

에밀 리트레(1801-1881)
위키피디아

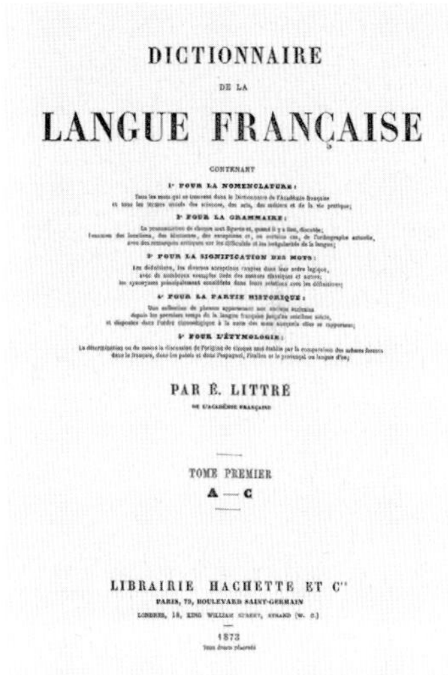

프랑스어 사전(1873년)

철학자이자 언어학자였던 리트레는 콩트의 제자로 실증주의 사상 보급에 힘썼다. 주요 저서로는 『오귀스트 콩트와 실증철학』(1863), 『철학적 관점에서 본 과학』(1873) 등이 있으나 그의 명성을 지금까지 유지시켜 준 것은 다른 어떤 것보다도 그가 출간한 『프랑스어 사전』(4권, 1863-1873)이라 할 수 있다.

피에르 라루스(1817-1875)
위키피디아

GRAND
DICTIONNAIRE
UNIVERSEL
DU XIXᵉ SIÈCLE

FRANÇAIS, HISTORIQUE, GÉOGRAPHIQUE, MYTHOLOGIQUE, BIBLIOGRAPHIQUE
LITTÉRAIRE, ARTISTIQUE, SCIENTIFIQUE, ETC., ETC.

PAR PIERRE LAROUSSE

TOME PREMIER

PARIS
ADMINISTRATION DU GRAND DICTIONNAIRE UNIVERSEL

19세기 보편대사전
(15권, 1866-1877)

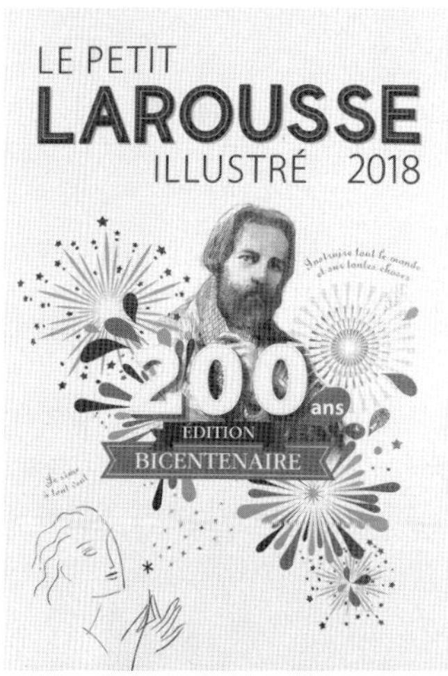

라루스 탄생 200주년 기념 라루스 소사전
(2017)

부르고뉴의 투시에서 태어난 라루스는 1852년 동향의 오귀스탱 부아이에와 함께 출판사를 설립하여 많은 교과서와 사전들을 출간하였다. 그의 대표적인 사전으로는『19세기 보편대사전』이 있다. 1905년부터 출간되고 있는『삽화가 곁들어진 라루스 소사전』은 프랑스의 가장 대중적인 사전이다.

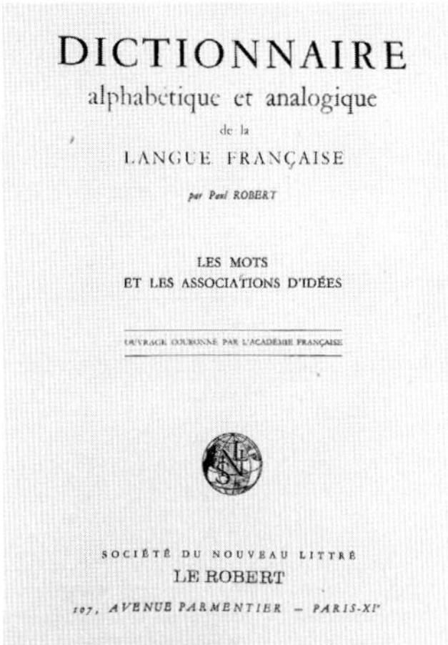

로베르의 알파벳순 유추 사전
(초판 수정판, 6권, 1981)

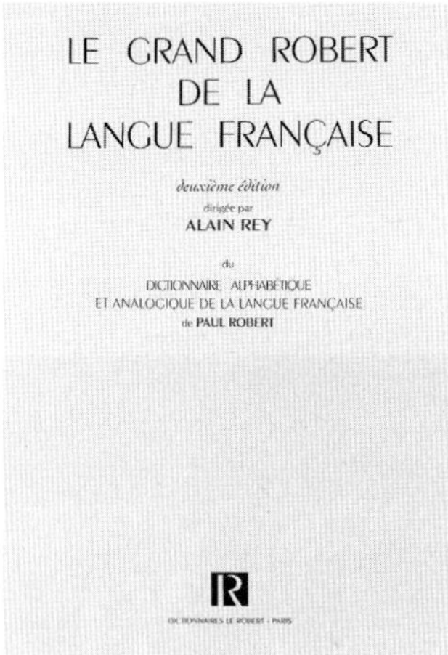

로베르 대사전
(2판 증보판, 6권, 2001)

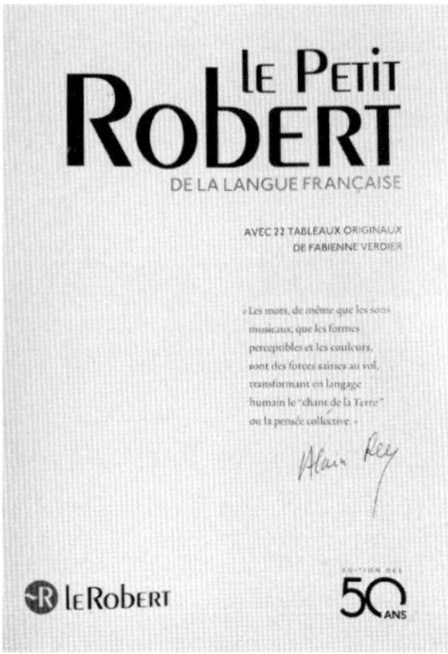

출간 50주년 기념 로베르 소사전
(2017)

폴 로베르(1910-1980)는 1951년 출판사를 설립하고 1953-1964년 『프랑스어 알파벳순 유추 사전』(6권)을 출간하였다. 1967년에는 이 대사전을 축소한 『로베르 소사전』을 출판하였다. 『로베르 소사전』은 『라루스 소사전』과 함께 가장 대중적인 프랑스어 사전으로 꼽힌다.

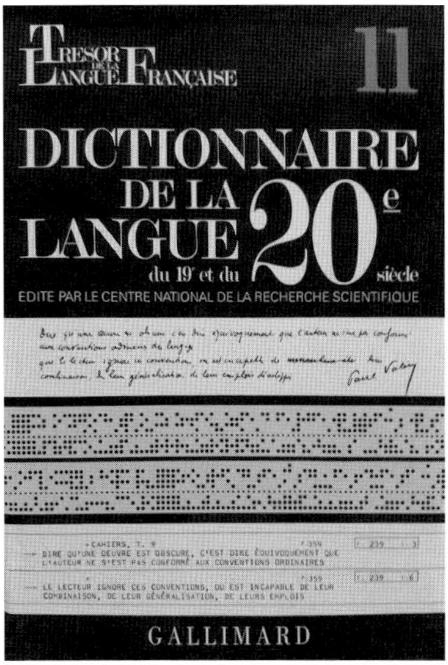

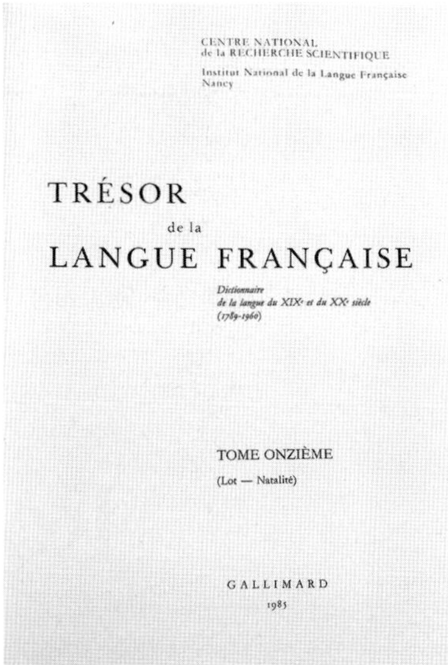

CENTRE NATIONAL
de la RECHERCHE SCIENTIFIQUE
Institut National de la Langue Française
Nancy

TRÉSOR
de la
LANGUE FRANÇAISE

Dictionnaire
de la langue du XIXe et du XXe siècle
(1789-1960)

TOME ONZIÈME
(Lot — Natalité)

GALLIMARD
1985

프랑스어 보고 **TLF**(16권, 1971-1994)

19-20세기 언어사전, 『프랑스어 보고』는 16권으로 이루어져 있다. 1-7권까지는 폴 엥브(1908-1987)가, 8-16권은 베르나르 크마다(1926-2018)가 편집장을 맡았다. 약 10만 개의 표제어가 등재되어 있다. 종이사전은 전산화되어 인터넷에 개방되어 있어 누구든지 무료로 이용할 수 있다.

인 간 은　언 제 부 터　사 전 을　만 들 었 을 까 ?

프랑스어 사전의 역사

〈전통과 혁신〉

하영동 저

전남대학교출판문화원

프롤로그

인간은 언제부터 사전을 만들었을까? 사전의 시초에 대한 답은 학자에 따라, 사전을 어떻게 정의하느냐에 따라 다를 수밖에 없다. 오늘날 우리가 알고 있는, 참고를 목적으로 낱말들을 모아서 일정한 순서로 배열하여 싣고 그 각각의 뜻이나 발음, 어원, 용법 따위를 설명한 책으로서의 사전은 르네상스 시기에 출현한다. 하지만 단순히 낱말 목록이나, 또는 희귀하거나 어려운 낱말의 주석까지도 사전으로 간주한다면 그 기원은 훨씬 이전까지 거슬러 올라간다.

인류의 역사는 크게 문자 발명 이전과 이후로 나뉜다. 기원전 3,500년 경 메소포타미아 지방에서 문자가 이용되었다. 이 설형문자(쐐기문자)는 형상으로 사물, 동물, 인간 등을 표상했던 그림문자가 진화한 것이다. 티그리스 강과 유프라테스 강 유역에서 발명된 설형문자 체계는 B.C. 3,000년에서 B.C. 1,000년 사이에 남쪽으로는 팔레스타인, 북쪽으로는 아르메니아까지 전파되었다. 이처럼 설형문자가 메소포타미아 일대에 널리 퍼져 나가고 있을 때 인근의 이집트와 멀리 떨어진 중국에서는 다른 문자체계가 발달하고 있었다. 인간은 문자를 이용하여 진흙판과 돌, 동물의 뼈, 파피루스 등에 자신의 이야기를 기록하기 시작했다. 문자는 인간이 발명한 가장 훌륭한 것 가운데 하나다. 문자를 이용함으로써 인간은 뇌가 아닌 다른 곳에 정보를 저장할 수 있었고, 그럼으로써 인간이 축적한 지식은 시간과 공간을 초월하여 후세에 전달될 수 있었다.

고대 문명은 오늘날 우리가 의미하는 바의 사전은 소유하지 못했다. 하지만 문자의 발명과 더불어 낱말들의 목록이 작성되었다는 사실을 입증하는 자료들이 최근 고고학 연구에서 밝혀지고 있다. 이런 사실에 근거하여 블랑제(2003: 96) 같은 학자는 문자의 창시자가 곧 사전의 창시자라고 말하기까지 한다. 문자의 창시자와 최초의 사전 편찬가를 동일시하는 것은 다소 과장된 면이 없지 않아 보이지만, 블랑제의 주장은 사전을 만들기 위해서는 무엇보다도 언어에 대한 성찰을 통해 탈문맥화décontextualisation가 이루어져야 하는데, 낱말의 목록을 작성하였다는 것은 그때 이미 사람들이 사전 편찬의 기본이 되는 언어의 단위에 대한 개념을 갖고 있었다는 것으로 이해될 수 있을 것이다.

사전의 기원을 언제로 보든 중요한 것은 인간이 문자를 발명하면서 다양한 매체에 낱말들을 기록하기 시작하였고 지금도 그것은 계속 되고 있으며, 아마도 인류가 존재하고 언어를 이용하는 한 기록되는 매체는 변할지언정 언어를 분석하여 기술하고 저장하여 후세에 전하는 일은 지속될 것이라는 점이다.

사전을 공부한 지 어느덧 30년. 프랑스 루앙대학교에서 정말 우연한 기회에 루이 게펭Louis Guespin 교수를 만나 어휘론과 사전학에 빠졌고, 그때부터 사전 연구는 나의 운명이 되었다. 현대 프랑스어 사전의 금기어에 대한 연구로 박사학위까지 받았지만 부끄럽게도 사전에 대해 아는 것은 별로 없었다. 가장 잘 알아야 하는 것에 대해 잘 알지 못하는 두려움. 이 두려움을 극복하고자 프랑스어 사전에 대한 연구를 본격적으로 시작했다. 사전의 시작부터 끝까지 한 번 제대로 공부해보고 싶었다. 그렇게 시작한 프랑스어 사전의 역사에 대한 연구. 한 10년 정도면 충분할 줄 알았던 공부는 20년이 더 지나

서야 겨우 그 끝을 보게 되었다. 그것도 불완전하게. 나의 게으름이 크다. 더 완전한 연구는 나중을 기약하고 부족하나마 지금까지 연구하며 발표했던 10편의 논문들을 정리하여 한 권의 책으로 세상에 내놓는다. 책 전체의 통일성을 위해 발표 당시의 논문 제목과 목차의 표제를 바꾸었다. 논문에서 너무 상세하거나 전문적인 내용은 생략하고 사전이 출현한 사회·문화적 배경은 보충하기도 하였다. 사전은 그것이 출간된 당시의 사회, 경세, 문화적 산물인 만큼 사선의 내용에 앞서 그 시대배경을 아는 것이 중요하기 때문이다. 인용문들은 프랑스어와 무관한 독자들의 이해를 돕기 위해 우리말로 번역하였으나 사전 원문은 그대로 놔두고 필요한 경우 본문에서 설명하였다.

책의 목차는 최초로 프랑스어 낱말을 표제어로 삼은 로베르 에티엔의 『프랑스어-라틴어 사전』부터 19-20세기 언어대사전, 『프랑스어 보고』까지 사전이 발간된 시대별로 배열하였다. 시대의 흐름을 통하여 사전이 어떻게 변천해갔는지, 또한 시간의 흐름 속에서도 변하지 않은 것들이 무엇인지를 함께 보여주고 싶었다. 그래서 책의 제목도 『프랑스어 사전의 역사: 전통과 혁신』으로 정했다.

유럽 사전 편찬의 역사에서 중요한 위치를 차지하고 있는 작품들, 예를 들어, 낱말들을 주제별로 분류한 바로Varro(BC 116-BC 27)의 『라틴어에 대하여De lingua latina』(25권), 세비야의 대주교 이시도루스 Isidorus(560/570-636)가 고대로부터 자기 시대까지의 모든 지식을 집약하여 중세 사람들의 사고의 토대를 이해하는 데 중요한 백과사전인 『어원사전Etymologiae』(20권), 콘스탄츠 호숫가에 위치한 한 수도원에서 발견된 1,200여 개의 라틴어 어휘목록에 로만어 등가어를 제시한 『레이헤나우 주석집Glossaire de Reichenau』 등을 다루지 못한 점은 아쉽다. 라틴어로 된 이런 저작들의 연구는 나의 능력을 벗어난다. 루앙대학 학부시절 라틴어를 필수과목으로 1년 수강한 적이 있고, 박사 후 연수과정 때 릴대학에서 1년간 청강하기도 하였지만, 이 정도 라틴어 실력으로 연구를 수행하기에는 충분하지 않다고 판단하였다. 그럴 날이 올지 모르겠지만 언젠가 나의 라틴어 실력이 획기적으로 향상된다면 그때 라틴어로 된 사전들을 보완하고 싶다.

이 세상에 완벽한 사전이 없는 것처럼 나의 연구도 부족한 점이 많다. 더 나은 연구와 저서들이 출판되기를 기대하면서 부족하지만 이 책이 프랑스어 사전을 이해하는 데 조금이라도 기여할 수 있다면 저자로서 큰 기쁨이고 그간의 수고가 위로받을 수 있을 것 같다.

끝으로 이 책이 출간되기까지 꼼꼼하게 글을 읽고 오류를 잡아주고 조언을 아끼지 않은 나의 첫 번째 독자, 아내에게 고마운 마음을 전한다. 그리고 조교 업무로 바쁜 와중에도 원고를 처음부터 끝까지 읽고 수정해준 제자 천우연 선생에게도 고마움을 표한다. 마지막으로 내 글들을 단정한 책으로 만들어준 전남대학교출판문화원 직원들에게 진심으로 감사드린다.

2020년 10월

하영동

일러두기

1. 이 책에 실린 논문의 본래 제목과 출처는 참고문헌 앞에 따로 밝혔다.
2. 고유명사, 인명, 개념어 등 프랑스어 원어를 밝힐 필요가 있을 경우, 그 단어가 처음 나올 때 밝히는 것을 원칙으로 했다.
3. 사전 명칭은 출간된 당시의 표기법을 따르는 것을 원칙으로 했다.

Ⅲ. 백과식 언어사전, 퓌르티에르의 『보편사전』

Ⅳ. 규범사전의 전형, 『아카데미 프랑세즈 사전』

Ⅴ. 아카데미 프랑세즈의 사전 수정 작업과 새로운 유형의 사전, 『백과전서』의 탄생

Ⅷ. 로베르의 『프랑스어 알파벳순 유추 사전』의 탄생과 사전학적 특징

Ⅸ. 라루스 언어대사전의 사전학적 특징과 한계

X. 19-20세기 언어대사전, 『프랑스어 보고』의 특징과 사전학적 의의

I

프랑스어 사전의 태동:

에티엔의 『프랑스어-라틴어 사전』(1539)에서 니코의 『프랑스어 보고』(1606)까지

한 언어의 발달과정에는 결정적인 전기가 있다. 프랑스어의 경우 1539년을 그 시기로 볼 수 있다. 1539년은 두 가지 점에서 중요한데, 그 하나는 빌레르-코트레 칙령Ordonnance de Villers-Cotterêts이 선포되어 프랑스어가 행정상의 공식 언어로 인정되었기 때문이고, 다른 하나는 프랑스어를 표제어로 삼은 최초의 사전이 출간되었기 때문이다.

1. 프랑스어의 형성

프랑스어는 라틴어가 변형되어 형성된 언어이다. 마르셀 코엔Marchel Cohen은 그의 저서 『프랑스어의 역사Histoire d'une langue: le français』 서문에서 프랑스어는 그 기원과 역사가 비교적 잘 알려져 있는 문명의 언어라고 언급한 바 있지만, 프랑스어의 정확한 출현 시기는 알 수 없다. 다만 최초의 프랑스어 문헌으로 간주되는 스트라스부르 서약Serment de Strasbourg이 기록된[1] 시기가 842년이기 때문에 9세기 중엽에는 프랑스어가 이미 존재하고 있었다고 말할 수 있다.[2]

일 드 프랑스의 한 방언에 불과했던 프랑스어, 더 엄밀히 말하면 프랑시앵어는 한편으로는 프랑스 내의 다른 방언들과, 또 다른 한편으로는 라틴어와 경쟁하면서 그 영역을 꾸준히 넓혀나갔다.

11세기와 12세기만 해도 문학 작품에 방언직 특색이 깅했으나 13

1 이 서약문은 로망어와 게르만어로 기록되이 있다. 따라서 이 서약문은 프랑스어로 기록된 최초의 문헌이자 고지대 독일어로 기록된 최초의 문헌이기도 하다.

2 페레(Perret, 2016: 41)는 라틴어가 아닌 속어로 설교를 할 수 있게 공식적으로 허가한 투르 종교회의가 개최되었던 813년을 프랑스어 출현 시기로 간주한다.

세기부터는 프랑시앵어로 많은 문학 작품이 쓰여졌다. 따라서 프랑시앵어는 다른 방언들과 비교했을 때 그 위치가 확고해졌으며, 그 결과 14세기에는 몇몇 작가들을 제외하고는 아무도 프랑시앵어 이외의 다른 방언으로 글을 쓰지 않게 되었다. 16세기에 들어서는 왕권의 강화, 외국과의 전쟁으로 인한 인종의 혼합과 서적의 보급[3] 등으로 인하여 프랑스에서 프랑스어가 널리 확장되었다.

1523년에 르페브르 데타플Lefèvre d'Etaples은 라틴어로 된 『불가타 성경Vulgate』의 신약을 프랑스어로 번역하였고, 프랑수아 1세(재위 1515-1547)가 기욤 뷔데Guillaume Budé의 제안을 받아들여 1530년에 설립한 왕립 콜레주에서는 히브리어, 그리스어, 라틴어를 프랑스어로 가르치는 교수들이 생겨나기 시작했다. 1539년 프랑수아 1세가 공포한 빌레르-코트레 칙령은 라틴어에 대해 프랑스어가 우위를 점하게 되는 결정적인 계기가 된다. 법원 조직에 관계된 이 칙령은 라틴 용어의 해석에서 생길 수 있는 난해함을 덜어주기 위해 모든 판결문과 소송 절차를 모국어인 프랑스어로 말하고, 적고, 사용하라고 기록하고 있다. 이 칙령을 통하여 프랑수아 1세는 프랑스어를 왕국의 언어로 선포했고, 이에 프랑스어는 법률과 행정의 언어가 된다. 하지만 그럼에도 불구하고 프랑스어는 여전히 안정화되지 않았고, 심지어 지방에서는 왕국의 언어 자체를 잘 모르기까지 했다.

언어가 공통의 도구가 되기 위해서는 준거가 될 언어 도구가 필요하였다. 이러한 때에 왕실 인쇄업자인 로베르 에티엔Robert Estienne

3 1470년 소르본 근처에 인쇄소가 출현하여 빠른 확장을 하게 되며 이와 더불어 출판물이 증가한다. 인쇄소 출현 이후 첫 10년 동안에 약 1,600권의 책이 발행되었던 것이 1551-1560년에는 3,500권 이상으로 늘어났다.(Roger Chartier et Henri Jean Martin, 1989, p.280.)

(1503-1559)은 최초로 '사전diction(n)aire'이라는 용어[4]가 사용된 『프랑스어-라틴어 사전Dictionaire françoislatin contenant les motz et les manieres de parler françois tournez en latin』을 빌레르-코트레 칙령이 공포된 해에 출간하였다. 이처럼 종교계, 교육계와 법조계 등에서 프랑스어가 그 영역을 넓혀가는 시대 상항에서 프랑스어를 표제어로 삼은 최초의 사전이 출간된 것이다.

2. 1539년 이전의 사전 출판 현황

프랑스어를 표제어로 삼은 사전은 1539년에 처음 출간되었지만, 프랑스어가 사전에 나타난 것은 그 이전부터이다. 그 대표적인 칼레피노의 사전과 에티엔이 편찬한 두 사전만 살펴보자.

2.1. 칼레피노의 사전

르네상스 시기 유럽에서는 교육 기행이 유행하면서 지식인들의 이동이 증가하고, 이와 때를 같이하여 유럽의 여러 나라를 여행하는 여행자들의 편의를 도모하기 위해 다중언어사전들이 출간되었다.

---

4 하지만 『프랑스어-라틴어 사전』의 표제어 목록에는 이 용어가 들어있지 않다. 니코의 『프랑스어 보고』에도 Mescollier, Neutre, Nicotiane, Trulle 등의 항목에 dictionaire라는 용어가 출현하지만 표제어로는 등재되어 있지 않다. 불랑제에 따르면 이 용어는 1635년 필리베르 모네Philibert Monet의 『프랑스어-라틴어 목록Inventaire des deus langues, françoise, et latine […]』에서 표제어로 등재된다. 한편 불랑제는 이 낱말의 형태는 14세기 말에 필사본에서 그 출현이 확인되지만 의미가 모호하며 오늘날과 유사한 의미로 사용된 것은 1501년부터라고 그의 저서에서 밝히고 있다.(Jean Claude Boulanger, 2003, p.6-7.)

그중 가장 유명한 것이 이탈리아인 암브로시오 칼레피노Ambrogio Calepino(1440-1510)가 1502년 레기오Reggio에서 출간한 『딕티오나리움Dictionarium』이다. 이 사전은 출간된 당시에는 라틴어 사전이었지만 16세기 중반부터는 다중언어사전으로 변모한다. 예를 들어, 1545년 사전에는 라틴어, 그리스어, 이탈리아어, 프랑스어, 에스파냐어 등 5개 언어가, 1588년 사전에는 라틴어, 그리스어, 히브리어, 이탈리아어, 프랑스어, 스페인어, 독일어, 영어, 폴란드어, 헝가리어 등 10개 언어가 포함되어 있다. 한편 이 사전은 프랑스에서는 저자의 프랑스식 이름인 '칼르펭Calepin'으로 불리게 되고,[5] 이것은 후에 리트레, 라루스, 로베르 등 저자의 이름이 저자가 만든 사전 자체를 지시하는 전통으로 자리 잡는다.

라틴어 표제어 옆에 각 언어의 등가어들을 단순 대응시킨 것에 불과한 이 다중언어사전에 대해 프뤼보는 "이러한 유형의 사전이 프랑스어 사전의 직접적인 기원은 아니지만 수집한 어휘목록을 알파벳순으로 참조하는 작품도 성공을 거둘 수 있다는 것을 보여준 것은 부인할 수 없다"[6]라고 평가한다.

2.2. 에티엔의 1531년 사전과 1538년 사전

로베르 에티엔은 1503년 파리에서 인쇄소를 운영하는 앙리 에티엔의 둘째 아들로 태어났다. 그의 부친 앙리는 1501-1502년 경 기욘 비아르와 결혼하였는데 비아르에게는 두 번째 결혼으로, 그녀는 이미 첫 남편과의 관계에서 두 아이를 둔 상태였다. 앙리 에티엔과 기

5 17세기부터 '칼르펭Calepin'은 '수첩, 비망록'의 의미를 지닌다.
6 Jean Pruvost, 2002, p.25.

욘 비아르 사이에서는 샤를, 로베르, 프랑수아 세 아들과 딸 니콜이 태어났다. 1520년 앙리가 사망하자 차남인 로베르가 부친과 함께 운영하던 시몽 드 콜린과 인쇄소를 공동으로 운영하였다. 얼마 후 에티엔의 어머니가 콜린과 세 번째 결혼을 하게 되자 인쇄소의 공동운영지였던 콜린은 로베르의 의붓아버지가 된다.

1522년 콜린이 로만체로 16절판 라틴 성경을 출판하는 데 로베르는 수사본 원고를 수정하는 중요한 역할을 맡았다. 하지만 원고의 수정은 원본 텍스트가 잘못되었다는 것을 의미하는 것이므로 이 성경의 출판은 소르본 신학자들의 분노를 사게 되었다. 그 이후 콜린은 더 이상 소르본 신학자들을 자극하지 않으려고 노력한다. 1526년 의붓아버지의 신중함을 참기 어려워한 로베르는 독립하기로 결심하고 라틴가 중심의 생 장 드 보베 거리에 있는 아버지의 집에서 독자적으로 인쇄소를 열었다. 이와 동시에 유명한 인쇄업자인 조스 바드의 딸 페레트 바드와 결혼도하였다. 새로운 출판사를 경영하기 위해 로베르는 출판 방향을 설정할 필요가 있었다. 콜린이 기존 고객인 작가들을 대상으로 하는 출판 사업을 하였기 때문에 로베르는 문법서와 고전 라틴 입문서, 학습서 등을 주로 출간하는 쪽으로 방향을 잡았다.

칼레피노 사전의 불충분성을 비판한 로베르는 직접 사전을 편찬하기로 결심하고 1531년 방대한 『테사우루스 라틴어 사전Dictionarium seu Latinae linguae Thesaurus […] cum Gallica fere interpretatione』을 발간하였다. 이 사전은 고전 라틴 작가들의 작품에서 인용한 용례가 풍부한 것이 특징이다. 또한 이 사전은 해석하기 어렵다고 판단된 일부 낱말과 숙어들에 대해서는 프랑스어의 해석이 곁들어져 있다. 그 결과 이 사전은 라틴어 사전임에도 당시까지 수집된 가장 방대한 프랑스어 어휘를 싣고 있다. 1536년 제2판이 발행되는데 이때에는 제목에 '프랑스어 해석을 곁들인Cum Gallica fere interpretatione' 부분이 삭제되었다. 그리고 2년 뒤인 1538년에 『라틴어-프랑스어 사전Dictionarium Latino-gallicum』이 출간되었다. 이 사전은 학자들이 아닌 학생을 대상으로 하는 교육용 사전이다. 이용자가 사전 참조를 쉽게 할 수 있도록 이탤릭체와 진하게와 같은 타이포그래피적 장치들을 이용하고 있는 것이 특징이다. 사전의 구조는 단순하다. 라틴어 표제어에 프랑스어 번역이 따르고 종종 인용문이 곁들여져 있을 뿐이다.

3. 최초의 프랑스어 어휘목록, 『프랑스어-라틴어 사전』의 구조 및 특징

로베르 에티엔의 『프랑스어-라틴어 사전』은 사전의 제목과 올리브 나무 도안, 출판 연도와 출판사, 왕의 윤허[7]로 간행되었다는 정보가 있는 속표지와 한 페이지로 된 짧은 서문 및 본문으로 구성되어 있다. 본문은 총 525쪽에 달하는데 A 항목으로 시작하여 Yuroye 항목으로 끝을 맺는다. 철자 Z로 시작하는 표제어는 없다.

이 사전은 표제어를 프랑스어로 삼았지만 라틴어 공부를 위한 목

7 15세기 말에 출현한 특허privilège는 책을 출판하고 판매할 수 있는 일종의 허가증이다. 허가하는 기관에 따라 다양한 형태를 띠는데, 대상서국의 국왕의 공개장lettres patentes, 왕의 서명이 들어간 봉인장lettres closes, 고등법원의 포고arrêt, 파리 재판소의 행정명령ordonnance 등이 그것이다. 특허를 요청하는 저자, 인쇄업자, 서적상 등은 인지세를 내고 업무를 관장한 기관의 비서관에게 제본되거나 금박을 입힌 책을 납본해야 했다. 특허는 일반적으로 인쇄를 마친 날로부터 6개월에서 10년까지 유효한데 청원자가 기간을 정했다.(Roger Chartier et Henri-Jean Martin, 1989, p.281-282.)

적으로 제작되었다. 당시 라틴어를 자유자재로 구사하지 못하는 성직자들의 임무를 돕기 위해 사전이 편찬된 것이다. 이 사전은 1538년에 출간된 『라틴어-프랑스어 사전』을 역순으로 하여 만들어졌다. 울드리지에 따르면 『프랑스어-라틴어 사전』에 있는 정보의 78% 이상이 1538년의 사전에서 발견된다.[8] 1538년의 사전이 번역 사전의 성격을 띤다면 1539년의 사전은 작문 사전의 성격을 띤다고 할 수 있다.

그럼 이 최초의 프랑스어 사전에는 얼마만큼의 어휘가 수록되어 있을까? 울드리지는 로베르 에티엔의 사전에서 타이포그래피적 특성만으로 표제어를 모으는 것은 불가능하다고 보았다. 그러면서 어휘목록을 산정하려고 하는 것은 다른 사전의 어휘목록과 비교하려는 의도를 지니는 것인데, 이러한 기도는 사전마다 편찬 목적이 각기 다르기 때문에 무의미하다고까지 주장한 바 있다.[9] 하지만 에티엔의 사전이 프랑스어 어휘의 최초 목록이라는 의의를 지니고 있는 만큼 표제어의 규모를 파악하는 것은 차후에 출간되는 사전들과의 비교를 위해서도 중요하고 의미 있는 일일 것이다. 게다가 이 사전은 표제어들을 로만자로, 첫 글자를 대문자로 하여 소개하고 있어서 시간만 들인다면 얼마든지 표제어 규모를 밝힐 수도 있다.

프뤼보는 그의 저서에서 산출 방식은 구체적으로 언급하지 않았지만 에티엔의 사전에 약 10,000개의 표제어가 등재되어 있다고 밝히고 있다.[10] 본 저자는 정확한 표제어 수를 파악하기 위하여 사전 전체를 수작업으로 조사하였다. 그 결과 『프랑스어-라틴어 사전』에

---

8 Terence Russon Wooldrige, 1977, p.281.

9 Terence Russon Wooldrige, 1977, p.238.

10 Jean Pruvost, 2002.

총 8,787개의 표제어가 등재되어 있다는 사실을 밝혀낼 수 있었다.[11] 이를 각 알파벳 별로 정리하면 아래의 표와 같다.[12]

<table>
<tr><th>문자</th><th>표제어 수</th><th>문자</th><th>표제어 수</th></tr>
<tr><td>A</td><td>748</td><td>O</td><td>190</td></tr>
<tr><td>B</td><td>397</td><td>P</td><td>783</td></tr>
<tr><td>C</td><td>976</td><td>Q</td><td>52</td></tr>
<tr><td>D</td><td>689</td><td>R</td><td>643</td></tr>
<tr><td>E</td><td>851</td><td>S</td><td>534</td></tr>
<tr><td>F</td><td>428</td><td>T</td><td>442</td></tr>
<tr><td>G</td><td>310</td><td>U-V</td><td>318</td></tr>
<tr><td>H</td><td>205</td><td>W</td><td>0</td></tr>
<tr><td>I-J</td><td>310</td><td>X</td><td>0</td></tr>
<tr><td>K</td><td>0</td><td>Y</td><td>10</td></tr>
<tr><td>L</td><td>264</td><td>Z</td><td>0</td></tr>
<tr><td>M</td><td>494</td><td rowspan="2">총</td><td rowspan="2">8,787</td></tr>
<tr><td>N</td><td>143</td></tr>
</table>

기술 대상으로 삼은 낱말이 8,800개 정도라는 것은 『프랑스어-라틴어 사전』에 그다지 많은 수의 표제어가 등재되지 않았다는 것을 의미한다. 울드리지는 많은 어휘목록이 등재되지 않은 이유에 대해 이 사전이 1538년에 발간된 『라틴어-프랑스어 사전』을 뒤집어 만들면서 로베르 에티엔이 라틴어 표제어의 등가어로 제시된 프랑스어 등가어들 가운데서 프랑스어 표제어들을 찾았기 때문이라고 설명한

11 Affoibli의 경우처럼 표제어 목록에는 없지만 미시구조에서 기술된 경우도 있어 표제어 수와 기술된 어휘의 수는 다를 수 있다.

12 당시에는 철자 J, U가 사용되지 않고 I, V로 표기되었다. 오늘날 Jour는 Iour로, Urine는 Vrine로 표기되어 각각 철자 I, V 항목에 배열되어 있다.

다.[13] 그런 점에서 보면 에티엔의 1539년 사전은 당시의 용법을 충실히 반영한 사전이라고 할 수는 없다. 그럼에도 최초로 프랑스어 어휘목록을 정리했다는 의의는 결코 작지 않다.

그럼 표제어들이 소개되는 방식과 항목 구조의 특징을 살펴보자. 앞서 언급한 것처럼 표제어들은 첫 글자를 대문자로 하여 로만체로 되어 있다. 이들 표제어들 중 Accoustumer(습관을 들이다), Accoustumé(습관적인), Accoustumance(습관) 등과 같이 한 어족을 이루는 경우 파생 관계에 있는 단어들이 수평적으로 함께 소개되고 있는 것이 특징이다.

로만체로 소개된 표제어들에는 철자 정보 이외에 어떤 정보도 없다는 것 또한 이 사전의 특징이라 할 수 있다. 이들 표제어들은 줄을 바꿔 이탤릭체로 다시 나타나는데, 이 경우 라틴 등가어가 동반된다. 등가어 다음에는 행을 바꿔 프랑스어 용례들과 라틴어 번역이 제시되는데, 각 용례 마다 행을 바꿔 소개하는 점이 특이하다. 무엇보다도 참고의 편이함을 우선한 것으로 보인다. 에티엔 사전의 항목 구조를 단순화시켜 보면 다음과 같이 표현할 수 있다.

표제항 X (A. B.)
프랑스어 표제어 A + 라틴어 등가어
프랑스어 용례 + 라틴어 번역
프랑스어 표제어 B + 라틴어 등가어
프랑스어 용례 + 라틴어 번역

표제항 Y (C)
프랑스어 표제어 C + 라틴어 등가어

13 Terence Russon Wooldrige, 1977, p.283.

표제항 X는 A, B 두 개의 표제어로 구성되어 있고, 표제항 Y는 표제어 C로 구성되어 있다는 의미이다. 두 개 이상의 표제어로 구성된 표제항에서 첫 자리를 차지하는 A는 주표제어로, B는 부표제어로 간주될 수 있다. 울드리지는 두 개 이상의 낱말로 구성된 항목 전체를 '거시항목macro-article'으로, 거시항목을 구성하는 각각의 항목을 '미시항목micro-article'으로 명명한 바 있다.[14] 하나의 거시항목 내에는 최소 두 개 이상의 미시항목이 있게 되는데, 주표제어 Couper(자르다)의 경우처럼 한 거시항목 내에 Coupat, Coupé, Coupè, Coupure, Coupement, Coupeaulx, Coupeur 등과 같은 8개 이상의 미시항목으로 구성된 경우도 있다. 일반적으로 부표제어들은 주표제어와 형태·의미적으로 파생관계에 있는 낱말들이다.

『프랑스어-라틴어 사전』의 표제어 목록을 살펴보면 절대다수가 일반 어휘이나 '알프스 산맥'이나 '라인 강'과 같은 일부 고유명사도 실려 있다. 하지만 중요 고유명사인 '파리'나 '센 강' 등이 실리지 않은 것으로 보면 에티엔이 고유명사 등재를 염두에 둔 것 같지는 않다.

표제어를 소개하는 방식을 보면 한 낱말이 동사와 명사의 기능을 동시에 수행할 때 동사를 주표제어로 삼고 명사 앞에는 관사를 붙여 부표제어로 삼고 있다.

> Dire. vng Dire.
> Vouloir. Le Vouloir.

또한 낱말의 성에 따라 의미가 달라 동형어로 처리할 때는 표제어 앞에 관사를 붙여 소개하고 있다.

---

14 Terence Russon Wooldrige, 1997, p.98.

Vne page.
Vng page.

Vne Tour.
Vng Tour.

표제어 단위를 보면, 낱말뿐만 아니라 구나 합성어가 단독의 표제어로 등재된 것이 특징적이다. 예를 들어 De la biere, Du cabaret, De la caffe 등이 각각 Biere(맥주), Cabaret(카바레), Caffe(커피) 등과 다른 항목을 구성하고 있고, Vis de pressoir(나선형 압착기), Vis a vis(마주보고) 등과 같은 합성어와 Femme grosse(임신한 여자), Louer maison (집을 세놓다) 등과 같은 단순한 구까지 표제어를 구성하기도 한다.

한편 표제항에 소개된 낱말들이 그대로 표제어로 오지 않고 아래의 예처럼 명사의 경우 한정사와, 동사의 경우 목적어 등과 함께 소개되는 경우를 보게 된다.

Adolescence.
La premiere adolescence, Ephebia.

Adresser. Adresse.
Adresser quelqu'ung au chemin, Deducere aliquem in viam.

크마다는 이런 현상을 에티엔이 『라틴어-프랑스어 사전』 편찬 시 라틴어에 대응되는 적절한 프랑스어 낱말이 없는 경우 문장 요소로 이루어진 구 등을 라틴어의 번역어로 제시하였고, 이것이 두 언어의 순서가 바뀐 『프랑스어-라틴어 사전』에서 프랑스어 표제어로 등재된 것이라고 설명한다.[15] 이것은 결과적으로 에티엔이 프랑스어를

15 Bernard Quemada, 1967, p.534.

라틴어로 설명하는 것보다는 라틴어 등가어를 염두에 두고 프랑스어 어휘목록을 작성하였다는 것을 말해준다. 이렇게 구 형태로 표제어를 제시할 경우, 표제어가 용례처럼 기능하여 명사는 성genre 정보를, 동사는 목적어로 올 수 있는 명사의 자질 등을 파악하게 해주는 효과가 있다.

표제어들은 알파벳순으로 배열되어 있다.[16] 에티엔은 그의 첫 사전인 『테사우루스 라틴어 사전』(1531)에서부터 알파벳순 배열을 채택하였고 이를 그의 모든 사전에 준수하였다. 하지만 에티엔이 표제어 전체에 대해 엄격한 알파벳순 배열을 한 것은 아니다. 크마다[17]에 따르면 중세 시대 대부분의 어휘집이나 주석집에서는 낱말의 첫 2-3개의 문자에 근거하여 표제어들이 배열되었기 때문에 어원이 같은 낱말들은 부분적으로 재배열되었다. 『프랑스어-라틴어 사전』에도 이러한 중세시대의 관습이 준수된 것으로 보인다. 낱말의 첫 세 단어를 기준으로 보면 주표제어들은 알파벳순 배열을 따르고 있지만, 부표제어들은 알파벳 순서에 상관없이 배열되어 있다.

에티엔의 『프랑스어-라틴어 사전』의 특징 중의 하나는 소사전임에도 풍부한 용례를 보이고 있다는 점이다. 예를 들어 Accoustrer(옷을 입히다)와 Frapper(치다) 항목에는 무려 13개의 용례가 제시되어 있다. Frayeur(공포)와 Frere(형제) 항목에도 각각 12개와 11개의 용례가 제시되어 있다. 에티엔은 1531년의 『테사우루스 라틴어 사전』의 서문에서 이미 "언어의 용법과 특성은 주해자의 설명보다 낱말의 결

16 라우즈(Rouse, 1989: 96)에 따르면 알파벳 배열은 11세기 중엽 북부 이탈리아에서 파피아스에 의해 만들어진 사전 *Elementarium Doctrinae Erudimentum*까지 거슬러 올라가지만, 크마다(Quemada, 1967: 323)는 알파벳 배열이 일반화된 것은 15세기 중엽 장 드 발비Jean de Balbi의 *Catholicon*에서부터라고 한다.

17 Bernard Quemada, 1967, p.323.

합 정보를 보여주는 용례에 의해 더 명확하게 이해된다"라고 하면서 용례의 중요성을 피력한 바 있다. 다양한 문맥과 함께 표제어의 실제 사용을 보여주는 용례는 이용자들로 하여금 프랑스어를 라틴어로 번역하는 데 유용한 도움을 주었을 것으로 생각된다.

4. 니코의 『프랑스어 보고』

4.1. 니코의 사전이 나오기까지

로베르 에티엔의 『프랑스어-라틴어 사전』 제2판은 뒤 벨레가 『프랑스어의 옹호와 선양La Deffence et illustration de la langue françoise』을 발표한 1549년에 발간되었다. 하지만 에티엔은 이 판을 마지막으로 한 채 소르본 신학자들과의 종교적 문제로 인하여 1550년 프랑스를 떠나 스위스 제네바로 피신하게 된다.[18] 그곳에서 그는 칼비니즘으로 개종하고 성경 텍스트를 절로 나눈 최초의 프랑스어판 성서와 『프랑스어 문법서Traité de la Grammaire Françoise』(1557) 등을 출간하고 1559년 9월 7일 사망한다.

로베르의 뒤를 이어 그의 형인 샤를 에티엔이 파리의 인쇄소를 맡

18 1528년부터 로베르 에티엔은 라틴어, 그리스어, 히브리어 성경들을 출판하면서 주석에 영성체와 고해가 성경에 근거하지 않는다고 주장하였을 뿐만 아니라 성상숭배가 금지되었음을 보여주기 위해 십계명을 벽에 붙일 수 있도록 게시문 형태로 출판하여 소르본 신학자들의 분노를 샀다. 프랑수아 1세가 살아있는 동안에는 왕의 보호를 받았으나, 왕이 사망하자 1547년 국정자문회의Conseil du Roi에서 성경을 인쇄하고 판매하는 것을 금지하였다. 로베르는 새 왕인 앙리 2세에게 호소하였으나, 왕이 복종할 것을 충고하자 로베르는 스위스 제네바로 떠나게 된다.(Roger Chartier et Henri-Jean Martin, 1989, p.279.)

았고, 그의 처남인 쟈크 뒤퓌Jacques Dupuys가 사전 편찬 작업을 맡아 1564년에 『프랑스어-라틴어 사전』 제3판이 발행되었다. 이 판은 장 티에리Jean Thierry에 의해 수정과 증보가 이루어졌다. 1573년에 발행된 제4판은 집필자로 참여한 장 니코Jean Nicot(1530?-1600?)[19]에 의해 수정과 증보가 이루어졌다. 특히 이 판은 표제어의 증가뿐만 아니라 주석, 예문, 문법 표시에 프랑스어가 많이 사용된 것이 특징이다. 제5판은 니코의 책임 하에 시작되었다. 니코는 프랑수아 2세(재위 1559-1560) 때 포르투갈 대사로 근무한 외교관이었고, 프랑스에 담배를 도입한 장본인이기도 하다. 30년 정도 사전 편찬 작업에 참여한 그는 지금까지의 에티엔 사전을 크게 변화시키고 사전 명칭까지 변경시켰다. 결과적으로 이 사전은 에티엔의 사전과는 다른 별도의 작품을 구성하게 되었고, 니코 사망 2년 후인 1606년에 『프랑스어 보고Thresor de la langue françoyse tant ancienne que moderne』라는 이름으로 다비드 두세르 출판사에서 출판되었다.[20] 보샤르Bochart에게 바친 헌정사에서 두세르는 니코가 사전의 명칭으로 『프랑스어 보고』를 사용하고 싶어 했다고 밝히고 있다.

4.2. 『프랑스어 보고』의 구성

니코의 『프랑스어 보고』는 본문과 헌사, 부록 등으로 이루어져 있으며 총 969쪽에 이른다. 부록은 장 마세Jean Masset가 프랑스어와 라틴어로 쓴 〈정확하고 매우 쉬운 프랑스어에 이르는 노정〉(32쪽)과

19 니코의 사망 연대를 1604년으로 보는 견해도 있으나 본 저자는 프랑스 국립도서관(BnF)의 서지정보를 따랐다.

20 출판업자인 다비드 두세르는 니코 사망 석 달 전인 1604년 2월에 왕의 특허를 취득하였다.(Terence Russon Wooldirge, 1977, p.35.)

〈프랑스어와 라틴어 속담〉(24쪽), 〈8개어 어휘목록〉(190쪽), 〈낱말과 사물 색인〉(38쪽) 등으로 구성되어 있다. 사전의 본문은 총 674 페이지에 이르는데 "신생아 음성의 첫 소리"인 A 항목으로 시작하여 "스위스 도시 이름"인 ZVRIC(취리히) 항목으로 끝을 맺는다. 이 사전의 항목은 다음과 같은 요소들로 구성되어 있다.

- 표제어
- 표제어의 변이형
- 철자 주석
- 발음 주석
- 악상 표시(악상의 위치와 음절 수)
- 어원
- 파생어
- 문법 범주
- 정의
- 용례
- 표제어의 라틴어 등가어
- 용례의 라틴어 등가어
- 표제어와 용례의 비라틴어 등가어
- 용법 주석
- 인용문
- 백과사전적, 언어외적 주석
- 참주기호

니코의 사전에서 각 항목을 구성하는 요소는 매우 상이하다. 거의 모든 요소가 들어간 항목이 있는가 하면 표제어와 라틴어 등가어로만 구성된 항목도 많다. 라틴어 번역을 동반하지 않거나 표제어만 있는 항목도 있다. 다양한 요소들로 구성된 항목의 경우에는 요소들의 출현 순서 또한 예측하기 어려울 정도로 일관성이 결여되어 있다. 울드리지는 니코의 『프랑스어 보고』를 가장 이질적인 텍스트로 간주한 바 있다.[21] 이러한 이유 때문에 여기에서는 구조에 메이지 않고 항목을 구성하는 주요 몇 요소만을 살펴보고자 한다.

4.2.1. 표제어

표제어는 앞서 언급한 에티엔의 『프랑스어-라틴어 사전』과 같이 로만체로 소개되어 있다. 한 가지 특이한 점은 일반 단어의 표제어는 첫 글자만 대문자로 하고 있는데 반해 고유명사 표제어는 고유명사 전체를 대문자로 표기하여 일반 단어와 소개 방식을 달리하고 있다는 점이다. 또한 한 어군을 이루는 단어들은 대표어를 주표제어로 하고 관련 파생어들은 주표제어 아래에 다루는데, 이들 부표제어는 이탤릭체로 표시하여 주표제어와 구별하고 있는 점 또한 특이하다.

표제어의 형태를 보면, 굴절접사와의 결합에 의해 형태가 변하는 경우, 동사는 부정법형, 명사와 형용사는 남성 단수형으로 그 대표형을 설정하여 표제어를 구성하고 있다. 하지만 일부 낱말들은 남성과 여성이라는 성의 차이 이외에는 의미 자질의 변화가 없는데도 여성형이 남성형과 별도로 독자적인 표제항을 구성한 경우도 있다. 니코가 굴절어의 경우 대표형을 약정하고는 있지만 프랑스어 사전의 초기 단계라 그런지 체계적으로 적용시키지는 못 한 것 같다.

그러면 니코 사전에는 표제어들이 얼마나 등재되어 있을까? 토론토 대학의 울드리지가 작성한 〈알파벳 어휘목록의 문자별 항목 표제어들〉을 참조하여[22] 본 저자가 조사해 본 바에 따르면 이 사전에

21 Terence Russon Wooldrige, 1977, p.235.

22 참조 : http://homes.chass.utoronto.ca/~wulfric/nicot/listes.htm

는 약 18,000여 개의 표제어가 등재되어 있다. 각 알파벳별 표제어 수는 아래의 표와 같다.

문자	표제어 수	문자	표제어 수
A	1,555	O	357
B	1,031	P	1,539
C	2,058	Q	104
D	1,210	R	1,673
E	1,621	S	1,119
F	787	T	884
G	557	U-V	555
H	444	W	12
I-J	723	X	1
K	3	Y	17
L	532	Z	13
M	1,049	총	**18,127**
N	283		

로베르 에티엔의 『프랑스어-라틴어 사전』에 비하여 두 배 이상 표제어가 증가하였다는 것을 알 수 있다. 1538년의 『라틴어-프랑스어 사전』에서 라틴어 표제어의 등가어로 제시된 프랑스어를 표제어로 삼았던 에티엔은 표제어의 선정에 있어 제한적일 수밖에 없었지만, 니코는 이러한 제한으로부터 자유로웠기 때문인 것으로 보인다. 울드리지에 따르면 에티엔의 사전은 제3판인 1564년판부터 모든 낱말, 심지어는 일반 용법과 먼 낱말들까지 개방하기 시작하였고, 니코가 참여한 제4판에 이르러서는 그 개방성이 더 확장되었다.[23] 사전의 이름마저 바뀐 1606년판에서는 니코 자신이 "반 정도 이상을

23 Terence Russon Wooldrige, 1977, p.245.

수정하고 증보"시켰다는 점을 사전의 표지에까지 언급할 정도로 표제어의 증가가 강조되어 있다. 니코는 고어, 방언, 비속어, 전문용어, 빈도가 낮은 낱말뿐만 아니라 심지어 프랑스어가 아닌 낱말까지도 표제어로 올리기도 했다.

전문용어의 등재는 – 특별히 '해양marine', '매사냥fauconnerie', '사냥vénerie' 세 분야 – 사전의 표지에까지 언급될 정도로 부각되어 있다.[24] 하지만 언급된 이 세 분야의 용어들이 다른 분야에 비해 더 높은 비중을 차지하고 있지는 않은 것 같다. 울드리지 교수가 르네상스 시대의 사전 검색을 위해 만든 TACTweb 프로그램을 이용해 조사해 보면,[25] 사전 본문 전체에 '해양' 용어가 32번, '매사냥' 용어가 22번, '사냥' 용어가 98번 언급되어 있다. 하지만 표제어로 등재된 전문용어는 그리 많지 않아 세 분야의 용어들을 모두 합쳐도 40개 정도 밖에 되지 않는다. 그럼에도 세 분야를 사전의 표지에까지 언급한 것은 사전의 주 이용객인 귀족들의 관심을 끌기 위한 일종의 판매 마케팅으로 보인다. 한편 『프랑스어 보고』에는 국가, 도시, 민족 등과 같은 고유명사들도 등재되어 있다.

니코가 사전에서 다룬 표제어 수는 증가하였지만, 사전 전체에 이용된 낱말들에 비하면 그 증가는 제한적이다. 사전의 항목 기술에 이용된 단어들이 표제어로 등재되지 않은 경우가 많이 있기 때문이다. 오늘날 언어사전 텍스트는 순환성을 준수하기 때문에 항목 기술에 이용된 낱말들은 표제어의 대상이 되는 것이 일반적이다.

---

24 1564년판부터 표지에 전문용어 등재가 언급되기 시작한다. 이 판에는 '매사냥Fauconnerie ou Volerie'만이 언급되어 있다. 1573년판에서는 '해양Marine', '사냥Vénerie' 분야가 추가되었다.

25 http://homes.chass.utoronto.ca/~wulfric/dico_tactweb/tiden.htm

하지만 니코가 사전을 만들 당시에는 이런 순환성의 원칙이 지켜지지 않았다. 예를 들면 표제어 Beste(짐승) 항목 기술에 이용된 'brute', 'chevalin', 'arenes' 등은 표제어로 등재되지 않았다.[26] 이는 저자의 단순한 실수가 아니라 의도된 누락으로 보인다. 울드리지는 니코가 표제어 목록을 증가시키는 것보다는 선택한 표제어들에 대해 상세한 설명을 하는 데 더 큰 관심을 두었기 때문에 이런 현상이 일어난 것으로 이해한다.[27] 하지만 아주 단순한 항목에서조차도 이런 원칙이 지켜지고 있지 않은 것으로 보면, 그 당시 사전 편찬가들에게 순환성에 대한 개념이 없었던 것으로 보는 게 더 타당할 것 같다.

표제어 배열 방식을 보면, 주표제어는 알파벳 순서대로 배열되어 있고, 부표제어들은 알파벳 순서가 크게 벗어나지 않는 범위 내에서 주표제어 아래에 그룹 지어져 있다. 주표제어와 형태·의미론적으로 긴밀한 관계를 맺고 있는 낱말들 중 알파벳 순서가 크게 벗어나지 않는 단어들을 한 항목에 통합하여 기술함으로써 니코의 사전은 표제어 검색이 용이한 알파벳순 배열과 형태·의미론적으로 관련된 낱말들이 함께 제시되어 어휘 습득에 효과적인 재배열 방식을 적절히 조화시키고 있다.

4.2.2. 문법 정보와 악센트, 음절 정보

표제어 뒤에는 문법과 악센트 정보가 나온다. 문법 정보로는 일반

26 크마다(Quemada, 1967: 285)는 사전 항목의 내용에는 나타나지만 표제어 목록으로 등재되지도, 정의되지도 않은 낱말들을 '잊혀진 낱말들mots oubliés'이라고 한다. 사전의 저자가 이 낱말들에 대해서는 배제의 의도를 갖고 있지 않는 것으로 간주된다.

27 Terence Russon Wooldrige, 1977, p.249.

적으로 표제어의 품사가 제시되고, 명사, 형용사의 경우 성·수 정보가, 동사의 경우 능동형, 수동형 등의 정보가 주어진다. 남성·여성 공통으로 쓰이는 경우 공통성을 'com' 또는 'com. gen'으로 표시하고 있다.

울드리지에 따르면 니코의 사전에 문법 용어들이 처음으로 출현한다.[28] 하지만 문법 정보의 기술에는 일관성이 결여되어 있다. 품사 정보나 명사 표제어의 경우 성 정보가 누락된 경우가 눈에 띈다.

문법 정보 뒤에는 악센트 정보 내지는 음절 정보가 주어지기도 하지만 사전 전체 항목으로 보면 음절 정보가 주어진 경우는 거의 드물다. 아래의 예들에서 "penac"은 끝에서 두 번째 음절에 악센트가 있다는 악센트 정보다. 당연히 단음절 표제어의 경우에는 악센트 정보가 없다.

Brigandage, m. penac.
Chaas, m. monosyllab.

4.2.3. 의미 정보

니코의 『프랑스어 보고』에서 의미 정보는 다양한 방식으로 제공된다. 첫 번째 방식은 표제어에 대한 라틴어 등가어를 제시하는 방법이다.

Abbayeur, m. acut. Latrator.
Arbosier, m. trisyllab. acut. Arbutus.

니코의 사전은 기본적으로 프랑스어-라틴어 이개어 사전이기 때

28 Terence Russon Wooldrige, 1977, p.281.

문에 위의 예들처럼 정의항과 피정의항 사이에 계사가 생략되어 있는 것이 자연스럽다. 하지만 아래의 예처럼 정의문의 형태를 띠면서 라틴어 등가어만 제시된 경우도 있다.

Grandement, adverb. acut. Et se prend tantost pour valde, [···]

활어langue vivante에서 차용한 경우에는 라틴어 대신 어원어가 제시되기도 한다. 14세기 중엽 이탈리아어에서 차용된 Accort의 경우 해당되는 라틴어 등가어 'Bellus'가 있는데도 불구하고 이탈리아 원어가 등가어로 제시되어 있다.

Accort, m. acut. Signifie le mesme que Accorto en Italien, [···]

차용어의 원어를 등가어로 제시한 것은 사전 이용자들이 라틴어 등가어보다는 차용어를 더 잘 알고 있다는 것을 전제한 것으로 볼 수 있다.

두 번째 방식은 뜻풀이 대신 단순히 프랑스어 유의어로 정의를 대신한 경우다.[29] 이런 경우에는 순수 이개어 사전처럼 피정의항과 정의항 사이에 계사가 생략되어 있다.

Acollée, f. Embrassement
Brigader, Compagner

아래의 Abstrus, Esbergement 등과 같이 프랑스어 유의어를 제시하고 그 뒤에 라틴어 등가어를 제시하는 경우도 있다.

29 유의어와 정의의 차이는 어휘화lexicalisation의 개념에 근거한다. 오직 어휘 항목 또는 어휘화된 항목만이 유의어로 기능할 수 있다.(Terence Russon Wooldrige, 1977, p.150.)

Abstrus, m. acut. Caché, Profond, et partant difficile, Abstrusus, Reconditus, Occultus, est pur Latin.

Esbergement, m. acut. Maison, repaire, station, retraitte, demeurance, ou demeure, Domus, Commoratio, Statio, Diuersorium, Hospitium.

세 번째 방식은 프랑스어로 된 뜻풀이를 통한 의미 정보의 제시이다. 이개어 사전임에도 불구하고 『프랑스어 보고』에는 많은 프랑스어 뜻풀이가 발견된다. 비록 전체 항목을 대상으로 한 것은 아니지만 표제어와 같은 언어를 사용하여 뜻풀이를 시도한 것은 이 사전의 가장 큰 특징이라 할 수 있다. 프랑스어로 뜻풀이를 하는 경우, 니코는 주어 역할을 하는 피정의항과 술어 역할을 하는 정의항 사이에 'estre', 'signifier' 등과 같은 계사copules를 이용하였다. 계사가 사용된 뜻풀이 형식은 주로 다음과 같은 형식을 띤다.

① 피정의항 A, est B
② 피정의항 A, C'est B
③ 피정의항 A, signifie B

주로 명사 항목의 경우 ①, ② 형식으로 정의되고 동사 표제어의 경우는 주로 ③ 형식이 이용되었다.

Abbay, m. acut. *Est le japper d'un chien*, [···]

Abbec, m. *C'est la chair ou autre appast que les pescheurs mettent aux haims pour attirer et prendre le poisson*, [···]

Abolir, *Signifie proprement oster, effacer, et mettre du tout à neant quelque chose*, [···] *Mais on en use pour mettre hors d'usage quelque chose*, [···]

뜻풀이 뒤에는 바로 라틴어 등가어가 나온다. 경우에 따라서는 Riche(부유한)에서처럼 라틴어 이외에도 스페인어나 이탈리아어, 독일어 등의 등가어가 주어지기도 하였다.

> **Riche**, com. gen. penac. *Est celuy et celle qui sont opulents en biens*, Diues; opulentus, opulenta, qui quaeve siue pecunia, siue praediis abundat, l'Espagnol dit aussi Rico, et l'Italien Ricco, mais l'Allemand dit Reich, […]

이런 점에서 보면 『프랑스어 보고』는 이개어 사전이면서 다중언어사전의 성격도 일부 갖고 있다고 할 수 있다. 한편 크마다는 표제어의 언어가 주석이나 용례로 이용된 경우 '준이개어 사전semi-bilingue'이라 하여 순수 이개어 사전과 구별하고 있는데[30] 니코의 사전이 이에 해당된다. 그래도 위의 예들은 라틴어 번역을 동반하여 이개어 사전의 틀을 유지하고 있지만 아래의 Amarrer(밧줄로 매어두다)처럼 아예 라틴어 번역을 동반하지 않는 경우도 있다.

> **Amarrer**, *Est un terme de marine qui signifie lier et garroter une chose à l'autre avec des cordes, comme, La polie est amarrée au mast, c'est à dire liée et garrottée.*

크마다는 당시에 파생된 프랑스어, 이국적인 용어나 전문용어 등 일부 범주의 어휘에는 라틴어 번역이 동반되지 않는 경향이 있다고 지적한 바 있는데[31] 실제로 많은 전문용어의 항목에는 프랑스어 기술 밖에 없다. 위의 경우처럼 프랑스어로만 항목 기술이 된 경우에

---

30 Bernard Quemada, 1967.

31 Bernard Quemada, 1967, p.42.

는 『프랑스어 보고』가 단일어 사전의 성격을 띠고 있다고 간주할 수 있다. 이처럼 의미 정보의 전달 방식을 통하여 우리는 이 사전이 단일어 사전, 이개어 사전, 다중어 사전 등과 같은 다양한 유형의 성격을 동시에 띠고 있음을 알 수 있다.

한편 니코는 표제어나 의미의 일부가 시간, 공간, 화계, 빈도 등 용법상의 제한을 받을 때는 그 정보를 기술하였다.

> **Accordailles**, plur. num. f. penac. *est du modele de fiançailles, et signifie le mesme, mais fiançaille est plus usité*, [···]
>
> **Achasser**, act. acut. Agere ad aliquem. Propellere versus aliquem, aut aliquo. *Tres-rare en usage.*
>
> **Actourné**, m. acut. *Est le procureur d'une partie litigante*, Procurator ad litem, *Mot usité en Normandie, qui peut avoir esté formé de ces deux mots Latins*, Actor natus.
>
> **Adirer**, *Mot frequent à Paris, vaut autant comme Esgarer, Pourtant usez des formules de* Esgarer.
>
> **Aires**, *en Provence*, Olbia.
>
> **Patroüille**, f. penac. Rutabulum. *On appelle à Paris Patroüille le guet qui se fait la nuit, soit à cheval, soit à pied.*
>
> **Preu**, et **Preus**, m. monosyllab. *Semble qu'il vienne de* Probus, *ou bien c'est un mot vulgaire François qui signifie, chevaleureux et de grand effort aux armes*: [···]

위와 같은 정보를 통하여 이용자는 Fiançaille가 Accordailles 보다 더 자주 이용되고 있고, Achasser는 매우 드물게 사용되며, Preu는 비속어라는 사실을 알 수 있다. 또한 Actourné와 Aires는 각각 노르망디와 프로방스 지방에서 이용되는 방언이고, Adirer와 Patroüille는 파리의 용법이라는 것을 알 수 있다. 이러한 화용 정보의 제시는 니코가 규범성보다는 언어의 실제 사용에 근거하여 다양한 층위의 언어를 표제어로 삼았다는 것과 어떤 낱말도 배제의 대상으로 삼지 않았다는 것을 보여준다. 하지만 용법을 나타내는 표현이나 방식은 불규칙적이고 이 정보가 나타나는 위치도 예측하기 힘들다. 울느리지는 "용법에 대한 주석이 체계적이지 않기 때문에 어떤 낱말에 용법 관련 주석이 없다고 하여 그 낱말이 반드시 무표의non marqué 낱말이라고 할 수는 없다"[32]라고 용법 정보의 한계를 지적하고 있다.

한편 니코는 한 표제어의 의미가 다양할 때 'aussi'(또한), 'tantost'(혹은) 등과 같은 연결어를 사용하여 열거하는 방식으로 의미들을 조직하였다. 계통이나 유래를 밝혀야 하는 경우에는 'par metaphore'(은유적으로) 등과 같은 '의미 조직자ordonnateur sémantique'를 이용하였다. 의미는 고유 의미에서 일반의미 순으로 배열되는 것이 일반적이나, Bouffard의 경우처럼 비유 의미가 먼저 제시되고 고유 의미가 오는 경우도 있다.

> **Bouffard**, m. acut. *Par metaphore est despité, et proprement est celuy qui bouffe, c'est à dire, souffle souvent*, voyez Bouffer.

위의 예와 같이 고유 의미보다 비유적 의미가 먼저 제시된 것은 아마도 의미의 파생관계보다는 의미의 빈도를 더 우선시했기 때문인 것으로 보인다.

---

32 Terence Russon Wooldrige, 1977, p.213.

4.2.4. 용례

뜻풀이와 라틴어 등가어가 주어지면 줄을 바꿔 이탤릭체로 프랑스어 용례를 보이고 프랑스어 용례에 대해 고딕체로 라틴어 번역이 주어진다. 용례는 주로 구 용례가 이용되고 있는데 아래의 Frere(형제)의 예처럼 프랑스어에서는 구인 것이 라틴어에서는 한 단어로 대응되는 경우가 많다. 라틴어 번역어를 염두에 두고 프랑스어 용례를 만든 것으로 추정된다.

> **Frere**, m. penac. [⋯]
> *Le frere de ma mere*, Auunculus.
> *Le frere de mon pere*, Patruus.
> *Le frere du pere grand ou de la mere grand de nos peres et meres grands, du costé de nostre mere*, Abauunculus.
> *Le frere du pere grand de nostre pere grand*, Abpatruus.
> *Qui a tué son frere*, Fratricida.

구 용례는 때로 주석의 대상이 되기도 한다. Frere의 용례로 보인 Frere de lait에는 “9달이 되기 전에 애를 낳는 것 또는 9달이 되기 전에 태어난 사람 ⋯” 이라는 주석과 “같은 젖으로 키워진 사람”이라는 주석이 달려있다.

구 용례보다는 그 수가 적지만 문장 차원의 용례를 보이기도 한다. 예를 들어 위에서 예로 든 Frere 항목의 경우 총 14개의 용례가 주어졌는데 그중 아래의 2개가 문장 용례이다.

> *Je l'aime autant comme s'il estoit mon frere*, Fratris loco eum diligo, Fratris loco mihi est.

Si tu cognois que je t'ay aimé comme mon frere germain, Si te in germani fratris dilexi loco.

이러한 구 용례와 문장 용례는 사전 저자들이 직접 만든 것으로 생각된다. 왜냐하면 프뤼보에 따르면 『프랑스어 보고』에는 호메로스부터 모든 시기에 걸쳐 200개가 넘는 작품이 인용되고 있는데[33] 인용문의 경우에는 작가 이름이나 책 이름 등과 같은 서지정보가 인용문 앞이나 뒤에 나오기 때문이다.

니코는 문장 용례뿐만 아니라 구 용례를 인용하기도 하였다.

Alme, Almus, Ronsard, *Alme soleil,* [⋯]

Esclaver, aucun, [⋯] *L'asservir, Le mettre en servitude et captivité.* Ronsard, *Esclaver ma liberté.*

Alme 항목의 'Alme soleil'와 Esclaver 항목의 'Esclaver ma liberté'와 같은 구 용례가 롱사르에게서 인용되었다는 것을 알 수 있다.

니코의 『프랑스어 보고』는 라틴어 등가어나 프랑스어 유의어만 제시한 표제어와 전문용어 등에는 일반적으로 용례를 보이지 않지만, 에티엔의 『프랑스어-라틴어 사전』에 비해 용례가 증가한 것은 확실해 보인다. 예를 들어 에티엔의 사전에서는 Accouster 항목에 13개, Frere 항목에 11개의 용례를 보이고 있지만, 니코의 사전에서는 각각 15개와 14개의 용례를 보이고 있다. Frapper(치다)와 Frayeur(공포) 항목에서는 두 사전 모두 각각 13개와 12개의 용례를 보이고 있다. 이로 미루어 보아 니코의 사전은 최소한 에티엔의 사전과 같거나 증가한 용례를 보이고 있다고 추론할 수 있다. 풀이된 뜻이 구체적으로

33 Jean Pruvost, 2002, p.28.

어떤 환경에서 쓰이는 지에 대한 정보를 제공함으로써 뜻풀이를 더 잘 이해할 수 있게 해주고, 낱말의 실제 사용을 예시함으로써 구축 가능한 문장에 대한 안내 역할을 하는 풍부한 용례 제시의 전통이 17세기 후반 프랑스어 단일어 사전 출현 이전에 이미 프랑스어-라틴어 사전과 같은 이개어 사전에 그 뿌리를 두고 있음을 알 수 있다.

5. 맺음말

최초로 프랑스어 어휘를 표제어로 삼은 로베르 에티엔의 『프랑스어-라틴어 사전』은 프랑스어를 라틴어로 작문하는 데 도움을 줄 목적으로 약 9천여 개의 프랑스어 표제어에 대하여 라틴어 등가어를 제시한 순수한 이개어 사전이라 할 수 있다. 사전의 구조는 아주 단순하며 표제어들은 주표제어와 부표제어가 첫 글자를 대문자로 하여 수평적으로 배치되어 있다. 한 어족을 이루는 파생관계에 있는 낱말들이 수평적으로 함께 소개된 것이 특징이다. 표제어들은 줄을 바꾸어 이탤릭체로 다시 소개되고 여기에 라틴어 등가어가 제시된다. 주표제어들은 알파벳순으로 배열되나 부표제어들 사이에는 알파벳 순서가 지켜지지 않기도 한다. 표제어 배열 방식은 알파벳순 배열과 재배열 방식이 결합된 형태라 할 수 있다. 에티엔의 사전은 소규모의 사전이나 그 규모에 비해 풍부한 용례를 보인 것도 특징이라 할 수 있다.

에티엔의 사전에 비해 만여 개의 표제어를 더 등재하고 있는 『프랑스어 보고』의 기본적인 성격은 에티엔의 사전과 마찬가지로 프랑스어-라틴어 이개어 사전이다. 하지만 에티엔의 사전과 달리 니코의 사전은 이개어 사전으로만 머무르지 않고 단일어 사전의 성격도 띠고 있다. 비록 라틴어가 등가어로서 제시되고 일부 프랑스어 용례가 라틴어를 염두에 두고 만들어 졌지만 『프랑스어 보고』는 라틴어 작문보다는 프랑스어에 대한 정보를 제공하는 것을 우선시하는 사전이라 할 수 있다. 또한 이 사전은 라틴어 이외에 스페인어나 이탈리아어, 독일어 등의 단어를 정의에서 제시하여 다중언어적 성격도 일부 지니고 있으며, 표제어 목록에 고유명사를 등재하고 있고, 항목 기술에 있어서도 내용이 단지 의미 전달을 넘어서는 백과 정보도 제공하고 있어 어느 정도 백과식 사전도 겸한다고 볼 수 있다.

니코의 사전은 에티엔의 사전과는 달리 구조가 복잡하고 항목을 구성하는 요소들도 많다. 하지만 항목 구성이 체계적이지 않아 항목을 구성하는 요소가 표제어에 따라 다르고, 요소가 나타나는 위치 또한 확정되어 있지 않는 등 항목 기술의 일관성이 결여되어 있다. 항목 기술에 이용된 낱말들이 표제어로 등재되지 않아 순환성이 지켜지지 않기도 한다. 항목을 체계적으로 기술하는 것보다 가능한 한 어휘의 모든 면을 보여주는 것이 니코에게 더 중요하게 생각된 것으로 보인다. 하지만 일관성의 결여에도 표제어와 같은 언어를 이용하여 최초로 뜻풀이를 시도한 것은 니코 사전의 가장 큰 특징이라 할 수 있다.

에티엔의 『프랑스어-라틴어 사전』이 비록 당시의 용법을 충실히 반영한 사전이라고 할 수는 없어도 프랑스어 낱말을 표제어로 삼아 최초로 프랑스어 어휘목록을 작성한 데 의의가 있다면, 니코의 『프랑스어 보고』는 최초로 프랑스어로 뜻풀이를 시도하여 17세기 단일어 사전의 길을 예비했다는 데 그 사전학적 의의가 있다고 할 수 있다.

Ⅱ

최초의 프랑스어 단일어 사전, 리슐레의 『프랑스어 사전』

1. 프랑스어 규범의 확립과 유사 이개어 사전

프랑스어 사전 편찬의 역사에 있어서 17세기는 매우 중요한 시기이다. 기술사전dictionnaire descriptif, 백과식 사전dictionnaire encyclopédique과 규범사전dictionnaire normatif의 모델이 되는 세 사전이 각각 리슐레, 퓌르티에르, 아카데미 프랑세즈에 의해 편찬되기 때문이다. 이러한 사전들의 출판은 당시 사회, 문화적인 측면에서 프랑스어 단일어 사전 출판에 필요한 여건과 기반이 갖추어져 있었기 때문에 가능했다.

먼저 말레르브와 보줄라는 문법 규칙을 제정하고 궁중에서 사용하는 용례를 좋은 용법bon usage의 모델로 삼아 프랑스어를 체계화시키고 규범화하였다. 코르네유와 라신, 몰리에르와 같은 희곡 작가들은 프랑스어에 문학적 명성을 부여하였다. 파스칼과 데카르트는 프랑스어를 사고와 지식의 도구로 만들었다. 게다가 언어가 강력한 권력의 상징임을 깨닫고 유럽의 다른 언어들에 비해 프랑스어의 우월성을 확립시키려는 절대군주가 있었다. 이와 더불어 언어에 대해 지대한 관심이 있는 교양 계층이 폭넓게 존재하였다.

사전 편찬의 역사에서 17세기는 외교관이자 프랑스에 담배를 도입한 장 니코의 『프랑스어 보고』(1606)와 함께 시작되었다. 니코의 사전은 1539년 로베르 에티엔에 의해 출간된 『프랑스어-라틴어 사전』의 제5판에 해당된다. 왕실 인쇄업자인 로베르 에티엔은 라틴어를 대신하여 프랑스어를 왕국의 행정언어로 강제한 빌레르-코트레 칙령이 선포된 해에 프랑스어를 기술 대상으로 삼은 최초의 사전을 출판하였다. 이 사전은 10년 뒤인 1549년에 제2판이, 그리고 1564년과 1573년에 각각 제3판과 제4판이 출간되었다. 제5판은 제4판의 수정 보완 작업에 참여한 적이 있는 니코가 책임을 맡았는데, 30년 정도 사전 편찬 작업에 참여한 경험이 있는 그는 제4판까지의 사전을 크게 수정, 보완하고 사전의 명칭까지도 변경시켰다. 결과적으로 이 판은 기존의 로베르 에티엔의 사전과는 다른 별도의 작품이 되었다.

18,000여 개의 표제어를 등재하고 있는 『프랑스어 보고』에는 많은 항목에서 의미와 용례 등이 프랑스어로 설명되어 있는 등 프랑스어가 중요한 위치를 차지하고 있다. 이런 점 때문에 블랑제와 같이 이 사전을 최초의 프랑스어 단일어 사전으로 간주하는[34] 학자도 있기는 하지만, 라틴어 등가어를 제시하고 있는 니코의 사전을 프랑스어 단일어 사전으로 간주하기에는 무리가 따른다. 그렇다고 순수한 이개어 사전으로 보기도 어렵다. 이 때문에 프뤼보와 같은 학자는 니코의 사전처럼 비록 라틴어가 등가어로서 자리를 차지하고 있더라도 프랑스어의 기술에 집중된 사전을 '유사 이개어 사전dictionnaires faux bilingues'이라 명명한다.[35] 이처럼 『프랑스어 보고』의 성격에 대한 의견은 학자에 따라 다르지만, 이 사전이 프랑스어 단일어 사전의 시발점이자 단일어 사전의 토대를 구축하였다는 평가에는 일치된 의견을 보이고 있다.

한편 비슷한 시기에 이웃 나라 에스파냐와 이탈리아에서는 코바루비아스Covarrubias와 크루스카 아카데미에 의해 각각 『카스티야어 또는 에스파냐어 보고Tesoro de la lengua castellana o española』(1611)와 『크루스카 아카데미 사전Vocabolario degli Accademici della Crusca』(1612)이라는 에스파냐어와 이탈리아어 단일어 사전이 출판되었다. 이 두 사전 덕분에 프랑스인들은 단일어 사전에 대한 개념과 모델을 갖게 되었고 프랑스에서도 그만큼 단일어 사전에 대한 요구가 커졌다. 그

---

34 Jean Claude Boulanger, 2003, p.358.

35 Jean Prusvost, 2002, p.27.

리고 이 요구에 부응하기 위해 1635년 아카데미 프랑세즈가 창설되었다. 사전 편찬을 주요 목적으로 삼은 이 국가 기관은 곧장 사전 편찬 작업에 착수하였지만, 회원들의 사전에 대한 열의 부족과 의견 대립 등으로 편찬 작업은 지연되었다. 아카데미의 지루한 사전 작업에 지치고 실망한 올리비에 파트뤼Olivier Patru는 새로운 사전 편찬을 계획하게 되고 세자르-피에르 리슐레César-Pierre Richelet(1626-1698)에게 그 임무를 맡긴다.

2. 리슐레 사전의 출판 과정

2.1. 사전의 출간 계기

1626년 샹파뉴 지방의 쉬미농에서 출생한 리슐레는 비트리 르 프랑수아에서 공부를 하고 1654년 비트리 근처에 있는 콜레주의 교사가 되었다. 1661년에는 번역가이자 변호사이면서 아카데미 프랑세즈 회원인 페로 다블랑쿠르의 추천을 받아 파리로 올라가 변호사가 되었고, 파트뤼, 부르소 등과 같은 영향력 있는 인사들과 사귀게 되었다. 파트뤼 덕분에 그는 아카데미 회원들의 회합에 참석할 수 있었고, 희곡 이론가인 오비냑 사제의 모임에도 참여할 수 있었다. 고대 언어에 입문하고 에스파냐어와 이탈리아어를 배우고 외국인들에게 프랑스어를 가르친 것도 이 시기 1660년대이다.

연애시와 풍자시를 발표하면서 리슐레는 문학적 명성을 얻기 시작하였다. 루이스 델 마르몰 카르바할Luis del Mármol Carvajal의 작품 『아프리카L'Afrique』를 번역한 페로 다블랑쿠르가 죽기 전 그에게 이 작품의 원고 수정을 맡길 정도였다. 리슐레는 번역가로서도 활동하였는데, 1670년 잉카 문명의 유명한 연대기 작가인 잉카 가르실라소 데 라 베가Inca Garcilaso de la Vega가 1605년 리스본에서 출판한 『잉카의 플로리다La Florida del Inca』를 『플로리다 정복의 역사Histoire de la conquête de la Floride』라는 이름으로 번역 출판하기도 하였다. 하지만 그에게 영원한 명성을 가져다 준 것은 그 무엇보다도 1680년에 출판한 최초의 프랑스어 단일어 사전인 『낱말과 사물을 포함한 프랑스어 사전Dictionnaire françois contenant les mots et les choses, plusieurs nouvelles remarques sur la langue françoise』(이하 『프랑스어 사전』)이다.

리슐레의 『프랑스어 사전』 편찬은 아카데미 프랑세즈와 밀접한 관련이 있다. 1635년 리슐리외에 의해 설립된 이 국가 기관은 프랑스어 사전을 편찬하는 것을 주요 목적으로 삼았고, 곧 그 임무를 수행한다. 1637년 12월에 장 샤플랭이 아카데미에 미래의 작품에 대한 계획안을 제출하여 그의 동료들에 의해 채택되었는데, 이 계획안 중에서 가장 핵심적인 내용은 고인이 된 유명 작가들의 작품에서 인용하는 것이었다. 샤플랭은 옛 작가들의 훌륭한 작품에서 좋은 문장들을 발췌하여 사전에 실을 것을 권장하였고, 아카데미 회원들은 인용에 필요한 작품들의 목록을 작성하기 시작하였다. 하지만 지루하고 고된 노동을 필요로 하는 이 야심찬 계획은 아카데미 회원들의 의지 결핍으로 곧 포기된다. 작가들의 작품에서 인용하는 것을 단념한 대신 아카데미 회원들은 언어의 규범적 통제에 유용한 용례들을 직접 만들기로 결정하였다.

보줄라가 편찬 책임을 맡은 1639년부터 그가 사망한 1650년까지는 사전 편찬 작업이 어느 정도 진척된 듯했다. 하지만 그의 사후 20여 년 동안 사전작업에 큰 진전이 없었다. 급기야 작업이 늦어지는 것에 대해 많은 걱정을 한 재무총감 콜베르는 1673년 1월부터 회의 참석자에게만 배당금을 지불하는 참석배당금제jetons de présence를 시행하기에 이른다. 이 제도는 회원들의 출석에 어느 정도 효과를 거두기는 하였으나, 배당금의 분배는 출석자들을 분열시키고 그들에게 사전보다 배당금을 더 중요한 일로 생각하게 하는 부작용을 낳기도 하였다.

한편, 사전 작업에 열심이었던 변호사이자 산문 작가인 파트뤼는 사전 작업을 진척시키려는 열의가 없는 동료 아카데미 회원들에게 실망하여 1675년 하반기부터는 아카데미의 모임 자체에 참석하지 않게 된다. 그는 이때 이미 아카데미 프랑세즈의 사전과는 다른 자신만의 사전 편찬 계획을 갖고 있었던 것으로 추정된다.[36] 하지만 1640년부터 아카데미 프랑세즈 회원으로 활동해 온 파트뤼는 자신이 직접 사전 편찬 책임을 맡지 않고 이 임무를 리슐레에게 맡긴 것으로 보인다. 1677년 4월 4일자 랭스 대성당의 참사원인 친구 프랑수아 드 모크루아François de Maucroix에게 보낸 편지[37]에서 파트뤼는 리슐레와 자신의 비서인 카상드르가 좋은 작가들의 작품에서 발췌한 인용문으로 된 사전을 만들고 싶어 한다는 소식을 전한다. 그러면서 이러한 계획의 동기를, 자신과 샤플랭과 다른 많은 사람들의 의견과 달리, 아카데미 프랑세즈가 인용하지 않겠다는 원칙을 고수하기 때문이라고 밝히고 있다. 리슐레의 사전 편찬은 아카데미 프랑세즈의 사전 편찬 원칙에 기인한다는 것을 알 수 있다. 아카데미 프랑세즈가 최초의 계획대로 작가들의 작품에서 인용을 하였다면 리

36 크마다(Quemada, 1998: 57)는 리슐레의 사전은 1667년부터 계획되었고, 이로부터 10년 후인 1677년부터 본격적인 작업이 시작된 것으로 본다.

37 이 편지는 1743년 『아카데미 프랑세즈의 역사Histoire de l'Académie française』에서 올리베Olivet 신부에 의해 인용되었다.(Bernard Quemada, 1967, p.544.)

슐레의 사전은 잉태되지도, 그리고 탄생되지도 않았을 것이다.

2.2. 집필진의 구성과 작업 방식

아카데미 프랑세즈의 사전과는 다른 사전, 즉 작가들의 작품에서 추출한 인용문에 의해 뜻풀이를 뒷받침하는 사전의 편찬을 결정한 파트뤼는 사전 편찬 집필 위원 구성을 리슐레에게 맡겼다. 본인이 아카데미 회원 신분이었기 때문에 신중을 기할 수밖에 없었던 것으로 보인다. 집필 위원은 리슐레에 의해 모집된 5-6명의 작가와 카상드르, 파트뤼, 프랑수아 드 모크루아, 르네 라펭, 도미니크 부우르 등 총 10-12명으로 구성되었다. 하지만 리슐레에 의해 모집된 작가들이 누구누구인지, 집필진들의 임무가 구체적으로 어떻게 구분되었는지는 알려져 있지 않다. 다만 앞서 언급한 파트뤼의 편지를 통하여 집필자 각자가 텍스트를 면밀히 검토하면서 인용할 부분에 색칠을 하면 필경사가 종이의 한쪽 면에 옮겨 적고 이것을 잘라서 각 조각을 제 위치에 가져가 붙였다는 것과 이러한 검토 작업에는 카상드르, 리슐레, 파트뤼, 모크루아 등이 참가했으며, 카상드르가 희귀 용법이나 식물, 동물, 해부학, 약학 등 전문 분야를, 리슐레가 다블랑쿠르의 작품을, 모크루아가 자신의 작품과 발자크의 작품을 맡아 검토했다는 사실 등이 밝혀졌다. 또한 어휘목록은 리슐레와 파트뤼의 비서인 카상드르에 의해, 뜻풀이는 리슐레에 의해 작성되었다는 것도 알려졌다.[38]

사전 원고는 1679년 2월 말과 3월 초 사이에 인쇄되었다. 본격적인 사전 작업에 착수한 지 불과 2년 만이다. 첫 교정쇄는 30여 명으

38 Alain Rey, 2011, p.833.

로 구성된 교정 위원회에 회부되었고, 위원들은 원고를 검토하여 수정하고 문제점 등을 지적하였다. 교정 위원들은 많은 항목들에 대해 비판을 하였다. 하지만 리슐레는 이미 인쇄가 끝난 사전 본문의 원고에 직접 수정을 가하지 않고 비판받은 항목들만 별도로 모아 사전의 본문 앞에 〈사전에 관한 고찰Remarques sur le dictionnaire〉이라는 제목을 붙여 출판하는 것을 선호하였다. 결과적으로 교정쇄가 수정되지 않으면서 초고의 실수가 그대로 보존되게 되었다. 왜 리슐레가 이러한 결정을 하였는지는 의문이다. 다만 아카데미 프랑세즈가 1678년 4월부터 사전 원고 인쇄를 시작하였기 때문에 아카데미보다 먼저 사전을 출간하려는 목적으로 그러한 결정을 내리지 않았을까 추론해 볼 수 있을 뿐이다. 〈사전에 관한 고찰〉은 1679년 12월에 인쇄되어 이 부분만 다시 교정을 보게 되었다. 이 〈고찰〉의 교정과 재인쇄 때문에 사전 전체의 출간이 조금 늦추어 지긴 하였지만, 작품은 최종적으로 1680년 1월에 완성될 수 있었다.

리슐레의 『프랑스어 사전』은 모든 언어사전에 대해 독점권을 획득한 아카데미 프랑세즈 때문에[39] 프랑스가 아닌 스위스 제네바에서 출판업자 비더홀드Hean Herman Widerhold에 의해 출간되었다. 사전 작업을 개시한 지 3년 만이고 인쇄를 시작한 지는 1년 만이다. 이러한 신속한 작업성과는 사전 편찬 작업에 착수하여 40년이 넘도록 완성을 보지 못한 아카데미 프랑세즈의 사전 편찬과 대조를 이루면서 사전 작업의 효율성에 관한 교훈을 주게 된다. 프랑스에서는 아카데미 사전 이외의 프랑스어 사전 출판이 금지되었기 때문에, 리슐

39 아카데미 프랑세즈는 1674년 6월 28일 루이 14세로부터 왕의 통치권이 미치는 범위 안에서 아카데미 프랑세즈 사전 이외에 어떤 언어사전의 출판도 금지한다는 특허를 획득하였다.(Jean-Pol Caput, 1986, p.41.)

레가 만든 사전의 배포에 어려움이 따랐다. 비더홀드는 프랑스에서 불법적으로 판매하기 위해 비밀리에 1,500부를 들여오다 감독관에게 발각되어 사전이 압류되어 불태워지는 아픔을 겪기도 하였다. 그럼에도 리슐레의 사전은 출간된 해의 12월에 파리에 입성하게 되고, 큰 성공을 거두게 된다. 초판의 성공에 힘입어 리슐레의 사전은 1693년 다비드 리터David Ritter에 의해 수정증보판이 제네바의 벵상 미에즈Vincent Miège 인쇄소에서 출간되었다.

한편, 리슐레의 사전은 1719년에 왕의 출판허가를 얻게 되면서 이때부터는 합법적으로 프랑스 내에서도 자유롭게 보급될 수 있었다. 시작은 늦었지만 아카데미 프랑세즈의 사전보다 먼저 출판에 성공함으로써 리슐레의 사전은 프랑스어 최초의 단일어 사전이라는 명예를 획득하게 된다.

3. 사전의 전체 구조와 〈사전에 관한 고찰〉

리슐레의 사전은 크게 전문(15쪽)과 〈사전에 관한 고찰〉(88쪽) 및 본문(1040쪽)으로 구성되어 있다. 전문은 뮌스터와 파더보른의 주교인 페르디난드Ferdinand 공에게 바치는 헌사(4쪽)와 〈일러두기〉(4쪽), 〈표지 설명〉(1쪽), 〈사전에 인용된 작가와 도서 목록〉(3쪽), 〈약어 목록〉(3쪽) 등으로 되어 있다. 본문은 2부로 구성되어 있는데, 제1부는 480쪽에 걸쳐 A 항목에서 LUZ 항목까지를, 제2부는 560쪽에 걸쳐 M 항목부터 마지막 표제어인 ZONE 항목까지를 다루고 있다.

사전의 본문에 앞서 우리의 관심을 끄는 것은 〈사전에 관한 고찰〉 부문이다. 리슐레의 사전을 구성하는 특징 중의 하나인 〈고찰〉은 사전의 본문 앞에 위치하고 있지만, 앞에서 언급한 것처럼 처음부터 계획되었던 것이 아니라 사전의 원고가 완성된 후에 잘못된 부분을 교정하고 보완하기 위하여 고안된 것이었다. 리슐레가 이 〈고찰〉을 본문 원고 후에 작성하였다는 것은, 〈고찰〉 6쪽의 APRES-DINÉ(점심 후) 항목과 79쪽의 TIERS(제삼자) 항목 아래에 부표제어로 다룬 Tiers état(제3계급) 항목에 잘 드러난다. 전자에서는 이 낱말의 품사 정보가 잘못되었음을 밝히고 있고, 후자에서는 "이 낱말들이 사전의 본문에 설명되어 있지 않기 때문에 여기서 무엇인가 언급하는 것이 좋겠다."라고 하면서 '제3계급'에 대해 자세한 설명을 하고 있다.

> APRES-DINÉ. J'ai remarqué dans le corps du Dictionnaire, qu'*aprés -diné* étoit un Substantif, mais mal; /./
>
> TIERS, s.m. /…/
> *Tiers d'état*, Comme ces mots n'ont pas été expliquez dans le corps de l'ouvrage, & il est bon d'en dire ici quelque chose.

이처럼 리슐레는 본문 원고를 완성한 후에 교정 과정에서 본문 원고는 그대로 놓아두고 수정하거나 보완할 사항이 있는 항목만을 별도의 파트로 구성하여 〈사전에 관한 고찰〉이라 명명하고 본문 앞에 실은 것이다. 결국 비판에 민감했던 리슐레는 본문은 미완성으로 남겨둔 채 〈고찰〉을 통하여 사전을 완성한 셈이다.[40]

리슐레는 약 500여 개의 항목에 대하여 '고찰'하고 있다. 〈고찰〉에서 다루고 있는 항목들은 대부분 본문에서 다룬 것들이지만 본문에는 없는 새로운 요소가 언급된 경우도 있다. 고찰의 내용은 주로 문

40 Brigitte Lépinette, 1990, p.67.

법 정보와 발음, 어원, 사용 영역과 빈도, 용례 등에 관계된다. 이러한 것들은 본문의 내용을 보충하는 측면이 강하지만, 아래의 예들처럼 본문의 내용을 수정하는 경우도 있다.

> ASPERGÉS, *s.f.* Ce mot est quelquefois en la bouche du petit peuple, mais il est plus de Province que de Paris. /./ le mieux ne disent jamais *aspergés*, mais *aspersoir*, ou *goupillon*. /./

> CHATE-MITE, *s.f.* Ce mot n'a jamais été que feminin & c'est une faute que de l'avoir fait de l'autre genre. /./

표제어 ASPERGÉS 항목에는 이 단어가 민중들의 입에서 나오지만 파리에서보다는 지방에서 사용되며 가능한 한 이 단어 대신 'aspersoir'(성수 산포기)나 'goupillon'(성수 살포기)을 쓸 것을 권고하고 있다. 본문에는 이 낱말의 사용 지역에 대한 어떤 설명도 없기 때문에 본문만 참조한다면 이 낱말이 프랑스 전역에서 쓰이는 것으로 착각할 수 있는데, 이것을 〈고찰〉에서 바로 잡아준 것이라 할 수 있다. CHATE-MITE(위선자)의 경우에도 본문에서는 이 낱말이 남성과 여성으로 모두 사용될 수 있다고 기술되어 있는데, 〈고찰〉에서는 이 낱말은 여성으로만 사용되며 다른 성으로 쓰는 것은 잘못이라고 하여 본문의 내용을 수정하고 있다.

한편 CICATRISER, CICATRICER 항목은 여러 정보를 동시에 준다는 점에서 유익하다.

> CICATRISER, CICATRICER, *v.a.* Monsieur Patru, & Monsieur Dépreaux qui écrivent & qui parlent tres-bien, m'ont condamné tout d'une voix le mot de *cicatriser*, & /./, parce qu'on ne disoit que

cicatricer. /./ Je n'ai garde de dire que *cicatricer* ne soit pas bon, mais j'ose assurer que ce n'est pas le mot d'usage. /./ Les chirugiens & les Medecins que j'ai consultez de nouveau la-dessus m'ont tous décidé qu'il faloit dire *cicatriser*, /./ Il faut croire les habiles gens sur les choses de leur profession.

먼저 사전 본문의 수정 작업에 참여한 사람의 일부를 확인할 수 있다. 파트뤼와 데프로가 그 주인공인데, 이 두 사람은 'cicatriser'는 잘못이며 'cicatricer'로 표기해야 한다고 리슐레에게 충고하고 있다. 'cicatricer'가 사용되지 않는 용법이라는 것을 확신하고 있는 리슐레는 외과의사와 의사들에게 다시 조언을 구하고 이들로부터 'cicatriser' 표기가 옳다는 것을 확인하였다. 그러면서 직업과 관련된 것에 관해서는 그 분야의 전문가를 믿어야 한다고 주장한다. 이를 통해서 우리는 리슐레가 교정인들 사이에 의견의 차이가 있을 때는 해당 분야의 전문가에게 조언을 구하고 이들의 의견을 중요시했다는 것을 알 수 있다.

이처럼 〈고찰〉에서 다룬 항목들은 언어의 한 양상에 초점이 맞추어져 있다는 점에서 본문의 항목과는 차별된다. 또한 항목에 따라 제공된 정보가 단순히 본문의 내용을 보충한 경우도 있지만, 본문의 오류를 수정한 경우도 있기 때문에 사전 이용자는 본문뿐만 아니라 〈고찰〉도 함께 참조할 수밖에 없었을 것이다. 1693년 다비드 리터에 의해 제네바에서 출판된 신판에서는 〈고찰〉이 본문에 통합됨[41]으로써 이러한 참조의 불편이 자연히 해소되었다.

---

41 Robert Connesson, 1985, p.120.

4. 거시구조

4.1. 표제어 규모와 선정 원칙

리슐레의 『프랑스어 사전』에는 약 25,000여 개의 표제어가 등재되어 있다. 이는 뒤에 출판되는 40,000여 개의 표제어를 등재한 퓌르티에르의 『보편사전Dictionnaire Universel』(1690)보다는 더 적고, 15,000여 개의 표제어를 등재한 『아카데미 프랑세즈 사전』보다는 더 큰 규모이다.[42] 비록 표제어의 규모 면에서는 퓌르티에르의 사전에 뒤지지만, 리슐레의 사전은 최초로 프랑스어의 대표적인 어휘목록 명세서를 작성하였다는 중요한 의의를 지닌다. 리슐레는 〈일러두기〉에서 사전의 편찬 목적을 "프랑스어를 사랑하는 교양인들에게 봉사하기 위해서"라고 밝히면서 "작가들에 의해 공인된 낱말들과 가장 아름다운 표현들로 사전을 만들었다"고 진술하고 있다.

이러한 진술에 근거하여 마토레는 리슐레의 사전이 좋은 용법의 낱말들만을 선별하여 등재하였고, 고어, 속어, 비어, 방언, 신어, 전문어 등은 배제하였다고 주장하며 그의 사전을 순수주의자의 작품으로 규정한 바 있다.[43]

하지만 마토레의 주장과는 달리 리슐레의 사전에는 교양인들의 어휘목록뿐만 아니라 좋은 용법이라 할 수 없는 많은 낱말들, 즉 구어, 속어, 비어, 신어, 전문어 등이 등재되어 있다.[44] 특히 학술·전문용어들만을 모아 만든 토마 코르네유의 『기술과 과학 사전Dictionnaire des Arts et des Sciences』(1694)이 정보의 약 40%를 리슐레의 사전에서

42 표제어의 규모는 Jean Pruvost, 2002 참조.

43 George Matoré, 1968, p.76.

44 Laurent Bray, 1990, p.51; Bernard Quemada, 1967, p.209 참조.

취하였다[45]고 할 정도로 리슐레는 전문용어에 개방적인 태도를 보였다.

리슐레는 〈일러두기〉에 작품을 더 유용하게 만들기 위해 일반적인 기술 용어들을 등재하였다고 밝히고 있다. 이것은 언어사전에 대한 독점권을 획득하여 편찬 중에 있던 『아카데미 프랑세즈 사전』과 차별화하면서 아카데미로부터 예상되는 공격을 미연에 차단하기 위한 것으로 보인다. 사전의 명칭에도 이러한 차별화 전략이 잘 드러나 있다. 사전의 명칭 속에서 리슐레는 "학문과 기술 분야의 가장 잘 알려진 용어들"을 등재하고 있음을 분명하게 밝히고 있다. 여기에서 '기술art'은 자유학예Arts Libéraux와 수공예Arts mécaniques의 의미로 사용되는데[46] 특히 후자와 관련된 기술 용어는 사회적으로 낮은 신분으로 '교양인honneste homme' 범주에는 속할 수 없는 육체노동을 하는 시계공, 선반공, 주조공, 제빵사, 구두제조인, 석공 등이 사용하는 용어들을 말한다.[47] 페트르켕의 조사에 의하면 리슐레의 사전에는 약 500여 개의 다양한 분야의 직업 관련 전문어들이 등재되어 있다.[48] 이는 일반적으로 전문어에 개방적이라고 알려진 퓌르티에르의 사전에 300여 개 분야의 직업 용어들이 등재된 것보다 더 많은 것으로, 리슐레가 당시의 기술 지식을 최대한 망라하려고 했다는 것을 입증한다 할 수 있다.

전문용어에 대한 개방성과 더불어 한 가지 더 언급할 점은 용어의 선별에 있어 리슐레는 시대에 뒤떨어지거나 너무 전문적인 용어들

45 Bernard Quemada, 1998a, p.58.

46 17세기에 '기술art'은 자유학예Arts Libéraux와 수공예Arts Mécaniques의 의미로 사용되었으며 이런 점에서 과학과는 대립된다.(Laurent Bray, 1990, p.48.)

47 Laurent Bray, 1990, p.48.

48 Gilles Petrequin, 2009, p.625.

은 배제하였으며, 희귀한 전문적인 용어보다는 일반적으로 사용되는 낱말의 전문적인 의미를 더 중요하게 간주하였다는 점이다.

리슐레는 표제어를 선별함에 있어 작가의 용법을 중요한 기준으로 삼았다. 따라서 고어이거나 일반적으로 받아들여지지 않는 낱말이라 할지라도 작가들에 의해 그 용법이 확인된 경우에는 등재하였다.

> DEPRAVATION, *s.f.* Ce mot est un peu vieux, mais comme il se trouve dans des auteurs assez aprouvez, on ne le peut pas rejeter. /./
>
> DESAVEUGLER, *v.a.* Ce mot est dans les ouvrages de quelques bons auteurs modernes, mais il n'est pas généralement reçu.

위의 예에서 DEPRAVATION(일탈)은 약간 고어이지만 인정받는 작가들의 작품에 쓰였기 때문에, DESAVEUGLER(눈을 뜨게 하다)는 일반적으로 받아들여지지 않지만 몇몇 좋은 작가들의 작품에서 발견되기 때문에 이 낱말들을 버릴 수가 없어 등재하였다고 밝히고 있다. 이처럼 리슐레에게 작가들의 작품은 사전 편찬의 기본 자료이면서 내용 기술의 근거가 되었다. 그는 낱말이나 어법이 보편적일 때는 출처를 밝히지 않았지만, 낱말이나 어법이 일반적이지 않을 경우에는 그 출처를 밝혔다. 이러한 출처의 제시는 그의 사전에 신뢰성을 더해준다.

위의 예들처럼 리슐레는 작가들의 사용 여부를 사전 등재의 중요한 기준으로 삼아 고어나 일반적이지 않은 용법들도 기술의 대상으로 삼았다. 리슐레는 교양인들의 어휘목록만을 제공한 것이 아니라 당시 프랑스어를 대표할 수 있는 어휘목록을 제시하고자 하였다. 이와 같은 점을 고려할 때 리슐레의 사전을 순수주의자의 작품이라고 평가하는 것은 타당해 보이지 않는다. 그의 사전은 처방사전 dictionnaire prescriptif이 아니라 기술사전이라 할 수 있을 것이다.

4.2. 표제어 배열

리슐레는 'Dictionnaire'(사전) 항목에서, 사전을 "한 언어, 기술 또는 과학의 낱말들을 알파벳순으로 담고 있는 책"으로 정의한다. 이 정의에서 리슐레는 알파벳순 배열을 사전의 중요한 속성으로 간주하고 있다. 그에게 사전은 "알파벳순으로 배열된 한 언어의 낱말들을 수록하고 있는 책"이기 때문에, 당시 알파벳 배열이 어느 정도 일반화되어 있는 상황에서, 리슐레가 표제어들을 알파벳순으로 배열하는 것은 너무 당연해 보인다. 하지만 아직 모든 표제어가 엄격한 알파벳 순서대로 배열된 것은 아니었다.

> ABAÏE, *s.f.*
> ABAISSE, Voiez plus-bas.
> ABAISSER, *v.a.*
> S'ABAISSER, *v.r.*
> *Abaisse, s.f.*
> *Abaissement, s.m.*
> ABANDONNER, *v.a.*
> *S'abandonner, v.r.*
> *Abandonné, abandonnée, adj.*
> *Abandonnée, s.f.*
> *Abandon, s.m.*
> *A l'abandon, adv.*
> *Abandonnement, s.m.*
> ABATANT. Voiez *abatre.*

대문자로 표기된 주표제어를 기준으로 보면 알파벳순 배열이 엄격히 지켜지고 있지만, 이탤릭체로 표기된 부표제어까지 고려하면 알파벳 배열이 지켜지지 않기도 한다. 부표제어 Abaisse, Abaissement은 주표제어 ABAISSER 아래에 배열되어 있다. 또 부표제어 Abandonné, Abandonnée, Abandonnement 등도 ABANDONNER 아래에서 부표제어처럼 처리되어 있다.[49] 이처럼 일부 단어들의 순서가 뒤바뀌긴 했지만 원래의 자리에서 크게 벗어나지 않아 참고하는 데 큰 어려움을 야기하지는 않는다.

한편, 리슐레의 사전에서도 아직 대문자 I/J, U/V가 분리되지 않아 아래의 예들에서처럼 오늘날의 관점에서 보면 알파벳 순서가 지켜지지 않은 경우가 있다.

INUSITÉ
INUTILE
[…]
JOB
JOBELIN
[…]
JONGLER
Jongleur
IONIEN

VAUTRAIT, ou *Vautret*
VAUX
UBIQUISTE
VEAU

---

49 부표제어로 처리된 낱말들은 소문자 이탤릭체로 표기하여 주표제어와 구별된다. 하지만 S'ABAISSER의 예가 보여주는 것처럼 이러한 구별이 일관성 있게 처리된 것은 아니다.

5. 미시구조

리슐레의 『프랑스어 사전』의 미시구조는 각 표제어에 대해 다음과 같은 요소들로 구성되어 있다.

- 문법 정보
- 형태소 정보
- 발음
- 어원
- 용법 표지
- 정의
- 용례

하지만 각 항목별 구성 요소와 이 요소들이 나타나는 순서는 항목에 따라 달라지기도 한다.

5.1. 품사, 발음 및 어원 정보

리슐레의 사전에서 표제어에는 일반적으로 약어로 표시된 품사 정보가 뒤따른다. 표제어가 명사일 경우, 품사 표시와 함께 성에 관한 정보가 주어진다. 하지만 성genre에 대한 정보에 관하여 학자들 간에 의견이 일치하지 않을 때는 성 표시를 하지 않고 본문에 학자들의 의견을 제시하는 방식을 택했다.

> ABSINTE. Ce mot ne se dit qu'au singulier. Vaugelas le croit masculin, la plupart des hommes savans en la langue le font plutost féminin que masculin. /./

표제어 ABSINTE(쓴쑥)의 경우, 보줄라는 이 단어를 남성으로 여기지만, 대부분의 언어 전문가들은 남성보다는 여성으로 간주한다는 설명이 되어 있다. 이처럼 문법 정보에 대한 의견에 차이가 있을 때 리슐레는 의견 조정을 통하여 명확한 해결책을 제시하기보다는 전문가들의 대립된 의견만을 단순히 설명해 놓음으로써 그 선택은 독자들에게 맡기고 있다.

표제어가 동사일 경우 일부 동사에 대해 활용형을 보이는데 주로 불규칙 동사와 대명동사들이 이에 해당된다. 하지만 불규칙 동사 가운데 ETRE 동사는 활용형을 보이지만, AVOIR 동사는 활용형을 보이지 않고 있고, 대명동사 가운데도 S'abandonner는 활용형을 보이는 반면에 Se venger는 활용형을 보이지 않고 있다. 또한 활용형의 제시에 있어서도 같은 대명동사임에도 S'abandonner는 직설법 1인칭 단수 현재형, 복합과거형과 단순과거형을 보이는 데 반해 Se cacher는 직설법 현재형과 복합과거형만 보이는 등 동사 기술에 일관성이 결여되어 있다.

발음 표기와 관련하여 리슐레는 아카데미 프랑세즈와는 확연히 다른 입장을 견지하였다. 아카데미 프랑세즈는 "철자가 발음을 완벽하게 표상할 수 없다"[50]라고 하여 사전 초판부터 발음 정보를 제외하였다. 그에 반해 리슐레는 모든 표제어에 대해서는 아니더라도 이중 철자가 있는 낱말이나 표기한 철자와 다르게 발음되는 일부 낱말에 발음 정보를 제공하였다. 그 결과 리슐레의 사전은 17세기 말에 출판된 세 개의 대사전 중에서 유일하게 발음 문제에 중요성을 부여한 사전으로 평가받고 있다.[51]

50 "L'Escriture ne represente pas tousjours parfaitement la Prononciation."(『아카데미 프랑세즈 사전』 초판 서문, 1694)

발음은 단순화된 로마자 철자로 표기되었다. 예를 들어 철자 k는 /k/, ch는 /ʃ/, c는 /k/ 음을 표시한다. 몇몇 단어의 발음표기의 예를 들면 다음과 같다.

> AFOIBLIR, *v.a. Prononcez afébli.* /./
> ARQUER, *Terme de mer.* Prononcez *arké.* /./
> CHENIL, *s.m.* Prononcez *cheni.* /./
> CHOEUR, *s.m. Prononcez coeur.* /./
> CLEF, *s.f.* Prononcez *Clé.* /./

단어의 발음 대신에 강세나 발음의 장단을 설명한 경우도 있다.

> CHUT. Sorte d'adverbe, ou d'interjection, qui signifie paix, silence, qu'on ne mene point de bruit. Prononcez fort le *T*, de ce mot *chut.* [*Chut, le voici qui vient.*]

> CHASSE, *s.f.* Ce mot se prononce bref. /./
> *Châsse.* Ce mot se prononce long, /./

위의 예에서 CHUT의 경우 't'를 강하게, CHASSE는 짧게, Châsse는 길게 발음할 것을 지시하고 있다.

리슐레의 사전에서 대부분의 어원 정보는 본문 앞에 있는 〈사전에 관한 고찰〉에 주어졌기 때문에 본문에 어원 정보가 제공된 경우는 드물다. 하지만 표제어 NAUMACHIE(모의해전)처럼 낱말이 표기대로 발음되지 않은 경우에는 어원 정보가 본문에 주어지기도 한다. 이 경우 어원 정보는 발음이 표기와 달리 발음되는 근거로 제시된 것으로 볼 수 있다.

---

51 Bernard Quemada, 1967, p.106.

NAUMACHIE, *s.f.* Prononcez *naumakie*. Ce mot vient du Grec & veut dire *course, combat, exercice qu'on fait sur l'eau.* /./

또한 표제어 PARAGUANTE(사례금), PARAPHRASE(환언) 등과 같이 외래어에서 차용한 경우에도 어원 정보가 본문에 주어진 경우가 있는데, 어원 정보를 제시하는 일반적인 형식은 〈X vient de Y et qui signifie[veut dire] Z〉(X는 Y에서 전래되어 Z를 의미한다)라는 형태를 띤다.

+ PARAGUANTE, *s.f.* Mot qui vient de l'Espagnol, & qui veut dire une sorte de gratification, une sorte de don. Voiez *Covarruvias*. [Il a eu sa paraguante. On lui a donné sa paraguante.]

PARAPHRASE, *s.f.* Mot qui vient du Grec & qui veut dire interprétation qui est /./

리슐레는 어원 정보의 출처로 프랑스어 형태는 질 메나즈, 에스파냐어 형태는 코바루비아스, 이탈리어 형태는 크루스카 아카데미를 언급하기도 한다. 하지만 대부분 체계적으로 연구된 자료에 근거하기보다는 개인적인 정보원에 근거하고 있어 리슐레 사전의 어원 정보는 비과학적이라는 평가를 받고 있다.[52]

5.2. 정의

5.2.1. 정의문의 형식

사전 이용자는 대부분 단어의 의미를 파악하기 위해서 사전을 참

52 Brigitte Lépinette, 1990, p.64.

조한다. 따라서 단일어 사전에서 정의는 가장 핵심적인 부분이라 할 수 있다. 프랑스어 사전 편찬사에서 리슐레의 가장 큰 공적이라면 최초로 프랑스어로 된 정의문énoncé définitionnel을 작성한 데 있다고 할 수 있다. 퓌르티에르(1690)와 아카데미 프랑세즈(1694)에 의해 보완되고 수정되긴 했지만, 현대적 정의문의 출발점은 리슐레의 사전이라 할 수 있다.[53] 그러면 리슐레는 어떤 방식으로 정의를 하였을까?

리슐레는 정의를 힘에 있어 특정한 형식에 얽매이지 않았던 것으로 보인다. 그는 다양한 방식을 이용하여 뜻풀이를 하였는데, 특히 〈X = Y + Z〉 형식의 논리적 정의를 많이 이용한 것이 눈에 띈다. 이러한 논리적 정의는 하나의 유개념에 여러 종개념이 딸려 있는 경우에 유용한 방식이다.

> CHAIRE, *s.f.* Siége élevé où est assis celui qui parle, ou qui professe en public.
>
> CHAISE, *s.f.* Siége où l'on est assis.
>
> ESCABEAU, *s.m.* Siége de bois assez haut élevé sur quatre piez.

공통의 유개념으로 'siége'(의자)를 나타내는 세 개의 표제어 CHAIRE, CHAISE, ESCABEAU는 각각 종차의 의미자질인 'élevé'(높은), 'de bois'(나무) 등에 의해 서로 구별된다. 이와 같은 논리적 징의에서는 일반적으로 표제어와 정의 사이에 계사가 생략되었다. 정의가 표제어와 분리되어 있는 이러한 정의 유형은 현대 사전학에서 가장 일반적으로 이용되고 있고 정의문의 표준 유형으로까지 간주되고 있다.

다음으로 리슐레는 〈X, il se dit …〉, 〈X, ce mot signifie/ veut dire

53 Bernard Quemada, 1998a, p.58.

/ se dit…〉(X, 이 낱말은 ~을 의미한다) 등과 같은 메타언어적 정의를 사용하였다. 메타언어적 정의는 표제어의 의미 내용을 기술한 것이 아니라 기호에 관한 정보를 제공하는 것이기 때문에 세상univers에 대해 말하는 것이 아니라 언어langue에 관해 말하는 것이다. 리슐레는 특히 표제어가 고어나 풍자 등과 같이 사용상의 제약이 따르는 경우 메타언어적 형식의 정의를 많이 이용하였다.

CHATEMITE, *s.m.* & *f.* Mot vieux & burlesque, qui signifie *hipocrite.*

+ PARANGON, *s.m.* Vieux mot qui ne se dit plus dans l'usage ordinaire qu'en riant & qui veut dire *comparaison*, *parallele.*

이와 같이 사회언어학적으로 사용상의 제약이 따르는 낱말의 경우 정의는 의미 명시라기보다는 단순히 표준 층위의 낱말에 의해 대체된 것이라 할 수 있다.

또한 리슐레는 〈X = Y〉 형식의 유의어 대치에 의한 정의 방식도 많이 이용하였다.

CHâTIMENT, *s.m.* Punition.
CHAUD, *s.m.* Chaleur. [Il fait un grand chaud.]
DIFICILE, *adj.* Pénible. Peine de dificultez. Malaisé.
DIFORME, *adj.* Laid.
DIFUS, difuse, *adj.* Etendu.
ESCALIER, *s.m.* Montée.
ESCARCELLE, *s.f.* Bourse.

이러한 유의어 사용에 의한 정의 형식은 이개어 사전에서 의미 명시 대신에 등가어équivalent를 제시하는 것과 같은 방식이다. 리슐레는 최초의 프랑스어 단일어 사전에 위의 예들과 같은 이개어 사전에 이용되는 방식을 많이 이용하였는데, 이는 의미 명시라기보다는 "어림잡아 표제어의 의미를 파악하는"[54] 방식이라 할 수 있다.

한편 정의와 관련하여 한 가지 흥미로운 점은 리슐레가 단일어 사전임에도 불구하고 라틴어 등가어를 정의 대신 이용하기도 하였다는 점이다.

> CON, *s.m.* Cunnus
> *Couille, s.f. Mentula.*

이 방식은 신체의 일부를 나타내는 터부시되는 낱말에 주로 이용되었는데 터부를 회피하는 한 방법으로 라틴어가 제시된 것으로 보인다.

리슐레 사전에서 정의는 대부분 짧고 간단하지만 아래의 TENAILLES (집게)와 같이 매우 상세한 백과사전적 정의도 있다.

> TENAILLES, *s.f.* Instrument de fer qui sert à serrer, & à tenir, qui est composé de deux branches presque entierement rondes qui a quelque distance du bas sont atachées avec un clou, & depuis ce clou jusques à l'extrémité elles sont aplaties quelquefois arquées, & d'autrefois un peu recourbées seulement afin de mieux prendre & de mieux pincer. [Petites tenailles. Grandes tenailles. Grosses tenailles.]

한편, 아래의 예들처럼 정의가 아예 생략된 경우도 적지 않다.

> *Acourir, v.a. Terme de chasse. /./*

> ACOUTUMANCE, *s.f.* Vaugelas dit que ce mot vieillit, & qu'en sa place on se sert de celui de *coutume*. Cela est vrai pour ordinaire: mais

54 Gilles Petrequin, 2009, p.457.

il y a des endroits où le mot d'*acoutumance* vient mieux que celui de *coutume*. [La jeunesse change ses goûts par l'ardeur du sang, /./]

+ REVALOIR, *v.a. Je revaux, Je revalu, j'ai revalu, Je revaudrai. /./*

표제어 Acourir(달려오다)에는 전문 영역 표시만 있고 정의는 없다. ACOUTUMANCE(습관)에는 문법 정보와 용례, 용법 등에 대한 설명만 있고 의미에 대한 정보는 생략되어 있다. REVALOIR(은혜를 갚다)의 경우에는 동사 활용형의 예들만 있을 뿐이다. 이러한 의미 정보의 결여를 페트르켕은 리슐레의 사전과 현대 사전을 구별 짓는 한 특징으로 보기도 한다.[55]

이처럼 리슐레의 사전에는 의미 정보가 생략된 경우도 적지 않지만 리슐레는 정의, 특히 전문용어의 정의에 심혈을 기울였던 것 같다. 그는 정의의 명확성을 위해 전문가에게 문의하고 직접 장인들의 작업현장을 방문하기도 했다.[56] 또한 리슐레는 작품들을 검토하면서 좋은 정의를 찾아내고 저자보다 더 나은 정의를 할 수 없다고 판단된 경우에는 저자의 작품에서 인용하고 출처를 밝히기도 했다.[57]

BACHA, *Bassa, s.m.* Bassa est le vrai mot. C'est un homme qui a un commandement considérable parmi les Turcs. *Voiez Briot, histoire de l'Empire Otoman, l, 1,c.4.*

BRAS, *s.m.* Partie de l'homme qui commence depuis la jointure de l'épaule jusques à la jointure du coude. *Voiez Degori, Dict. de Médecine. p.193.*

55 Gilles Petrequin, 2009, p.511.

56 Laurent Bray, 1990, p.49.

57 Gilles Petrequin, 2009, p.520.

'터키군의 주요 지휘관'을 뜻하는 BACHA에는 브리오의 『오스만 제국의 역사』를, '팔'을 뜻하는 BRAS에는 드고리의 『의학 사전』을 뜻풀이의 출처로 제시하고 있다. 이러한 출처 정보는 독자들에게 정의의 정확성에 대한 믿음을 주었을 것이며, 더 많은 정보를 원하는 이용자는 인용된 작품을 참조할 수도 있었을 것이다. 이러한 차용에 의한 정의 방식은 사전 편찬가들에게 뜻풀이에 들여야 하는 수고를 면제해 시간을 벌어 줌으로써 사전 작업을 진척시키는 데도 도움을 주었을 것으로 생각된다.

리슐레는 최초의 단일어 프랑스어 사전을 편찬하면서 정의하는 데 많은 어려움을 겪었을 것이다. 그런데 그 어려움이 단지 뜻풀이에만 국한되지는 않았을 것으로 보인다. 왜냐하면 다의어의 경우 의미를 분류하고 일정한 원칙에 입각하여 배열하여야 하는데 이 또한 최초의 시도였기 때문이다.

5.2.2. 의미 배열 원칙

사전의 〈일러두기〉에서 리슐레는 의미의 배열 원칙을 간단히 밝히고 있다.

> 각 낱말에 대하여 우리는 다음의 순서를 준수하였다. 우리는 고유 의미와 이 의미에 관계되는 말본새들로 시작하였다. 이것에 비유 의미와 그 문장들을 더하였다.

이 원칙대로라면 리슐레의 사전에서는 낱말의 고유 의미sens propre가 제일 앞에 위치한다. 고유 의미를 비유적 의미 앞에 위치시키는 것은 의미·논리적으로 당연해 보인다. 또한 리슐레는 〈일러두기〉에서 언급하고 있지는 않지만 전문적인 의미는 일반적인 의미 뒤에 배치하였다.

이러한 리슐레의 의미 배열 방식은 가장 널리 쓰이는 의미, 즉 가장 빈도가 높은 의미를 제일 앞에 배치하는 아카데미 프랑세즈의 방식과는 차이가 난다. 왜냐하면 아카데미는 비유적 의미가 고유 의미보다, 전문적인 의미가 일반적 의미보다 그 빈도가 더 높을 때는 원칙적으로 비유적 의미와 전문적 의미를 각각 고유 의미와 일반적 의미 앞에 배치할 수 있기 때문이다. 이처럼 경쟁관계에 있던 두 사전은 의미 배열에서도 원칙을 달리하였다.

한편 아카데미 프랑세즈의 의미 배열 원칙은 논리와 항구성이 결여되어 있다고 리트레로부터 많은 비판을 받은 반면, 리슐레의 그것은 20세기 최고의 사전이라 할 수 있는 『프랑스어 보고Trésor de la Langue Française』(1971-1994)에 의하여 계승되는 영예를 얻게 된다. 하지만 리슐레의 의미 배열 원칙은 너무 일반적인 경향이 있기 때문에 고유 의미에서 다양한 의미가 파생된 경우에는 적용하기 어려운 문제점을 지니고 있다.

5.3. 용법 표지

용법 표지는 어휘 체계에 질서를 부여하고 어휘 단위들의 사용 조건을 정확하게 기술하는 데 이용된다. 하지만 그 기능은 사전의 유형에 따라 다르다. 해부호décodage의 기능을 하는 사전에서 용법 표지는 단순히 기술적 가치를 지니지만, 환부호encodage의 기능을 하는 사전에서는 그것이 처방적 기능, 즉 명시적 규범에 대한 일탈을 표시하기 때문이다.[58]

---

58 Bernard Quemada, 1998a, p.65.

그런데 이러한 용법 표지들은 프랑스어를 모국어로 쓰는 이용자보다는 외국인에게 더 유용하다. 외국어로서 언어를 배울 때 화자에게는 어떤 것이 규범에 부응하고 또 어떤 것이 규범에서 벗어난 것인가를 판단할 언어적 직관이 없기 때문이다. 외국인에게 프랑스어를 가르쳐본 경험이 있었기 때문에 외국인들이 프랑스어를 배우면서 겪는 어려움과 그들이 범하는 실수들을 잘 알고 있었을 리슐레는 그들을 위해 용법 정보를 상세하게 기술한 것으로 보인다. 가콩Gacon은 리슐레가 프랑스인보다는 외국인에게 더 필요한 사전을 만들었다고까지 하였고,[59] 리슐레 자신도 〈일러두기〉에서 그의 사전이 외국인을 염두에 두고 있음을 밝히고 있다.

> 외국인들을 위하여 좋은 작가들의 낱말과 문장에 각 명사의 성과 형용사의 여성형 어미를 제시하고, 용례들을 들었다.

명사의 성과 여성형 어미와 관련하여 외국인이 언급되고, 용법 표지와 관련하여서는 외국인이 직접 언급되어 있지는 않지만 이 용법 표지도 프랑스인보다는 외국인에게 더 유용했을 것은 자명해 보인다. 사실, 외국인들은 모국어 화자들과는 달리 어떤 낱말이 규범에 부합하고 또 반대로 어떤 낱말이 규범에서 일탈되는지 잘 알지 못하기 때문에 사전에 기술된 용법 정보에 의존할 수밖에 없다. 로랑 브레는 외국인 이용자들이 파리지앵들보다도 용법 표지의 진정한 가치를 평가할 줄 알았고 바로 이 점 때문에 리슐레의 사전을 퓌르티에르나 아카데미 프랑세즈의 사전보다도 더 선호했다고 하였다.[60]

59 "Richelet /./ fit un ouvrage necessaire plus aux Etrangers qu'aux François." (Laurent Bray, 1990, p.43에서 재인용)

60 Laurent Bray, 1990, p.54.

결과적으로 다양한 용법의 기술은 리슐레의 사전이 성공을 거두는 한 요인으로 작용하였다.

그러면 리슐레는 어떤 방식으로 용법들을 기술하였을까? 그는 크게 두 가지 방식을 사용하였다. 그 하나는 특수 부호를 이용한 것이고, 또 다른 하나는 텍스트 표지에 의해 명시적으로 용법을 설명한 것이다.

5.3.1. 특수 부호

특정한 기호를 이용하여 의미 정보와 화용 정보를 제공한 것은 17세기 말에 출간된 세 개의 프랑스어 사전 가운데 리슐레의 사전만이 지닌 특징이다.[61] 리슐레는 별(*)과 십자가(+) 모양의 두 개의 부호를 사용하여 전자는 비유적 의미를, 후자는 꾸밈없는 문체나 익살, 풍자 등과 같은 문체상의 특성을 나타냈다.

비유적 의미를 표시하는 별 기호는 그 기호의 해석이 명확하다. 이에 반해 화용 정보를 표시하는 십자가 기호는 학자에 따라 그 해석이 달라지기도 한다. 먼저 브레는 십자가 기호를 크게 두 가지 의미로 해석한다.[62] 첫 번째 의미는 십자가 표시가 단순히 '꾸밈없는 문체stile simple'에 속하는 어휘를 표시한다는 것이다. 여기에서 '꾸밈없다simple'라는 것은 리슐레 사전의 정의에 의하면 "고귀함이 없고 장식이 없으며 자연스럽다"[63]라는 의미를 띠기 때문에, 십자가 표시

61 별과 같은 특수 활자 기호는 17세기 초부터 사전 편찬에 이용되었는데, 리슐레 이전에 이미 앙투안 우뎅Antoine Oudin과 같은 사전 편찬가도 이러한 특수 활자기호를 이용하였다.(Gilles Petrequin, 2009, p.731.)

62 Laurent Bray, 1990, p.45.

63 "Ce mot se dit du stile, & veut dire sans élévation, sans ornement, natit & naturel."(리슐레의 『프랑스어 사전』의 'simple' 항목)

는 "과장되지도 상스럽지도 않은 일상적인 대화에 사용되는 어휘"[64]를 표시한다고 할 수 있다. 브레는 여기에 익살이나 풍자적으로 이용된 낱말들도 포함된 것으로 보고 있다. 두 번째 의미는 십자가 표시가 표제어의 비판적인 특성, 즉 이 표시가 붙은 어휘를 비난하는 데 이용되었다는 것이다. 브레는 사전 편찬가가 이 표시를 어휘 규범의 경계를 표시하는 보호막으로 활용했다고 보고 있다.[65]

하지만 브레의 두 가지 해식에 대해 페드르겡은 첫 번째 해석에는 동의하지만 두 번째 의미에는 견해를 달리한다. 그는 브레의 두 번째 의미에 대해 정보를 왜곡하는 과도한 해석으로 간주하면서, 이 기호가 사용을 피해야할 어휘를 표시하는 것이 아니라 문맥에 따라 합당하게 사용할 것을 의미하는 중립적 표지라고 주장하였다.[66] 우리는 시대의 언어를 충실히 기술하고자 다양한 층위의 낱말을 등재한 리슐레가 브레의 해석처럼 등재한 낱말을 '비난'하기 위하여 특수 기호를 이용하였다고 생각하기에는 무리가 있다고 본다. 따라서 이 특수 기호는 단순히 담화의 유형에 따른 용법상의 제한을 명시적으로 설명하기 위하여 사용된 것으로 간주하고자 한다.

별과 십자가의 특수 부호들은 대부분 낱말에 붙여지나, 관용구나 문장 차원에서 적용되기도 하였다. 문체적으로 특정한 상황으로 한정되어 사용되면서 비유적 의미를 지닐 때는 별 부호와 십자가 부호가 동시에 쓰이기도 하였다.

+* *Etre de bonne pâte.* C'est à dire, être de bon temperament.

---

64 Gilles Petrequin, 2009, p.740.

65 Laurent Bray, 1990, p.45.

66 Gilles Petrequin, 2009, p.735.

+ * *Mettre la main à la pâte*. C'est à dire, aider les autres à travailler, contribuer de ses forces à faire quelque chose.

위의 예들과 같이 별과 십자가 기호를 함께 결합하여 사용한 것은 리슐레가 새롭게 창안한 것이다.[67]

한편, 특수 부호가 사용되었는데도 다시 텍스트에 의하여 부연 설명된 경우도 많다.

+ PARANGON, *s.m.* Vieux mot qui ne le dit plus dans l'usage ordinaire qu'en riant & qui veut dire *comparaison*, parallele.

이처럼 특수 부호와 텍스트의 설명이 함께 사용된 경우는 대부분 문체적 제약을 더 상세하게 기술하기 위해서라고 할 수 있다. 표제어에 십자가 표지만 있는 경우 이용자는 이 낱말이 문체적 제약을 받는다는 것을 알 수 있지만, 구체적으로 어떤 경우에 사용되는지는 알 수 없다. 반면에 위의 PARANGON(비교)처럼 텍스트적 설명이 주어지면 이 낱말이 고어이기 때문에 조소적인 경우를 제외하고는 일상적인 용법으로는 더 이상 사용되지 않는다는 것을 명시적으로 알 수 있다.

5.3.2. 텍스트 표지

리슐레는 다양한 용법을 기술하기 위하여 특수 부호 이외에 텍스트 표지들도 이용하였는데, 그 중 중요한 4개의 표지만 살펴보고자 한다.

---

67 Gilles Petrequin, 2009, p.733.

1) 전문용어 또는 분야 표지

앞에서 이미 언급한 것처럼, 리슐레는 자신의 사전에 다양한 전문용어들을 폭넓게 등재하였다. 그리고 이들은 표지를 붙여 일반 낱말들과 구별하였다. 문법 정보 뒤에 그리고 정의 앞에 위치하는 이 용법 정보는 이탤릭체로 되어 있어 고딕체로 된 정의와는 확연히 구분된다. 정의로부터 독립적인 이러한 용법의 기술은 리슐레의 사전에서 처음으로 체계화되었다.[68]

전문용어의 표지는 주로 〈Terme de X〉 형식으로 되어 있다.[69] 그리고 'X'에는 사용 분야나 용어의 이용자 또는 사용 공간 등이 표시되었다. 리슐레는 〈Terme qui se dit entre X〉(X 사이에서 말해지는 용어)라는 형식을 이용하기도 하였는데, 이 경우 'X'에는 이 용어를 이용하는 주체가 표시되었다. 이처럼 리슐레는 특정 분야의 활동에 관한 용어와 그 분야에 종사하는 사람들이 사용하는 용어를 구별하였다.

> CHARPIE, *s.f. Terme de Chirurgie*. Linge qu'on met aux plaies. /./
>
> DEJECTION, *s.f. Terme qui se dit entre médecins*. Excremens qu'on rend par le fondement.

위의 예에서 CHARPIE(붕대)는 외과 용어로, DEJECTION(배설)은 의사들이 사용하는 용어로 구분되어 있다. 리슐레는 의학 용어와 의사들이 사용하는 용어까지 구별하여 용법을 상세하게 기술하였다.

---

68 Bernard Quemada, 1967, p.308.

69 하지만 리슐레는 전문용어 임에도 표지를 붙이지 않은 경우도 있다. 또한 퓌르티에르는 일반어로 간주하지만, 리슐레는 전문용어로 간주하여 표지를 붙인 경우도 있다.(Bernard Quemada, 1967, p.307.)

하지만 어떤 기준에 근거하여 두 용어의 표지를 달리하였는지는 명확하지 않다. 게다가 이와 같은 상세한 기술은 표지들의 수를 증가시키고 결과적으로 용법을 기술하는 데 일관성이 결여되는 한 요인이 된다.

2) 시간 표지

리슐레의 사전에 고어와 신어는 원칙적으로는 배제되었지만 일부는 등재되었다. 등재된 고어들은 아래의 예들처럼 비교적 상세히 그 용법이 설명되어 있다.

> \+ PARANGON, *s.m.* Vieux mot qui ne se dit plus dans l'usage ordinaire qu'en riant & qui veut dire *comparaison*, parallele.
>
> \+ *Parangon*, Vieux mot qui ne peut entrer aujourd'hui que dans le comique, & qui veut dire modele achevé sur lequel on se doit conformer. [+ C'est un parangon de sagesse & de doctrine. *Ablancourt, Luc, tome* I, *page* 40.]
>
> \+ *Parangonner, v.a.* Vieux mot qui tout au plus ne peut entrer que dans le burlesque, & qui veut dire *comparer*, faire comparaison.

세 표제어 모두 'Vieux mot'(고어)라는 표지가 붙어 있다. 리슐레의 사전에는 이 표지 이외에도 고어를 표시하기 위해 'mot usé'(시대에 뒤진 낱말), 'mot un peu vieux'(약간 시효가 지난 낱말), 'mot hors d'usage'(용법에서 벗어난 낱말) 등 다양한 표지가 이용되었다.

그러면 이 표지들은 어떻게 구분되어 사용되었을까? 표지들 간의 용법상의 차이가 명확히 설명되어 있지 않아 그 차이를 밝히기는 쉽지 않다. 다만 용법 기술상의 차이를 통하여 다음과 같은 점은 알 수 있다. 일반적으로 'vieux mot'(고어) 표지는 일상 용법에서는 더 이상 사용되지 않지만 특수한 문체적 효과를 위해서 특정 문맥에서는 아직도 정상적으로 사용될 수 있는 낱말에 쓰인다. 앞에 예로 든 세 낱말들이 이를 잘 보여준다. PARANGON(비교)은 일상 용법에서는 더 이상 사용되지 않지만 농담조로는 아직도 쓸 수 있으며, Parangon(모범)은 희극에서, Parangonner(비교하다)는 익실극에서 사용될 수 있다.

반면에 'mot hors d'usage'(용법에서 벗어난 낱말) 표지는 용법에서 완전히 벗어나 어느 경우에도 더 이상 사용되지 않은 경우에 적용된 것으로 보인다. 이 표지가 붙은 낱말에 대해서는 아래의 PARAINSI (따라서)의 예처럼 이 낱말을 대체하여 쓸 수 있는 낱말을 보여준다.

> PARAINSI, *adv.* Mot hors d'usage au lieu duquel on dit *ainsi*. *Vaugelas. Remarques.*

고어에 비해 신어는 그 양이 적고 식별하기도 어렵지만 등재된 신어들은 Prélude(전주곡)처럼 형태가 새로운 것과 Peuple처럼 의미가 새로운 것으로 구별되어 있다.

> *Prélude, s.m.* Mot assez nouveau pour dire tout ce qui se joue d'abord sur quelque instrument de musique pour se concilier les gens devant qui on doit jouer.

> * *Peuple.* Ce mot se dit au figuré dans un sens assez nouveau.

이 두 낱말은 새로운 형태, 새로운 의미이지만 어느 정도 용법으로 확립되었다고 추측해 볼 수 있다. 왜냐하면 PARAPLUIE(우산)에서

보는 것처럼, 이제 막 쓰이기 시작하여 용법으로 확립되지 않은 것은 'il n'est pas établi'(확립되지 않은)라는 설명을 덧붙였기 때문이다.

> PARAPLUIE, *s.m.* Quelques Dames commencent à dire ce mot, mais il n'est pas établi & tout au plus on ne le peut dire qu'en riant, & c'est ce qu'on apelle un parasol.

위의 예를 통하여 우리는 몇몇 부인들이 PARAPLUIE(우산)라는 단어를 사용하기 시작했으나 아직 용법으로는 확립되지 않았고 농담조로 말할 때만 사용할 수 있다는 것을 알 수 있다. 새로운 형태나 의미가 언제 용법으로 확립되는지에 대한 명확한 설명은 없지만, 리슐레가 얼마나 세심하고 예리하게 언어를 관찰하면서 사전을 편찬했는가를 짐작해 볼 수 있다.

3) 공간 표지

리슐레는 공간적으로는 파리 지역의 언어를 중심으로 삼고 있지만 지역적 변이들도 등재하였다. 구체적으로 어느 지방의 용법인지는 밝히고 있지 않지만, PAISSEAU(지주, 버팀목)의 예처럼, 파리 이외의 지역은 모두 지방의 용법으로 간주하여 파리의 용법과 대비시키고 있는 점이 특징적이다. 지역어의 경우 파리에서 사용되는 낱말을 제시하였다.

> PAISSEAU, *s.m.* Ce mot ne se dit que dans les Provinces, & en sa place on dit à Paris échalas.

지역의 용법과 파리의 용법을 대립시키고 있지만, 그렇다고 지역어를 금지나 처방을 목적으로 등재한 것 같지는 않다. 리슐레는 파리와 지방의 언어에 차이가 있음을 확인하고 인정할 뿐 파리나 지방 어느 편도 들고 있지 않기 때문이다. 그는 당시 프랑스어 용법의 충실한 증인이 되고자 했을 뿐이었다. 그렇기 때문에 심지어는 파리 내에서도 용법상의 차이가 있을 수 있음을 기술하기도 하였다.

> PIMPRENELLE, *pimpernelle*, *pimpinelle*, *s.f.* Quelques Auteurs écrivent *pimpinelle*, & on croit qu'on devroit parler ainsi, mais l'usage plus-fort que la raison fait dire à Paris *pimprenelle*. Quelques Parisiens disent aussi *pimpernelle*, mais le grand usage est pour *pimprenelle*. C'est une petite plante qui a des feuilles un peu longuettes, qui porte des fleurs d'une couleur /./

표제어 PIMPRENELLE(오이풀)에 대해 리슐레는 몇몇 작가들이 'pimpinelle'로 쓰고 있어 그렇게 말해야 하는 것으로 생각하지만, 파리에서는 'pimprenelle'이라 한다고 하였다. 그러면서 일부 파리 지앵들은 'pimpernelle'이라 한다고 기술하고 있다.

파리라는 공간적 정보는 종종 'le peuple de Paris'(파리의 서민), 'le petit peuple de Paris'(파리의 하층민), 'lie du peuple de Paris'(파리의 최하층민) 등과 같이 언어의 화자를 지시하는 표현과 함께 쓰이기도 하였다. 파리의 서민과 파리의 하층민은 표현은 달라도 같은 그룹으로 쓰인 것 같다. 하지만 파리의 최하층민은 서민과 하층민의 하위 그룹으로 보인다.

> + PIAUTRE, *s.m.* Ce mot est ofensant & de la lie du peuple de Paris, qui dit. /./

또한 파리의 용법은 시간을 나타내는 표지와 함께 쓰이기도 하였다.

CHAMBRIERE, *s.f.* Fille ou femme domestique. En ce sens le mot de chambrière est hors d'usage à Paris, en sa place on dit *servante.*

Courtine, en parlant de lit se disoit autrefois, mais aujourd'hui on ne le dit plus à Paris. On dit *rideau.*

파리에서는 '하녀'로 'chambrière'가 사용되지 않고 대신에 'servante'가 쓰이며, '침대 둘레의 커튼'을 표현하기 위해서 전에는 'courtine'가 사용되었으나 오늘날 파리에서는 더 이상 이 단어가 사용되지 않고 대신 'rideau'를 쓴다는 것을 알 수 있다. 하지만 파리에서는 더 이상 쓰지 않는 말이 지방에서는 계속해서 쓰이고 있는 것으로 해석해야 할지는 명확하지 않다.

4) 문체 또는 레지스터 표지

리슐레의 사전에서 문체나 레지스터와 관련된 정보는 일차적으로는 낱말 앞에 붙인 십자가 부호에 의해 주어진다. 하지만 많은 경우에 아래의 예들처럼 십자가 부호와 텍스트 설명이 함께 쓰이기도 하였다.

\+ Pisseuse, *s.f.* Mot burlesque pour dire *fille.*

\+ PITAUD, *s.f.* Mot bas & burlesque pour dire *rustre, païsan, mal fait & mal bâti* /./

\+ Poupon, *s.m.* Mot burlesque pour dire *petit-enfant.*

물론 특수 부호 없이 텍스트의 설명만으로 용법이 기술된 경우도 있다.

POURCEAU, *s.m.* Ce mot signifie, *porc*, *cochon*; mais il ne se dit guere en parlant familierement & sérieusement, & en sa place on dit ordinairement *porc* ou *cochon*, mais en écrivant on se sert du mot de *pourceau*. On emploie aussi ce mot de *pourceau* quand on parle familierement & qu'on rit, ou qu'on injure.

특히 Renoüeur(접골사)처럼 특정한 사회 그룹에 의해 사용되는 낱말이나 Flambeau(빛)와 같이 상위 층위의 낱말에는 십자가 부호 없이 텍스트 표지만 붙어 있는 경우가 많다.

Renoüeur, s.m. C'est celui qui remet les os disloquez & que le peuple de Paris apelle *bâailleur*.

* *Flambeau.* Ce mot au figuré n'est guere usité que dans le stile sublime, & dans la belle poësie. /./

리슐레의 사전에서 '하층민'이라는 표지가 붙었다고 하여 이 낱말의 사용이 잘못이라거나, 이 낱말이 속되거나 상스럽다는 것을 함축하는 것은 아니다. 하층민이 쓰는 언어이면서 잘못된 용법이거나 속된 경우에 리슐레는 VENIN(독)의 예처럼 이를 명시적으로 설명하고 있기 때문이다. 리슐레는 하층민의 일부 사람들이 'venin' 대신에 'velin'이라 하는데 이는 매우 잘못된 것이라고 기술하고 있다.

VENIN, *velin*, *s.m.* Quelques personnes de la lie du peuple disent *velin*, mais tres mal. Ceux qui voient un peu le monde & qui parlent bien disent *venin*. Le mot de *venin* se dit proprement de certains insectes come des serpens & de quelques autres. /./

리슐레는 용법의 증인으로서 대부분 가치중립적으로 용법을 기술하고 있지만, 그렇다고 모든 용법에 대해 가치중립적인 태도를 취했던 것은 아니다. 표제어 Porceline(자기)의 경우처럼 일부의 용법에 대해서는 나쁜 용법으로 규정하고 금지의 대상으로 삼기도 하였다.

> *Porceline*. La plupart des faïanciers de Paris & presque tout le petit peuple dit porceline, mais c'est le mauvais usage. Le bel usage veut qu'on dise *pourcelaine*, ou plutôt *porcelaine*.

파리의 대부분의 도기 제조업자와 하층민들이 말하는 'porceline'는 잘못된 용법이기 때문에 이 낱말 대신 'pourcelaine', 또는 'porcelaine'로 쓸 것을 권고하고 있다.

5.4. 용례

용례는 정의를 뒷받침하고 구문이나 연어 정보 등을 제공한다. 특히 작가들의 작품에서 인용한 예문은 낱말의 용법을 보증하고 해당 낱말이 사전에 존재하는 유효성을 인정받는 데 이용된다. 문학적 권위자들에게 의존하는 방식은 에스파냐와 이탈리아에서는 이미 17세기 초 각각 코바루비아스와 크루스카 아카데미에 의해 실현되었다. 이들의 사전을 모델로 삼았던 아카데미 프랑세즈도 편찬 초기에는 작가들의 작품에서 인용할 계획이었으나 중도에 인용을 포기하고 사전 편찬가들이 직접 용례를 만드는 것으로 계획안을 수정하였다. 결과적으로 이러한 계획안의 변경 때문에 리슐레의 사전이 기획될 수 있었고, 프랑스어 대사전의 전통으로 자리 잡게 되는 인용문 용례가 이 사전에서 체계화될 수 있었다.

작가들의 작품에서 인용된 용례는 사전 편찬가와 독자 모두에게 보증의 역할을 한다. 사전 편찬가는 유명 작품에서 인용함으로써 작가들의 문학적 권위를 이용하여 그들을 용법의 증인으로 내세울 수 있고, 독자는 유명 작가가 실제로 사용한 용법을 확인하고 그것을 신뢰할 수 있기 때문이다.

비록 어느 정도 사회적 명성을 얻었다고는 하나 아카데미 프랑세즈라는 국가 기관에 비하면 그 명성이 보잘것없었던 리슐레는 자신보다 더 문학적 명성이 뛰어난 작가들의 작품에서 인용함으로써 자신의 작품에 권위를 부여할 수 있었다. 그가 처음부터 의도했던, 안했던 간에 결과적으로는 유명한 작가들을 용법의 증인으로서 이용한 것이다.[70] 그는 제목에서부터 자신의 사전이 '좋은 작가들'에 의존하고 있음을 분명하게 밝히고 있다. 〈일러두기〉에서는 사전을 편찬하기 위해 가장 뛰어난 작가들과 각 분야의 전문가들의 작품을 읽었고, 그들에 의해 가장 널리 받아들여지는 낱말들과 가장 아름다운 표현들로 자신의 사전을 만들었다고 밝히고 있다.

그러면 리슐레는 어떤 작가들을 주로 참고하였을까? 사전 전문에 제시한 〈사전에 인용된 작가와 작품의 알파벳 목록〉에 따르면, 리슐레는 다블랑쿠르, 발자크, 부알로, 부아-로베르, 샤플랭, 데마레, 말레르브, 몰리에르, 파스칼, 보줄라 등 총 48명의 작가들을 인용하였다.[71] 이중 17명은 아카데미 프랑세즈 회원이었다. 한 가지 흥미로운 점은 이 목록에 제시된 작가들은 모두 사전 편찬 당시 이미 사망한 작가들이라는 것이다. 그렇다고 본문에 인용된 모든 사망 작가들이 〈작가 목록〉에 오른 것은 아니다. 사전 본문에는 인용되었지만 이

70 『트레부 사전Dictionnaire de Trévoux』 서문, 1704; Bernard Quemada, 1967, p.540에서 재인용.

71 본문에 인용되었지만 〈사전에 인용된 작가 목록〉에 언급되지 않은 작가들도 있기 때문에 사전에 인용된 작가의 수는 그 이상이다.

목록에 오르지 못한 사망 작가들도 있다. 클레망 마로Clément Marot, 장 마로Jean Marot, 피에르 모텡Pierre Motin, 시피옹 뒤플레Scipion Dupleix 등이 그들이다. 중요한 작가들은 〈작가 목록〉에 이름이 언급되었기 때문에, 이 목록에 이름을 올리지 못한 이들은 잘 알려지지 않은 작가들이라 할 수 있다.[72] 문학적 명성이 별로 없는 이들이 작가로서 후세에 알려진 것은 사전에 인용되는 행운을 얻었기 때문에 가능했을 것이다.

리슐레는 사망한 작가들의 작품만 참고한 것은 아니다. 그는 당시 생존해 있던 작가들의 작품도 참고하였으며, 생존 작가의 작품들에서 '새로운 어법들des façons de parler toutes nouvelles'을 발견하였다고 하였다. 하지만 그는 생존 작가들은 목록에는 넣지 않고 사전 본문에 싣는 걸로 만족하였다고 사전 서문에 밝히고 있다. 사전에 인용된 대표적인 생존 작가로는 파트뤼, 모크루아, 라신, 부알로-데프레오 등이 있다.

리슐레의 사전에서 용례는 일반적으로 정의 뒤에 [ ] 안에 제시된다. 이 [ ] 기호 덕분에 용례는 다른 정보들과는 쉽게 구별될 수 있다. 하지만 [ ] 안에 'Exemple'(용례)이라는 표시가 추가되어 이중적으로 용례를 표시한 경우도 있고, 용례를 알리는 어떤 표식도 없어 정의와 구별이 어려운 경우도 발견된다.

리슐레는 인용례에 대해 출처를 밝히고 있다. 출처에 대한 서지정보는 이탤릭체로 하여 고딕체로 된 용례와 쉽게 구별될 수 있도록 하였다. 하지만 제공된 서지정보는 일관성이 결여되어 있다. 작가와 작품, 권 호 및 페이지까지 상세하게 밝힌 경우가 있는가 하면, 책

72 Gilles Petrequin, 2009, p.1007.

이름만 밝히거나 작가의 이름만 밝힌 경우도 있다. 작가 이름도 이름 전체를 적은 경우가 있는가 하면, 축약해 보인 경우도 있다. 인용문 뒤에 인용된 텍스트의 저자와 작품 및 페이지까지 밝힌 경우, 지면을 많이 차지하는 단점은 있지만 독자가 필요할 때 주어진 텍스트를 직접 참조하여 확인하고 더 많은 정보를 얻을 수 있는 장점이 있다. 반면에 저자만 주어진 경우, 지면을 절약하고 사전 참고를 쉽게 하는 장점이 있지만 인용된 텍스트의 출처를 알 수 없기 때문에 단순히 이러저러한 용법을 보증하는 역할로 그 기능이 한정될 수밖에 없다.

리슐레는 인용문 대신 직접 용례를 만들기도 하였다. 작성례는 주로 구 형태를 띠지만 문장 차원의 용례도 있다. 특히 리슐레는 자신의 적들을 공격하거나 자신의 의견이나 편견, 분노 등을 표출할 때 작성례를 이용하였다.

> + *Bibus. Terme de mépris.* [Colletet est un poëte de bibus, c'est à dire, c'est un pauvre poëte, un méchant poëte.]
>
> * *Vogue.* Estime, crédit, reputation. [/./ Le Poëte Chapelain avoit la vogue avant qu'on eût vu son Poëme de la Pucelle, mais si tôt que cet ouvrage vit le jour, ce ne fut plus cela.
>
> MÉDECIN, *s.m.* Celui qui éxerce la Médecine, /./ [Un bon médecin, Un excellent médecin. On dit que le Sieur Finot est une chetif médecin.]
>
> *Profession, s.f.* Art, ou métier qu'on professe. [C'est une profession honorable. La profession d'Avocat est le plus belle & la plus indépendante de toutes les professions. /./]

위의 예들을 보면, 리슐레는 직접 만든 용례를 통하여 시인 콜르테를 형편없는 고약한 시인으로, 샤플랭은 한때 인기 있었으나 지금은 그렇지 못한 시인으로, 피노는 보잘것없는 의사로 비난하고 있다. 이에 반해 Profession(직업)의 예를 통해서는 자신이 종사하고 있는 변호사의 직업이 모든 직업 중 가장 아름다운 직업이라고 묘사하고 있다.

리슐레는 작성례뿐만 아니라 인용문을 이용하여 특정 전문가 집단에 대한 적의를 드러내기도 하였다.

> *Médecine, s.f.* C'est une sience qui nous donne la connoissance des diverses dispositions du corps /./ [Ceux qui se moquent de la médecine disent que c'est un art de tüer les hommes impunément, *Ablancourt, Apo.*]

아블랑쿠르의 인용문을 이용하여 의학을 "벌을 받지 않고 사람을 죽이는 기술"로 폄하하여 의학에 종사하는 의사들에 대한 악감정을 드러내고 있다. 이러한 용례들은 표제어의 실제 사용에 관한 정보를 주는 것보다는 유희적 성격이 강하다. 페트르켕은 이러한 용례의 기능을 '유사 언어적 용법usages para-linguistiques'이라 명명하면서 아마도 리슐레가 용례를 동시대인들을 비웃거나 자신의 개인적인 생각들을 전달하는 데 이용한 창시자일 것이라고 주장한다.[73]

용례와 관련하여 리슐레가 전문·기술 용어들까지 풍부한 용례를 보인 것은 특징적이다. 뷜송 드 라 콜롱비에르Vulson de la Colombière의 『서사학La Science héroïque』(1644)과 크리스토프 글라제Christophe Glaser의 『화학 개론Traité de la Chimie』(1663)에서 인용된 ACOLADE(포옹), ALERION(새끼 독수리)와 PHLEGME 등의 예들은 리슐레가 전문어들에 대한 기술과 예증을 위하여 관련 분야의 전문서적을 상

73 Gilles Petrequin, 2009, p.989.

세히 검토했음을 입증해준다.

ACOLADE, *s.f. Terme de chevalerie*, il veut dire embrassement. [Donner l'acolade à celui qu'on a fait chevalier. *Col.*]

ALERION, *s.m. Terme de blason*. Aiglon qui n'a ni ailes, ni piez. [Porter de gueules à trois alérions d'or. *Col.*]

PHLEGME, *s.m. Terme de Chimie*. C'est un principe passif fort volatif qui /./ [Le *phlegme* est propre à temperer l'acrimonie des sels & des esprits. *Glas. Chimie, l.* I.c.5.]

한편, 용례에 표기된 낱말과 표제어의 형태가 다른 경우도 있다.

Savant, ou *sçavant, s.m.*, Qui a beaucoup de sience. [Le Pape Eugene quatriéme aima chérement les lettres & les savans. *Patru, Urbanistes*. Avoir les *savans* de son côté. *Moliere*.]

위의 용례에는 사전 출간 당시 생존하고 있던 파트뤼와 사망한 몰리에르를 동시에 인용하고 있는데 두 용례 모두 표제어의 표기와 다른 'savans'의 형태가 쓰여 있다. 이는 단순한 실수라기보다는 사전의 저자와 작가들 사이에 아직 표기에 대한 이견이 있음을 그대로 드러낸 것이라고 할 수 있다.

6. 맺음말

아카데미 프랑세즈의 사전 편찬 원칙과 방식에 반발하여 기획된 리슐레의 『프랑스어 사전』은 효과적인 작업 방식과 신속한 완성으로 사전 편찬의 효율성에 대한 교훈을 준다. 하지만 경쟁자의 사전보다 먼저 출판하려는 의욕이 앞서 이미 인쇄된 본문 내용의 오류를 수정하지 않고 수정한 내용만 별도로 〈사전에 관한 고찰〉이라는 제목으로 본문 앞에 싣는 독특한 방식을 택하게 되었다.

리슐레의 사전에는 약 25,000여개의 표제어가 알파벳순으로 배열되어 있다. 리슐레는 작가들의 용법을 표제어 선정과 기술의 중요한 기준으로 삼았고, 낱말이나 어법이 보편적이지 않을 때는 그 출처를 밝혀 그의 사전에 신뢰성을 부여했다. 리슐레의 사전은 교양인을 위한 '좋은 용법'의 사전으로 알려져 있지만 좋은 용법이라 할 수 없는 고어, 신어, 속어, 비어, 전문어 등도 많이 등재되어 있다. 17세기의 어휘목록이 총망라된 것은 아니지만, 리슐레의 『프랑스어 사전』은 최초의 대표적인 프랑스어 어휘 명세서라는 점에서 그 의의가 크다.

리슐레는 아카데미 프랑세즈와는 달리 표기된 철자와 다르게 발음되는 낱말들에는 단순화된 로마자 철자로 발음을 표기하였는데, 이는 리슐레가 발음 문제, 즉 언어의 소리 측면을 중요시하였다는 것을 보여준다.

무엇보다도 리슐레 사전의 가장 큰 사전학적 의의라면 최초로 프랑스어로 된 정의문을 작성한 데 있다고 할 수 있다. 비록 형식에 통일성이 없고 뜻풀이가 되지 않은 낱말이 많다고 해도 현대적 정의문의 기본 체계는 리슐레의 사전으로부터 유래했다는 것을 부인할 수가 없기 때문이다.

등재된 다양한 낱말과 의미들은 여러 문체적, 의미·화용론적, 사회언어학적인 표지나 주석에 의해 아주 상세하게 그 용법이 설명되어 있는데, 이러한 용법의 다양성과 설명의 상세함은 이 사전의 큰 특징이라 할 수 있다. 그리고 이 용법 표지들과 주석은 금지나 배제의 의미보다는 가치중립적인 성격이 강한데, 이는 리슐레가 언어 규범의 제시보다는 당시 실제의 언어를 관찰하고 있는 그대로 기술하는 것을 중요시했다는 것을 보여준다.

리슐레의 사전은 부알로, 말레르브, 몰리에르, 라신, 파스칼 등과 같은 유명 작가들의 작품에서 인용하여 용례를 보임으로써 『아카데미 프랑세즈 사전』과 차별화하였다. 그 존재 자체만으로도 권위가 인성되는 아카데미 프랑세즈와 달리 스스로 언어 용법 기술의 정당성을 피력하기에는 권위가 부족했던 리슐레에게 당시 권위 있는 작가들의 작품에서의 인용은 자신의 사전에 정당성을 주는 효과적인 방법이었다. 서지정보를 제공하는 데에 있어서 일관성이 부족한 점은 있지만, 프랑스어 사전 편찬에 작가들의 작품에서 인용하는 전통을 수립한 것은 그 의미가 크다고 할 수 있다.

Ⅲ

백과식 언어사전, 퓌르티에르의 『보편사전』

1. 퓌르티에르의 사전 간행 동기와 편찬 과정

최초의 프랑스어 단일어 사전인 세자르-피에르 리슐레의 『프랑스어 사전』이 출간되고 10년이 지난 1690년, 앙투안 퓌르티에르Antoine Furetière(1619-1688)의 『보편사전Dictionnaire Universel contenant generalement tous les mots françois』이 출간되었다. 리슐레의 사전 편찬이 아카데미 프랑세즈와 관련되었듯이 퓌르티에르의 사전 편찬도 역시 아카데미 프랑세즈와 직접적인 관련이 있었다. 1635년 창설된 아카데미 프랑세즈는 곧바로 사전 편찬 작업에 착수하였지만, 사전 편찬 작업이 여러 우여곡절을 겪으면서 처음 예상했던 것보다 훨씬 많은 시간이 소요되었고, 그만큼 사전 출간도 지연되고 있었다.

1662년에 아카데미 프랑세즈 회원으로 선출된 퓌르티에르는 사전 작업에 직접 참여하여 수년간 아카데미 사전 편찬을 위하여 헌신하였다. 사전 작업에 열정적이었던 그는 아카데미 사전의 문제점을 분석하여 지적하였으나, 아카데미 회원들은 그의 지적에 크게 관심을 기울이지 않았다. 아카데미 사전 편찬가들과 빈번히 접촉하면서 그들의 상대적인 무능력과 작품의 결함 등을 확인한 퓌르티에르는 아카데미 프랑세즈의 사전과는 다른, 아카데미 사전을 보완하는 자신만의 사전을 편찬하기로 결심했다.[74]

퓌르티에르가 실질적으로 자신의 사전 작업을 한 것은 1672년부터 1684년까지이다. 아카데미가 40년이 넘도록 원고를 완성하지 못한 데에 비추어 볼 때, 퓌르티에르가 12년 만에 사전 원고를 완성한 것은 획기적인 일로, 이는 그가 효율적으로 사전 작업을 했다는 것을 방증한다고 할 수 있다. 40명으로 구성된 한 기관이 40여 년 동

---

74 Alain Rey, 1978, p.42.

안에도 이루지 못한 일을 과연 한 개인이 10여 년 만에 이루는 것이 가능할까 의문을 제기할 수도 있겠지만, 레는 사전 작업에 열성을 보였던 그에게 12년은 원고를 완성하기에 충분한 시간이었다고 평가한다.[75]

한편, 1684년 8월 퓌르티에르는 아카데미 프랑세즈의 사전처럼 자신의 사전에 대해서도 왕의 특허를 획득하였다.[76] 아카데미 사전에 독점권을 인정하는 왕의 특허가 이미 주어졌음에도 퓌르티에르가 왕의 특허를 획득할 수 있었던 것은 그가 자신의 사전과 아카데미 사전과의 차별성을 부각하였기 때문이다. 즉, 그의 사전은 아카데미와 같이 좋은 용법을 기술하는 것이 아니라 직업이나 무역, 일상생활의 몇몇 양상에 필요한 전문용어들을 기술하는 데 한정되었다고 주장하였던 것이다.[77] 이런 표제어의 제한성 때문에 그의 동료들로부터 동의를 얻어낼 수 있었고, 프랑수아 샤르팡티에François Charpentier는 그의 원고를 검토한 후에 퓌르티에르의 사전이 출판허가를 받을 수 있도록 도움을 주었다.

1684년 11월, 퓌르티에르의 『보편사전 시연판Essai de Dictionnaire Universel』을 조판하기 시작한 아카데미의 출판업자인 르 프티Le Petit는 이 사전에 기술 및 전문용어뿐만 아니라 고어와 현재어 등 프랑

---

75 Alain Rey, 1978, p.54.

76 아카데미 프랑세즈는 1674년에 사전 출판에 대한 왕의 특허를 취득하였다. 아카데미는 자신들의 사전보다 다른 사전이 먼저 출판되는 것을 염려하여 왕에게 아카데미 프랑세즈가 만드는 사전에 대한 독점권을 요청하였고, 루이 14세는 이를 승인하였다. 이 특허에는 아카데미 사전이 완성될 때까지 그리고 출판 후 20년 동안 프랑스에서 프랑스어에 관한 모든 언어사전의 출판이 금지되며, 이를 어길 시에는 아카데미 프랑세즈나 그의 출판업자에게 벌금을 지불해야 한다는 내용이 명시되어 있다.

77 Jacques Damade, 1997, p.16-17.

스어의 모든 낱말들이 포함되어 있다는 것을 확인하고 이 사실을 아카데미 프랑세즈에 알렸다.[78] "고어와 현대어 그리고 과학 기술 용어들을 포함한다"[79]는 시연판의 부제도 르 프티의 진술을 뒷받침해 주었다. 퓌르티에르는 아카데미와 한 약속과 달리, 전문·기술어뿐만 아니라 아카데미 전용의 일반어까지 프랑스어 어휘 전체를 다루었던 것이다.

충격에 빠진 아카데미 프랑세즈는 1684년 12월 22일 회의를 갖고 이 사건은 매우 중대함으로 1685년 1월 첫 번째 목요일에 아카데미 회원들을 소집한다고 하였다.[80] 퓌르티에르 사전의 특허 취득 업무를 맡았던 샤르팡티에는 난처한 입장에 처하게 됐다. 그는 퓌르티에르에게 속았으며 그의 사전의 정확한 성격을 몰랐다고 해명하면서 신께 맹세코, 단지 전문학술어 사전에 대한 특허를 승인하였다고 주장하였다.[81] 1685년 1월 11일 회의에서 아카데미 프랑세즈 회원들은 이 사건을 맡은 닥스Dax 주교, 샤르팡티에, 페로와 토마 코르네유에게 다음과 같은 그들의 단호한 명령을 주문하였다.

> 퓌르티에르 씨는 그의 특허의 취소와 인쇄한 모든 견본의 인멸에 동의하여야 하며, […] 그의 사전에서 모든 공통 낱말들을 삭제하여야 한다.[82]

1685년 1월 16일, 아카데미는 왕의 특허에 명시된 『아카데미 프

78 Simone Behhamou. et al., 1997, p.18.

79 "contenant generalement tous les mots François tant vieux que modernes et les termes de toutes les Sciences et les Arts"

80 Alain Rey, 1978, p.56.

81 Alain Rey, 1978, p.56.

82 *Registres*, 1685년 1월 11일 목요일; Alain Rey, 1978, p.57에서 재인용.

랑세즈 사전』이 완성된 후에도 20년 동안 다른 프랑스어 사전의 출판을 금지한 조항을 근거로 퓌르티에르를 위조와 표절 혐의로 국정자문회의Conseil du Roi에 고소하고 그의 사전에 대한 특허의 취소를 요구하였다. 1685년 3월 9일 베르사유에서 열린 국정자문회의는 다음과 같은 결정을 내렸다.

> 1684년 8월 24일 퓌르티에르 신부가 획득한 특허를 취소하며, 그를 프랑스의 위대한 아카데미 프랑세즈 회원들의 명부에서뿐만 아니라 파리 출판업자들의 명부에서도 삭제한다. 퓌르티에르에게 그의 특허 사용을 금지하며, 사전의 시연판과 헌사와 머리말은 인멸한다. 모든 출판업자들에게 그것들을 출판하여 판매하는 것을 금지하며, 이를 위반할 때에는 3,000리브르의 벌금, 소송비용, 손해배상을 물린다.[83]

이 결정에 앞서 퓌르티에르는 아카데미 프랑세즈에서 이미 축출되었다. 아카데미는 1685년 1월 22일, 찬성 19대 반대 1로 퓌르티에르의 제명을 의결하였던 것이다.

퓌르티에르는 1684년 가을부터 아카데미 프랑세즈에 대항하여 자신의 사전을 방어하기 위해 그의 모든 에너지를 쏟아 부었다. 1685년 초부터는 세 차례에 걸쳐 팸플릿의 일종인 『반박문Factum』을 제작하여 자신의 사전이 갖는 독창성을 보여주기 위해 자신의 사전과 아카데미가 편찬하고 있는 사전을 자세하게 비교 분석하였다. 특히, 그는 아카데미 사전의 문제점을 많이 지적하였다. 불충분하거나 잘못된 정의, 용례의 빈약함, 사전에 저속한 언어를 도입하는 속담의 잘못된 선택, 많은 낱말의 부재, 어근에 의한 배열, 인용문의 배척

83 Alain Rey, 2006, p.106에서 재인용.

등과 같은 아카데미 사전에 대한 그의 비판은 이후 아카데미 프랑세즈가 최종적으로 사전을 수정할 때 많은 영향을 미치게 된다.[84]

한편 네덜란드에 망명 중이던 피에르 베일Pierre Bayle(1647-1706)은 1686년 초부터 퓌르티에르의 사전에 대해 각별한 관심을 보였고, 같은 해 6월부터는 공개적으로 이 사전의 출판을 원했다. 암스테르담의 출판업자 앙리 데보르드Henri Desbordes는 퓌르티에르에게 원고료로 이미 일만 에퀴écu를 제공하였다. 이런 호의에도 불구하고 퓌르티에르는 자신의 사전을 파리에서 출판하길 간절히 원하고 있었기 때문에 이 제안에 쉽게 동의하지 못하였다. 하지만 출판 특허의 회복이 불가능하다고 판단한 그는 결국 1687년 5월에 자신의 사전을 네덜란드에서 출판하는 것을 받아들였다.[85] 그러나 안타깝게도 그동안 아카데미 프랑세즈와 벌인 대결에 기진맥진해진 그는 사전이 출판되는 것을 보지도 못하고 1688년 5월 4일 파리의 자택에서 68세의 나이로 세상을 떠나고 만다. 그의 사전은 2년 뒤인 1690년에 베일이 쓴 서문을 갖추어 네덜란드의 리어Leers 출판사에서 출간되었다.

2. 사전의 성격 및 아카데미 사전과의 차별화

퓌르티에르의 『보편사전』은 언어사전과 전문어 사전, 즉 백과사전의 성격을 겸하고 있다.[86] 퓌르티에르는 애초에는 아카데미 프랑

84 Bernard Quemada, 1998a, p.60.
85 Alain Rey, 2006, p.126.
86 Alain Rey, 1990, p.25.

세즈의 사전과는 다른 기술·과학 용어들을 대상으로 한 전문어 사전을 만들고자 하였으나, 종국에 그의 사전은 일상적인 낱말들까지 등재하여 일반어 사전의 성격도 띠게 되었다.

일상어의 등재로, 앞에서 언급한 것처럼, 표절 시비에 휘말리게 된 퓌르티에르는 반박문을 통하여 자신의 억울함을 호소하였다. 그는 희귀한 낱말들을 설명할 때 일상의 낱말들이 필요할 뿐만 아니라 "기술용어와 과학용어들이 일상 낱말들과 밀접하게 맞물려 있어, 이들을 분리하는 것은 합류점으로부터 일정 거리가 떨어진 곳에서 두 시내의 물을 분리하는 것보다 더 어려운 일이다."[87]라고 주장하면서, 자신의 사전에 일상어가 등재될 수밖에 없는 이유를 밝혔다. 그러면서 자신의 사전과 아카데미 사전에서 유사한 점들이 발견된다면, 그것은 자신도 아카데미 회원들이 참조한 칼르펭, 니코, 모네 등과 같은 사전 편찬가들의 사전을 참조했기 때문이라고 주장하였다.[88] 자신이 표절을 했다면 아카데미 또한 표절에서 자유롭지 못하다는 것을 우회적으로 표현한 것이다.

자신의 사전은 아카데미 프랑세즈의 사전과 다르고 표절 또한 하지 않았다는 주장에도 불구하고 퓌르티에르는 결국 아카데미에서 축출되었다. 하지만 경쟁관계에 있던 두 사전은 퓌르티에르의 주장대로 전혀 유사하지 않았다. 퓌르티에르 사전은 아카데미 사전에는 없는 자신만의 독창성을 가지고 있었던 것이다.

먼저 아카데미 프랑세즈가 언어사전으로서 언어의 용법, 그중에서도 좋은 용법만을 기술하는 데 만족하였다면, 퓌르티에르는 모든 언어의 용법을 있는 그대로 기술하였을 뿐만 아니라 낱말이 지시하

---

87 *Factum*, I; Jacques Damade, 1997, p.59; Bernard Quemada, 1967, p.171.

88 *Factum*, I; Jacques Damade, 1997, p.53-54.

는 사물에 대한 풍부한 정보를 제공하고자 하였다.

다음으로 아카데미의 사전이 규범적이라면 퓌르티에르의 사전은 기술적이었다. 아카데미에게 언어의 아름다움이 중요했다면, 퓌르티에르에게 어휘는 도구에 지나지 않았다. 따라서 아카데미가 정확성을 강조하면서 프랑스 인들에게 언어를 정확하게 말하고 쓰는 법을 가르쳐 주려고 한데 반해 퓌르티에르는 언어를 증거하고 용법을 설명하려고 하였다. 아카데미 회원들이 언어의 입법자législateur의 역할을 수행했다면, 퓌르티에르는 지도제작자cartographe의 역할을 했다고 할 수 있다.[89] 아카데미 사전이 언어에 적극적으로 개입하고 처방하려고 하였다면, 퓌르티에르는 언어에 대해 어떤 것도 결정하지 않고 있는 그대로를 기술하려고만 했다.

또한 아카데미의 사전은 좋은 용법에 한정한 선별형 사전으로 고어, 신어, 전문어, 속어, 은어 등을 원칙적으로 배제한데 반해 퓌르티에르의 사전은 확장형 사전으로 이 모든 언어를 통합하여 기술하고자 하였다. 여기에서 퓌르티에르 사전의 제목, '보편사전'이 연유한다. "고어와 현대어, 전문 기술용어를 포함하며 이 모든 것은 이전과 최신의 가장 뛰어난 작가들로부터 추출"했다는 사전의 부제[90]는 그의 사전의 내용을 더 명확하게 규정해 준다.

마지막으로 퓌르티에르의 사전은 아카데미 프랑세즈의 사전에는 없는 유추어 사전의 기능도 겸하였다. 레는 퓌르티에르의 사전을 최초의 유추어 대사전으로 간주하였다.[91] 예를 들어, 퓌르티에르 사전

89 Jacques Damade, 1997, p.113.

90 사전의 부제는 "contenant generalement tous les mots François tant vieux que modernes, et les termes de toutes les Sciences et les Arts [···] le tout extrait des plus excellents Auteurs anciens et modernes"이다.

91 Alain Rey, 1978, p.88.

에서 'chien'(개) 항목을 찾아보면 lévrier(그레이하운드), limier(사냥개의 일종), braque(포인터), épagneul(스패니얼), griffon(그리폰), basset(다리가 짧은 개), barbet(스패니얼), dogue(불독), mâtin(마스티프종의 개) 등과 같은 다양한 개의 종류들이 언급되어 있다.

3. 사전의 내용 및 특징

3.1. 표제어

3.1.1. 표제어 규모

퓌르티에르는 1685년 아카데미 프랑세즈가 위조와 표절 혐의로 그를 고소하였을 때 자신을 변호하고 그의 작품이 갖는 독창성과 아카데미 사전과의 차별성을 보여주기 위해 『반박문』을 제작하였는데, 여기에서 그는 두 사전의 표제어 규모의 차이를 언급한 바 있다. 그는 아카데미의 사전에는 7,000개에서 8,000개의 낱말이 등재될 계획인데 반해 자신의 사전에는 40,000개 이상의 낱말을 등재할 것이라고 표명하였다.[92] 그의 주장대로 그의 사전에는 최종적으로 현대의 중사전 규모에 해당되는 약 40,000여 개의 표제어가 등재되어 있다. 하지만 아카데미의 사전에는 그가 예상했던 것보다 두 배가 많은 약 15,000여 개의 낱말이 등재된다. 한편 퓌르티에르의 사전보다 10년 앞서 출판된 리슐레의 『프랑스어 사전』에는 약 25,000여 개의 표제어가 등재되어 있다.

17세기 말에 출판된 세 개의 사전 가운데 표제어의 규모 면에서

92 *Factum*, I; Bernard Quemada, 1967, p.266.

퓌르티에르의 『보편사전』이 가장 많은 표제어를 등재하고 있다고 할 수 있다. 그 이유는 이 사전이 다른 두 사전과 달리 보편적 확장형 사전을 표방하였기 때문인데, 퓌르티에르는 당시 프랑스어의 일반 낱말뿐만 아니라 고어, 신어, 전문용어 등을 총망라하고자 하였다.

사전의 규모가 크다고 하여 더 작은 규모의 사전에 등재된 모든 표제어를 다 포함하고 있는 것은 아니다. 퓌르티에르의 사전과 아카데미의 사전만 비교해보아도 이러한 사실은 입증된다. 두 사진에서 알파벳 A에서 AH까지의 항목들을 비교검토해본 결과, 퓌르티에르의 『보편사전』은 『아카데미 프랑세즈 사전』에 등재된 다음과 같은 낱말들을 등재하지 않았다.

> Aux, Abboyé, Abboyant, Abboyement, Abc, AB HOC ET AB HAC, ABSCES, Absorbé, Accablant, Accentué, Accepté, Accompli, Accoustré, ADDITIONNER, Admirauté, Adoré, Adveu, AEOLIPYLE, AEQUATEUR, AEQUINOXE, Aequinocatial, AETHEREE, Affeterie, Affectif, Affublé, Agnelet.

대부분이 분사들이지만 ADDITIONNER(더하다)처럼 중요한 단어가 누락되기도 하였다. 이처럼 표제어 규모가 두 배 이상 큰 퓌르티에르의 사전에 아카데미 사전에 있는 표제어가 등재되지 않은 것은 표제어 선정에 대한 두 사전의 기준이 같지 않았다는 것을 보여준다.

3.1.2. 표제어 선별

어떤 사전이 됐건 한 언어의 어휘 전체를 기술하는 것은 불가능하다. 이것은 확장형 사전을 표방한 퓌르티에르의 『보편사전』도 일정한 기준에 따라 표제어를 선별할 수밖에 없었다는 것을 말해준다.

1) 고어와 신어

아카데미 프랑세즈가 원칙적으로 현재의 용법으로 정착된 낱말들만을 등재하고 고어와 신어를 배제한데 반해, 퓌르티에르는 고어와 신어들을 등재한다는 원칙을 세웠고,[93] 실제 그의 사전에는 issir(나가다, 나오다), ouvrer(일하다), ramentevoir(생각나게 하다), souloir(~하는 습관이 있다) 등과 같은 고어와 badigeon(도료, 1676), binocle(코안경, 1677), bivouac(야경夜警, 1650), bleuir(푸르게 하다, 1690) 등과 같은 신어들이 등재되어 있다.[94]

등재된 고어들에는 “vieux”(쓰이지 않는), “vieux mot”(쓰이지 않는 낱말), “vieux mot hors d'usage”(용법에서 벗어난 쓰이지 않는 낱말), “ce mot est vieilli”(이 낱말은 쓰이지 않게 됨) 등과 같은 표시나 설명 등이 곁들여져 있다. 이런 고어 표시나 설명이 붙은 낱말들은 일반적으로 사람들이 이해를 하지 못하거나 더 이상 사용하지 않는다는 것을 의미한다. 일부 사람들만이 고어로 여겨 그 단어의 사용을 권하지 않을 때는 표제어 PROUESSE(용맹)에서처럼 “시대에 민감한 사람들은 이 낱말을 더 이상 사용하기를 원치 않으며, 이 낱말이 쓰이지 않는다고 말한다”[95]와 같은 상세한 주석을 달기도 하였다.

한편 신어들에는 고어들에서와 같은 자세한 설명이나 표지가 없는 경우가 대부분이나, 표제어 BIVOUAC(야경)의 경우처럼 “ce mot est nouveau”(이 낱말은 새롭다)와 같은 설명이 되어 있는 경우도 있다.

이처럼 자신의 사전에 고어와 신어들을 등재한 것은 사전을 통하

93 아카데미 프랑세즈 사전도 원칙과는 달리 일부 고어와 신어를 등재하였다.

94 Alain Rey, 1978, p.89.

95 “Les delicats du temps ne veulent plus qu'on use de ce mot, & disent qu'il est vieux.”

여 언어에 대한 충고나 처방을 주는 것을 주목적으로 하는 아카데미 프랑세즈와는 달리, 퓌르티에르 자신이 언어 기술자descripteur로서의 역할에 만족했기 때문이다. 그는 언어에 대한 개입의 의지보다는 관찰자로 머물러 있기를 원했던 것이다.

2) 전문어

아카데미 프랑세즈는 언어사전에는 전문용어를 배제한다는 원칙을 세웠다. 그리고 전문어는 별도로 출판하기로 결정하고 그 책임을 토마 코르네유에게 맡겼다. 전문용어 가운데 신사나 귀족 계층에서 사용하는 펜싱이나 사냥, 법률 분야 등의 용어들을 등재하긴 하였지만 아카데미는 기본적으로 전문어와 일반어를 분리하는 방식을 택했다. 마토레는 아카데미가 전문어와 일반어를 분리하고, 일반어 사전과 전문어 사전을 분리해서 출판함으로써, "신사honnête homme만이 사용하는 세련된 언어와, 그 유용성은 인정되지만 하위 언어 층으로 전락한 전문어와의 분리가 인정되었다"[96]라고 지적한 바 있다.

아카데미 프랑세즈와 달리 퓌르티에르는 일반어와 전문어를 분리하는 것은 불가능하다고 생각했다. 그는 『반박문』에 다음과 같이 쓰고 있다.

> 기술 과학용어들은 일상 낱말들과 밀접하게 맞물려 있어 이들을 분리하는 것은 합류점으로부터 일정 거리가 떨어진 곳에서 두 시내의 물을 분리하는 것보다 더 어렵다.[97]

---

96 George Matoré, 1968, p.85.

97 *Factum*, I; Bernard Quemada, 1967, p.171; Jacques Damade, 1997, p.59.

퓌르티에르는 과학·기술 용어들뿐만 아니라 아카데미가 자신들의 전유물인 것처럼 간주한 일반어까지도 등재하였다는 이유로 아카데미에서 축출당하기는 하였지만, 그의 사전에서 일반어가 차지하는 비중은 미미하였다. 그의 사전의 핵심은 전문어에 있었기 때문이다. 사전의 서문을 쓴 베일은 이점을 서문에 명확히 밝히고 있다.

> 여기에서 공통어는 부차적인 것에 불과하다. 핵심은 기술, 과학, 직능에 관련된 용어들에 있다.

많은 과학·기술 용어의 등재는 『보편사전』의 특징으로 아카데미의 사전과 구별되는 중요한 잣대가 된다. 퓌르티에르는 모든 과학과 기술 분야를 총망라해 기술하고자 했다.[98] 크마다에 따르면 이 사전에는 250개 이상 되는 분야의 용어들이 등재되어 있다.[99] 하지만 각 분야의 용어들이 균등한 비율로 선별된 것은 아니다. 각 분야별 대략적인 표제어 수는 아래와 같다.[100]

49분야에서 총 13,583여 개의 전문용어가 등재되어 있는데, 법률과 의학, 종교 등과 같이 1,000개 이상의 용어가 등재되어 있는 분야가 있는가 하면, 수학, 대수, 광학 등과 같이 100개 미만의 용어가 등재된 경우도 17개 분야나 된다. 한편, 986개의 용어가 등재되어 있는 기술technique 분야는 또다시 다음과 같은 78개의 하위 분야로 분류되어 있다.

---

98 Alain Rey, 1978, p.85.

99 Bernard Quemada, 1967, p.306.

100 SNL-Le Robert에서 1978년에 재출판한 『보편사전Dictionnaire Universel』의 제3권에 있는 Index thématique와 Liste des rubriques techniques du Dictionnaire Universel을 참조하여 작성하였다.

〈각 분야별 표제어의 수〉

분야	표제어 수	분야	표제어 수
농업 Agriculture	180	놀이 Jeux	203
대수학 Algèbre	24	언어 Langage	198
음식 Alimentation	349	승마 Manège	240
동물 Animaux	474	항해 Marine	934
건축 Architecture	238	수학 Mathématique	15
산술 Arithmétique	55	의학 Médecine	1,065
천문학 Astronomie	137	도량과중량 Mesures et poids	85
조형예술 Beaux-arts	87	금속과광물 Métaux et minéraux	54
문장 Blason	483	직업 Métiers	332
상서국 Chancellerie	33	동산 Mobilier	258
사냥 Chasse	307	풍습 Moeurs	285
화학 Chimie	207	통화 Monnaie	75
색 Couleurs	38	음악 Musique	261
신앙 Croyances	104	광학 Optique	39
무용 Danse	36	약학 Pharmacie	105
법률 Droit	1,370	철학 Philosophie	67
교육 Education	90	물리 Physique	69
펜싱 Escrime	40	식물 Plantes	582
매사냥 Fauconnerie	174	종교 Religion	1,037
재정 Finance	306	공연 Spectacles	37
지리 Géographie	82	기술 Techniques	986
기하학 Géométrie	158	칭호 Titres	315
문법 Grammaire	226	수송 Transports	98
전쟁 Guerre	617	의류 Vêtement	362
주거 Habitat	66	총계	**13,583**

> 건축, 측량, 건설, 세탁, 푸줏간, 도로 청소부, 마구 제조업, 마차, 양초 제조인, 화학, 목수일, 수레 제조, 못 제조, 구두 제조, 재봉, 지붕 잇는 일꾼, 요리, 금은상감, 도금, 가구 세공, 채색 장식술, 에나멜공, 주석 검사원, 직물, 악기 제조, 방직, 꽃장수, 주조업, 물탱크 제조자, 대장간, 커버 제조인, 조각가, 시계 제조업, 수리학, 인쇄술, 원예, 보석 상품, 경작, 보석 세공, 리넨 제품 제조업, 석공일, 제조소, 제철공, 항해, 역학, 메달 원형 조각가, 목공 세공, 측량기, 야금술, 제분업, 화폐 주조, 음악, 금은세공술, 양피지 제조 판매, 과자 제조업, 미술, 낚시, 도기 제조, 철물업, 제본술, 구두 수선공, 날붙이 제조업, 재단사, 무두질 작업, 타피스리, 염색, 직물공업, 금 신연공, 피륙, 통 제조업, 선반공, 키 제조, 포도 수확, 유리 제조, 의류, 식초 제조 판매인, 판유리 제조, 도로.

이처럼 퓌르티에르 사전은 풍부한 전문용어들 덕분에 전문용어에 관한 한 고전시대 최상의 사전이라는[101] 영예를 안게 되고, 18세기의 거대한 백과사전인『트레부 사전Dictionnaire de Trévoux』의 기초 정보로 활용된다.

3.1.3. 표제어 소개 방식

그럼 퓌르티에르는 등재한 표제어들을 어떤 방식으로 소개하고 있을까? 우선 퓌르티에르는 사전에서 취급하는 모든 어휘 단위를 표제화하고자 하였다는 점을 밝힐 필요가 있다. 그리고 기본이 되는 낱말을 주표제어로 삼아 큰대문자로 진하게 표기하여 기타 항목들과 구별되도록 하였다. 주표제어와 결합하는 구 표제어는 주표제어

101 "Le Furetière est sans aucun doute le meilleur recueil de l'époque classique pour les vocabulaires spécialisés."(Alain Rey, 1978,『보편사전』, 3권 *Annexes*, p.17.)

아래에 다음과 같은 두 가지 다른 방식으로 소개하였다.

CHANT. s.m.
CHANT MUSICAL
CHANT NUPTIAL
CHANT DE VICTOIRE
CHANT FUNEVRE
CHANT PASTORAL
CHANT ROYANT

PAIN. s.m.
Pain des Anges, ou Pain celeste
Pain à chanter
Pain benit
Pain sacré
…
Pain de douleur

주표제어 CHANT(노래)과 결합하는 구에는 볼드체 작은 대문자가 이용되었고, PAIN(빵)과 결합하는 구에는 이탤릭체가 이용되었다. 하지만 어떤 원칙에 근거하여 이 두 방식을 구별하여 사용했는지는 명확하지 않다.

표제어의 이형태가 존재할 때는 이탤릭 소문자로 표기하여 병기하였다.

ABBOYER, ou *abbayer*. v.n.
CASSONADE, ou *castonade*. s.f.

표제어가 성에 따라 변화하는 경우 아래의 예처럼 남성형을 표제어로 내세우고 여성형은 바로 옆에 변화하는 부분만을 표기하였다.

ACCIDENTEL, ELLE. adj.
CHANTEUR, EUSE. s.
CHANCEUX, EUSE. ad.

하지만 모든 여성형이 변화하는 부분만 표기되어 소개된 것은 아니다. ACCUSATEUR / ACCUSATRICE, CHAT / CHATTE, CHIEN / CHIENNE 등과 같이 형태 전체가 병기된 경우도 있다. 이 경우에도 소개되는 방식은 아래와 같이 차이를 보인다.

ACCUSATEUR, **ACCUSATRICE**. subst.masc. & fem.
CHAT, **CHATTE**. s.m. & f.
CHIEN, s.m. **CHIENNE**. s.f.

CHIEN(개)의 경우에는 남성형과 여성형의 바로 뒤에 각각 품사와 성genre의 정보가 주어졌지만 ACCUSATEUR(고발자)와 CHAT(고양이)의 경우에는 남성형과 여성형을 연이어 소개하고 공동의 품사에 각각의 성을 표시하고 있다. 단일어 사전의 초기 단계라 그런지 표제어를 소개하는 데 일관성이 결여되어 있다.

명사나 형용사의 여성형 형태에 대한 정보는 주어졌지만 복수 형태에 대한 정보는 표제어항에서 주어지지 않았다. 하지만 복수 형태에 대한 정보는 대부분 정의나 예문 등에 주어져 있어 독자가 조금만 수고를 하면 찾고자 하는 단어의 복수형을 알 수 있다.

3.1.4. 표제어 배열

표제어의 배열 방식에 있어서도 아카데미 프랑세즈의 사전과 퓌르티에르의 사전은 차이를 보인다. 전자가 형태적으로나 어원적으로 긴밀한 관계를 맺고 있는 낱말들을 하나의 항목에 모두 통합하여 기술하는 재배열regroupement 방식을 택한 반면 후자는 알파벳 배열 방식을 취하였다.

기본어mot primitif를 주표제어로 삼고 그의 파생어나 합성어를 부표제어로 모아 놓은 방식을 취하는 재배열 방식은 언어의 풍부함을 잘 보여주고, 낱말의 역사를 반영하며, 뜻풀이의 반복을 피하게 하는 등의 장점이 있으나 사진 참고가 쉽지 않다는 단점을 지니고 있다. 퓌르티에르는 이 방식이 프랑스어에는 적합하지 않다고 비판하였다.

> 이 방식은 같은 토대에서 합성어와 파생어를 취하는 동양 언어에서는 유용하다. 하지만 이웃들의 언어들과 혼합되어 있는 우리 언어에서는 아무 쓸모가 없다.[102]

그럼에도 아카데미는 재배열 방식이 단순 알파벳순 배열보다 더 교육적이라고 판단하여 어근에 의한 배열 방식을 택했다. 하지만 이 방식은 어휘의 체계적 학습에는 도움이 되었을지 몰라도 예상했던 대로 사전의 참고를 어렵게 만들었다. 예를 들어, ennemi(적) 항목이 ami(친구) 항목 아래에 기술되어 있어 사전의 검색이 쉽지 않았다. 결과적으로 이 배열 방식은 퓌르티에르 사전과의 경쟁에서 뒤지게 하는 한 요인이 되었다. 아카데미도 이 방식의 단점을 인정하여 1718년에 출판된 제2판부터는 재배열 방식을 포기하고 알파벳순 배열 방식을 채택하게 된다.

퓌르티에르의 사전이 알파벳 배열 순서를 따르고 있지만, 과거분사와 과거분사형 형용사는 동사의 원형 아래에 배치하고 있어 절대

102 *Factum*, 2; Bernard Quemada, 1967, p.354에서 재인용.

적 의미의 알파벳순 배열이라고 할 수는 없다. 그렇다고 해도 이러한 배치가 참고의 어려움을 야기하지는 않는다.

3.2. 정의 및 의미 배열

사전 편찬가의 가장 중요한 임무는 낱말들을 정의하는 것이다. 낱말에 대한 정의 없이는 언어를 이해할 수 없기 때문이다. 사전의 정의는 크게 문법적 정의définition grammaticale와 백과사전적 정의 définition encyclopédique로 구분된다. 일반적으로 언어사전은 전자를, 사물사전dictionnaire de chose은 후자를 취한다. 규범적인 언어사전의 성격을 지닌 아카데미 프랑세즈의 사전은 문법적 정의에, 많은 전문용어들을 등재한 퓌르티에르의 사전은 백과사전적 정의에 주안점을 두고 있다. 그 결과 아카데미의 사전이 동의어나 짧은 문장에 의한 뜻풀이를 선호하였다면, 퓌르티에르의 사전은 자세하고 상세한 정의를 특징으로 한다.

두 사전의 성격 차이는 정의문에 사용된 메타언어에서도 차이점을 보인다. 언어사전인 아카데미의 사전은 "On appelle"(~라 부르다), "Il se dit"(~라 일컬어지다), "Il sign."(의미하다) 등이 주로 쓰이고 있는데 반해, 백과사전의 성격을 겸한 퓌르티에르의 사전에서는 "être"(~이다)의 사용이 눈에 띈다. 〈X est Y〉 방식은 전형적인 사물사전의 정의 유형으로, X는 기호에 의해 지시되는 사물에 관련된다. 퓌르티에르는 "signifier"(의미하다)를 사용해야 하는 경우에도 "être"(~이다)를 사용함으로써 그의 사전이 무엇보다도 기호가 지시하는 내용을 우선시 하고 있음을 보여준다.

두 사전이 정의에 대한 입장과 방식은 달리하였지만 뜻풀이에 심혈을 기울였다는 점은 공통적으로 강조하고 있다. 하지만 그럼에도 지금의 관점에서 보면 두 사전 모두에 정확하지 않은 정의가 많다. 특히 자연사 관련 용어들의 정의가 그렇다. 예를 들어 BALEINE(고래), CHAUVE-SOURI(박쥐)를 모두 포유동물이 아닌 물고기로 정의하고 있다. 이러한 유형의 잘못은 사전 편찬가 개인의 잘못이라기보다는 사전이라는 장르가 안고 있는 구조적인 문제라 할 수 있다. 왜냐하면 사전은, 저자나 유형이나 규모에 상관없이, 그 사전이 만들어진 시대의 언어지식과 문화 및 과학 수준 이상을 반영할 수 없기 때문이다.

낱말을 정의하는 것 못지않게 의미들을 배열하는 것 또한 중요하다. 하지만 결코 쉬운 문제는 아니다. 에밀 리트레Emile Littré는 의미 배열을 "까다로운 작업"이라 하였고, 20세기에 출판되어 프랑스어 사전 편찬의 역사에서 기념비적 작품으로 평가받는『프랑스어 보고』의 저자들도 이것을 "끈질기게 괴롭히는 문제"라고 할 정도였다.[103]

그렇다면 단일어 사전의 태동기에 출판한 아카데미 프랑세즈와 퓌르티에르는 어떤 원칙에 의거하여 다의어의 개별의미acception들을 배열하였을까? 하지만 아쉽게도 이 문제에 대해 아카데미도, 퓌르티에르도 명확한 입장을 표명하고 있지 않아 이들이 어떤 원칙을 준수하였는지 명확히 알 수는 없다. 다만 19세기에 리트레가 아카데미 프랑세즈가 편찬한 사전의 의미 배열 문제를 비판하면서 언급한 것에 따르면, 아카데미는 가장 중요한 의미, 즉 말이나 글에서 가장 자주 머리에 떠오르는 의미를 첫 번째로 배치하였다.[104] 또한 아카데미는 낱말의 고유의 의미들을 중요도에 따라 배열하고, 고유 의미로

103 에밀 리트레,『프랑스어 사전』서문 ;『프랑스어 보고』제5권, 서문.
104 에밀 리트레,『프랑스어 사전』서문.

부터 파생된 의미들은 각각의 연관된 고유의 의미 바로 다음에 배치하였다. 이에 반해 퓌르티에르는 고유의 의미나 중요 의미를 먼저 배열하고, 그 다음에 비유적 의미와 특수 의미들을 배치하였다.

하지만 이것은 어디까지나 일반적인 경향일 뿐이다. 의미 배열에서 일관성이 결여된 경우도 많다. 위의 배열 원칙과는 달리 전문 영역에 관련된 특수 의미가 중간에 오기도 하고, 일반적 의미가 비유적 의미 다음에 오는 경우들도 있다. 크마다는 이 당시에는 사전 편찬가들이 의미의 배열보다는 어휘목록의 수집과 의미 분석에 몰두하여 한 낱말의 의미가 풍부하고 다양할수록 의미 배열에 있어 일관성의 결여도 크다고 지적한 바 있다. 그런데 그것이 사전 저자의 부주의 때문인지 아니면 시대적 한계인지 결정하기가 쉽지 않다고 하였다.[105]

이유가 어찌 됐든 의미의 배열에 일관성은 결여되었더라도 퓌르티에르가 이용자들로 하여금 찾고자 하는 의미를 빠르게 찾을 수 있도록 배려하고 있다는 점은 확실해 보인다. 아래의 예가 보여주는 것처럼 퓌르티에르는 한 낱말의 의미가 다양할 때 각 의미를 줄을 바꾸어 소개할 뿐만 아니라 의미 앞에 작은 대문자로 표제어를 반복해서 표기해 주고 있다.[106]

> **SERRER**. v. act. Lier, Estreindre. Il faut bien serrer les gerbes, quand on lie les grains. On se sert de garrtos pour bien serrer les ballots, /. /. **SERRER**, signifie aussi, Presser, faire qu'une chose occupe moins de lieu, qu'elle fasse place à d'autres. Il se faut serrer pour laisser passer

105 Bernard Quemada, 1967, p.489, 491, 492.

106 레(Rey, 1978: 79)에 따르면 19세기 이전에는 오늘날 다의어의 구별에 통용되고 있는 의미 번호가 부여되지 않았다고 한다.

la ceremonie. Il faut se serrer contre le mur, /./.

SERRER, se dit aussi en parlant de la viloente perssion qui se fait par les machines. Serrer le prssoir avec la vis. /./.

SERRER, se dit figurément en choses morales. Un bon Orateur doit serrer son stile, doit dire beaucoup de choses en peu de mots. /./.

SERRER, signifie aussi, Enfermer, arranger, mettre à couvert, en lieu seur. Il faut prendre des gens pour serrer le bois, /./.

SERRER, en termes de Manege, se dit d'un cheval qui s'estressit, & ne s'étend pas assez d'une main à l'autre, qui ne prend pas assez de terrain. /./.

작은 대문자 표제어에 뒤이어 소개된 의미들은 주요 의미들이라 할 수 있다. 이러한 줄바꿈과 표제어의 반복은 독자들로 하여금 의미를 쉽게 찾을 수 있도록 하는 유용한 장치라 할 수 있다.

3.3. 용례

정의 뒤에는 용례가 따른다. 용례는 낱말의 실제 쓰임을 보여주고 불충분한 정의를 보완해 주는 역할을 한다. 아카데미 프랑세즈와 퓌르티에르 모두 용례의 중요성을 인식하고 다양한 용례를 싣고 있지만, 용례의 출처에 대해서는 입장이 서로 달랐다. 사전 편찬가는 용례를 직접 자신들이 만들거나 유명한 작가들의 작품에서 인용할 수 있는데 아카데미는 전자의 방식을 취하였고, 퓌르티에르는 후자의 방식을 택했다. 결과적으로 인용의 문제는 두 사전을 구별 짓는 주요 특징 중의 하나가 된다.

아카데미 프랑세즈가 인용문을 용례로 삼지 않은 이유는 크게 두 가지이다. 첫째는 아카데미 회원들의 겸손의 미덕과 자긍심 때문이다. 당시 가장 유명한 저자들이라 할 수 있는 회원들이 사전 작업에 참여하였는데 이들이 직접 자신들의 작품에서 인용하는 것은 겸손의 미덕에 어긋나며, 그렇다고 자신들보다 못한 작가들의 작품에서 인용하기에는 그들의 자존심이 허락하지 않았다.

> 아카데미 사전은 프랑스어가 가장 번창한 시기에 시작되어 완성되었다. 우리의 가장 유명한 웅변가들과 가장 위대한 시인들이 사전 작업에 참여하였고, 우리는 그들의 의견을 따라야 한다고 생각하였기 때문에 인용하지 않는다.[107]

둘째는 더 정확하고 명확한 낱말의 의미와 사용법을 보여주기 위해서이다. 아카데미는 작가들의 작품에서 인용하는 것보다도 편찬가들이 직접 만든 용례가 훨씬 더 낱말의 의미 영역과 사용법을 명확히 보여줄 수 있다고 생각하였다.

> 낱말의 모든 작용력을 지각할 수 있도록 하고 사용법을 표시하기 위하여 특별히 만든 문장들은 일반적으로 글을 쓰면서 이러한 관점을 갖지 않은 좋은 작가들의 작품에서 추출한 문장들보다도 의미의 영역에 대해 더 분명하고 명확한 생각을 준다.[108]

작가들은 낱말의 의미나 사용법을 보여주기 위해 글을 쓰는 것은 아니다. 따라서 정의를 보완해 주는 역할을 하면서 문법의 규칙과 일치의 규칙 등을 명확히 하기 위해서는 언어의 전문가들인 아카데미 회원들이 직접 용례를 만들 필요가 있다는 것이다.

이에 반해 퓌르티에르는 작가들의 작품에서 따온 인용문을 용례로 사용하였다. 아카데미 프랑세즈와 같이 언어에 대한 절대적인 권

---

107 『아카데미 프랑세즈 사전』 초판 서문, 1694.

108 『아카데미 프랑세즈 사전』 제4판 서문, 1762.

위를 가지고 있지 않고, 그렇다고 스스로 권위를 부여할 수도 없는 일개 개인 사전 편찬가로서는 유명하고 권위 있는 작가들의 작품에서 인용하는 것만이 자신의 사전에 신뢰를 줄 수 있는 유일한 방법이었기 때문이다.[109] 한편 독자의 입장에서는 유명한 작가들의 인용문을 보면서 사전 편찬가가 기술한 정보들을 신뢰하고 그것들을 안심하며 사용할 수 있게 된다. 결과적으로 인용문은 저자와 독자 모두에게 언어의 용법에 대한 보증의 역할을 해주는 셈이다.

이처럼 용례를 직접 만드는 것이나 인용하는 것이나 각자 나름의 장점을 지니고 있지만, 아벨-프랑수아 빌맹Abel-François Villemain이 『아카데미 프랑세즈 사전』 제6판의 서문에서 밝히고 있는 것처럼 일반 독자들은 인용한 사전을 더 선호한 것으로 드러났다. 그럼에도 아카데미는 판을 거듭하면서도 퓌르티에르의 예를 따르지 않고 계속해서 용례를 직접 만드는 것을 고집한다.

3.4. 언어규범과 용법 표지

사전은 그것을 산출한 사회 속에 내재하는 여러 이데올로기를 반영한다. 기술할 언어의 총체를 있는 그대로 기술하는 것이 불가능하기 때문에 사전 편찬가는 끊임없는 선택을 하게 된다. 사전의 텍스트는 이러한 연속적인 선택과 선별의 결과이다. 이런 의미에서 사전 텍스트는 규범적이다. 사전의 텍스트는 이용자들에게 한 낱말을 정확히 어떻게 표기할 것이며, 어떻게 사용할 것인지 등에 대한 준거가 되는 규범적인 지시로 해석된다.

---

109 『트레부 사전』 서문, 1704; Bernard Quemada, 1967, p.540에서 재인용.

사전 편찬가가 사전에서 언어 규범을 제시하는 방식은 크게 두 가지이다. 표제어의 선택과 배제, 그리고 용법 표지가 그것이다. 먼저 사전 편찬가는 사회적 규범에 비추어 언어 규범에 어긋난다고 생각되는 낱말들이나 용법들은 배제시킨다. 가장 단순하면서도 확실한 방식이다. 그렇다고 등재된 모든 언어단위들이 표준 용법으로 인정되는 것은 아니다. 사전의 저자는 여러 가지 이유로 규범에서 일탈한 낱말이나 용법을 포함하게 되는데, 이럴 경우 다양한 표지나 주석들을 통하여 이들에 대한 가치판단jugement de valeur을 내린다.

본질적으로 규범적인 『아카데미 프랑세즈 사전』은 배제에 의하여 낱말에 대한 사회적 가치판단을 표명하였다. 초판 서문에서 교양 있는 신사들과 웅변가, 시인들이 사용하는 일상어에 한정하여 어휘목록을 구성한다고 밝힌 바대로 아카데미는 좋은 용법에 어긋나는 고어와 신어, 속어, 비어, 전문어 등을 배제하였고, 그 결과 용법 표지에 의지하여 규범을 밝힐 필요가 줄어들었다.

하지만 보편사전을 지향한 퓌르티에르는 그의 사전에 고어, 신어, 속어, 전문어 등을 등재하였기 때문에 다양한 용법 표지를 이용하여 이들에 대한 가치판단을 하고 있다. 따라서 이 사전에는 다음과 같은 시간과 공간, 화자의 범주, 담화 층위, 전문 영역 등과 관련된 다양한 표지나 주석들이 사용되었다.

1) 시간에 관한 표시 : vieux mot, ce mot est vieux, c'est un vieux mot hors d'usage, qui n'est plus en usage que chez… 등
2) 공간에 관한 표시 : en plusieurs provinces, en Normandie, en Basse Bretagne 등
3) 화자의 범주에 관한 표시 : populaire, populairement, chez + 화자명 (chez les Religieux) 등

4) 문체 및 화계에 관한 표시 : dans les discours familier, en discours familier, bas et popluaire, bas et sale, bas et salement, burlesquement et ironiquement 등
5) 언술 유형에 관한 표시 : terme de compliment, par maniere de raillerie, on dit par menace 등
6) 전문 영역 표시 : terme de [en terme de, en] + 분야 지시 명사, on dit au[se dit au, on appelle] + 장소 등

특히 시간과 관련해서는 오늘날과 같이 "낱말의 용법이 오래된 것dans les anciennes coutumes"과 "낱말이 지시하는 대상이 오래된 것les vieilles coutumes"을 구별하였으며, 전문어 중 일상적인 의미로 사용되는 의미에 대해서는 "en discours ordinaire"(일상 담화에서는), "en langage ordinaire"(일상 언어에서는), "dans l'usage ordinaire"(일상 용법에서는) 등과 같은 표지를 이용하여 전문어와 일상어를 구별하였다. 레는 퓌르티에르의 사전에 이용된 용법 표지들은 사회언어학적 유형과 담화의 유형 사이의 경계가 명확하지 못하고, 공간과 관련해서는 어원 정보에 해당하는 낱말의 원산지lieu d'origine와 사용지역lieu d'usage을 혼동하는 등의 한계는 있지만, 오늘날의 사전이 이 사전의 가치 체계에 크게 의존하고 있다면서 『보편사전』의 용법 표지 체계를 높이 평가하였다.[110]

4. 맺음말

17세기 말에 출판되어 트레부, 보이스트와 라루스로 이어지는 백과식 언어사전 유형의 선구자가 된 『보편사전』은 한때 아카데미 프

110 Alain Rey, 1990, p.28.

랑세즈 회원이기도 했던 퓌르티에르에 의해 기획되고 편찬되었다. 그는 신사들이 사용하는 좋은 용법에만 한정된 『아카데미 프랑세즈 사전』의 부족한 점을 인식하고 이 사전을 보완하기 위해 기술과 학술에 관련된 전문용어들을 수용하는 자신만의 사전을 계획하여 왕의 특허까지 획득하였다. 하지만 아카데미로부터 위조와 표절 혐의로 고발당하여 아카데미에서 축출되고, 특허마저 철회되면서 퓌르티에르는 결국 네덜란드에서 그의 사전을 출판할 수밖에 없었다.

퓌르티에르가 『반박문』을 통하여 자신의 사전이 아카데미 프랑세즈가 편찬하는 사전과 다르다는 점을 강조한 것처럼, 이 두 사전은 여러 면에서 많은 차이를 보이고 있다. 『아카데미 프랑세즈 사전』이 언어사전이라면, 퓌르티에르의 『보편사전』은 백과사전과 언어사전의 성격을 겸한 백과식 언어사전이다. 또 전자가 규범사전이라면, 후자는 기술사전이다. 이 성격의 차이는 표제어 선정에서 그대로 드러난다. 선별형 사전을 지향한 아카데미는 공통어에 한정하여 원칙적으로 고어, 신어, 속어, 기술·학술 전문용어 등을 배제한데 반해, 확장형 사전을 지향한 퓌르티에르는 이 모두를 포함하였다. 특히 퓌르티에르는 애초의 계획대로 많은 전문용어들을 등재하였다. 레는 1978년 로베르 출판사에 의해 새로 출판된 퓌르티에르의 『보편사전』 제3권에서 이 사전을 "고전 시대의 전문용어들에 대한 최상의 모음집"이라고 평가한 바 있다. 또한 아카데미가 표제어들을 어근에 의한 재배열 방식을 채택하여 참고의 어려움을 야기한데 반해 퓌르티에르는 알파벳 배열 방식을 택해 참고의 편리를 도모하였다.

한편, 두 사전의 성격의 차이에 기인한 당연한 귀결이지만 아카데미 프랑세즈가 동의어에 의한 정의나 짧은 문장의 정의를 선호한 반면, 퓌르티에르는 상세한 정의를 한 것이 특징이다. 또한 언어사전인 아카데미 사전에는 “appeler”(~라 부르다), “se dire”(~라 일컬어지다), “signifier”(의미하다)와 같은 메타언어들이 주로 사용되었고, 사물 사전의 성격을 띠는 퓌르티에르 사전에는 “être”(~이다)의 사용이 두드러진다. 개별의미들의 배열에 있어서도 아카데미가 낱말의 고유 의미들을 중요도에 따라 배열하고 파생 의미는 각각의 연관된 고유 의미 아래에 배치한데 반해 퓌르티에르는 고유 의미를 먼저 배열하고 나서 비유적 의미나 특수 의미들을 배치하였다. 그리고 아카데미가 용례를 직접 만든데 반해 퓌르티에르는 작가들의 작품에서 인용하였다. 이 외에도 고어와 전문용어들이 많이 등재된 퓌르티에르의 사전에는 이들의 용법을 설명하는 다양한 주석과 표지들이 이용되었다.

퓌르티에르의 사전은 위와 같은 특징과 더불어 정의가 잘못되거나 의미 배열에 일관성이 결여되는 등 몇몇 결점을 지니고 있는 점 또한 사실이다. 하지만 이러한 결점에도 불구하고 퓌르티에르의 『보편사전』은 당시의 사전 중 가장 많은 표제어의 등재, 상세한 뜻풀이와 백과사전적 정보, 인용문과 다양한 용법 표지 덕분에 프랑스 고전 시대의 언어와 문화를 이해하는 데 가장 소중한 원천으로 계속 남아 있을 것이다.

Ⅳ

규범사전의 전형, 『아카데미 프랑세즈 사전』

1. 사전 초판의 헌정과 출판 300주년 기념식

1694년 8월 21일은 프랑스 사전 편찬의 역사에서 획기적인 날이다. 아카데미 프랑세즈가 설립된 지 60년 만에, 그리고 사전 편찬을 결정한 지 56년 만에 『아카데미 프랑세즈 사전Dictionnaire de l'Académie française』이 완성되었기 때문이다. 그로부터 3일 뒤인 8월 24일, 투레이M. de Tourreil를 단장으로 하는 아카데미 프랑세즈 대표단은 베르사유 궁전의 왕의 접견실에서 사전 편찬을 후원하고 사전에 독점권을 부여해준 루이 14세(재위 1643-1715)에게 사전 초판 2권을 헌정하였다. 사전을 받은 왕은 매우 흡족해 하며, "많은 유능한 사람들이 사전 편찬에 참여했기 때문에 이 사전은 매우 훌륭하고 유용할 것임을 믿어 의심치 않으며, 여가시간에 사전을 보고 그것을 활용하려고 노력할 것이다"라고 말했다고 전해진다.[111]

1694년 초판이 발행된 이후 아카데미 프랑세즈는 1718년 제2판, 1740년 제3판, 1762년 제4판을 출판하였다. 1793년 8월 8일 국민의회의 명령에 의해 아카데미 프랑세즈가 다른 아카데미들과 함께 폐지되면서 사전 편찬이 중단될 위기에 처하기도 했으나, 1795년 9월 17일 사전의 출판이 다시 허락되어 1798년 제5판이 출간될 수 있었다. 제6판과 제7판은 각각 1835년과 1878년에 출판되었고, 제8판은 1932-35년에 출판되었다. 제9판은 1986년부터 분책형태로 출간되다 1992년 제1권(A-Enz)이, 2000년에는 제2권(Eoc-Map)이, 2011년에 제3권(Maq-Quo)이 출판되었고, 현재 제4권이 집필 중에 있다.

세계 사전 편찬의 역사에서 300년 이상에 걸쳐 9판까지 찍어낸 사전은 그 유례를 찾아보기 힘들고 앞으로도 힘들 것이다. 아카데미

111 Simone Benhamou et al, 1997, p.22.

가 초판을 출판한 지 300년이 되는 1994년 이를 기념하는 학술대회가 프랑스 학사원에서 11월 17일부터 19일까지 열렸는데, 개회사에서 벨기에 불어불문학 왕립아카데미의 대표인 고오스Goosse는 아카데미 프랑세즈의 사전 초판이 출판된 지 300주년이 되는 것을 축하할 뿐만 아니라, 한 사전이 서양 문명이 겪은 모든 변화에 적응하면서 끊임없이 새로워지기를 마다하지 않고 300년을 건재한 것도 기념해야한다고 하였다.[112]

"한 국가의 최고의 책은 사전이다"라고 했던 볼테르와, "언어하면 사전을 생각하고, 사전하면 프랑스에서는 먼저 아카데미 사전을 떠올린다"[113]라고 했던 크마다의 말에서 알 수 있는 것처럼, 프랑스에서 『아카데미 프랑세즈 사전』은 최고의 책, 사전 중의 사전으로 꼽힌다.

2. 아카데미 프랑세즈의 설립

아카데미 프랑세즈는 1635년에 설립되었다. 1629년부터 문인이자 루이 13세의 자문관인 발랑탱 콩라르의 집에 당대의 많은 재사들이 모여 문예를 비롯하여 문법과 낱말들에 관한 토론 모임을 가지고 있었다. 이 모임 소식을 접한 추기경 리슐리외는 이 사적 모임을 공권력의 보호 아래 언어를 감독하고 규제하는 공식적인 기구로 만들 것을 제안하였다.[114] 리슐리외는 언어에도 공인된 규범이 필요하며 이

112 Bernard Quemada, 1998a, p.37.

113 Bernard Quemada et Jean Pruvost, 1998, p.7.

114 Jean-Paul Caput, 1986, p.94.

를 위해 언어 연구를 전담할 공식 기구가 필요하다고 생각하였던 것이다.

리슐리외는 재사들이 그의 제안을 받아들이자 1634년 이 모임 단체를 '아카데미 프랑세즈'라 명명하였고, 그 다음해 1월 29일 루이 13세(재위 1610-1643)가 아카데미 프랑세즈 설립을 위한 국왕의 공개장lettres patentes에 서명함으로써 아카데미 프랑세즈가 공식적으로 창립되었다. 피에르 세기에, 발랑탱 콩라르, 장 샤플랭, 장 오지에 드 곰볼, 필립 아베르와 쟈크 드 스리재 등이 첫 아카데미 회원이 되었다.

리슐리외가 사적 모임을 국가의 보호를 받는 공적 모임으로 승격시키고 프랑스 왕실이 아카데미의 설립을 허가한 것은 프랑스의 영광을 위해서는 군사력뿐만 아니라 학문과 예술의 진흥이 중요하고, 특히 프랑스어의 위상을 높이는 것이 진정한 강국이 되는 첩경임을 깨달았기 때문이었다. 프랑스어의 위상을 높이기 위해서는 무엇보다도 16세기 프랑스어의 확산과 함께 양적인 팽창을 통해 풍부해진 어휘들과 표현들을 정리하고 언어에 분명한 규칙을 부여할 필요가 있었다.[115]

40명으로 구성된[116] 아카데미 프랑세즈의 주된 기능은 프랑스어에 일정한 규칙을 부여하고 프랑스어를 예술과 과학을 논할 수 있는 순수하고 우아한 언어로 만드는 것이었다.[117] 이러한 기능을 수행하기 위해 아카데미는 사전을 편찬하고 문법서, 수사학, 시론을 저술

115 김동섭, 2007, p.29-30.

116 처음 시작할 때는 26명이었으나 이 수로는 활발한 토론이 힘들겠다는 판단 아래 14명의 신입회원을 더 영입하였다.(서정복, 1999, p.9.)

117 아카데미 프랑세즈 정관 제24조

할 것이라고 1635년 학회의 정관과 규약 제26조에서 밝히고 있다.[118] 하지만 수사학과 시론은 지금까지 책을 출판하려는 시도조차 없었고, 문법서는 두 차례 출간되었지만 "매우 조잡하다"는 평가를 받아 "큰 성공을 거두지 못했다."[119] 이에 반해 사전 편찬 작업은 아카데미의 창립 직후부터 현재까지도 지속되고 있다. 아카데미는 프랑스어 사전을 편찬하고 개선하는 것이 대중에게 할 수 있는 가장 큰 봉사라고 생각하고[120] 창립 때부터 지금까지 중단하지 않고 이 일에 헌신하고 있다. 이러한 지속성은 아카데미의 사전 편찬 사업이 성공을 거두었다는 것을 간접적으로 입증한다고 할 수 있다. 결과적으로 아카데미 프랑세즈의 주요 기능은 사전 편찬에 있다고 해도 과언은 아니다.

3. 사전 편찬의 주요 단계

3.1. 샤플랭의 계획(1637)

아카데미 프랑세즈가 설립되기 오래 전부터 리슐리외는 프랑스를 위해 현대 용법에 맞는 사전이 필요하다는 염원을 가지고 있었다. 1634년 3월 20일 제2차 회의에서 장 샤플랭Jean Chapelain(1595-1674)이 아카데미 프랑세즈(당시는 아직 존재하지 않았음)가 언어를 순화해야하고 무엇보다도 상세한 사전에 의해 용어와 문장들을 규제해야

118 1635년 2월 22일 추기경 리슐리외에 의해 서명된 50개 조항으로 구성된 이 정관은 몇몇 조항을 제외하고는 아직도 유효하다.

119 『아카데미 프랑세즈 사전』 제9판 2권 서문, 2000.

120 『아카데미 프랑세즈 사전』 제3판 서문, 1740.

한다고 제안하였다.[121] 그로부터 7일 뒤인 3월 27일 '사전의 아버지'라 불리는 샤플랭은 그의 동료들로부터 사전의 계획안을 만들어 달라는 요청을 받았다. 그리고 3년이 지난 1637년 12월 14일 미래의 작품에 대한 계획안이 제출되었고 아카데미에 의해 그의 계획안이 채택되었다. 그는 『크루스카 아카데미 사전Vocabolario degli Accademici della Crusca』을 계획안의 모델로 삼았다. 샤플랭의 계획안이 담고 있는 주요 내용은 다음과 같다.[122]

- 이 사전은 단순한 용어들과 공인된 문장들의 보고가 된다.
- 가장 순수하게 우리 언어를 썼던 고인이 된 작가들의 문장과 어법들을 참고문헌과 함께 기록한다.
- 단순어들은 알파벳순으로 배열하고 품사와 성을 표시한다.
- 합성어와 파생어는 관련된 단순어 아래에 배열하고 참고의 편리를 위하여 제2권에서는 모든 낱말들을 알파벳순으로 배열한다.
- 외국인을 위하여 라틴어 번역을 첨부한다.
- 시와 산문의 용어들을 구별한다.
- 고상한 장르의 용어와 하찮고 비속한 용어들을 구별한다.
- 발음을 위해 개음과 폐음 é를 구별한다.
- 전통적인 철자법을 준수한다.
- 언어에 속하지만 더 이상 사용해서는 안 되는 폐용의 단어들은 표시를 한다.
- 바다, 도시, 산과 같은 고유명사는 배제한다.

그의 계획안은 뛰어났으나 문제점도 있었다. 한 예를 들면, 정관 제24조에서 "기술과 학문을 논할 수 있는 언어를 만드는 것"을 아카

121 J.-P. Caput, 1986, p.40.

122 Nina Catach, 1998, p.70-71; Simone Benhamou et al., 1997, p.11-12.

데미 프랑세즈의 주된 기능으로 규정하고 있음에도 이 계획안에서는 전문용어들을 배제하기로 하였다는 점이다. 아카데미는 순화되고 확고히 정립된 용법에 의해 통제된 일반 언어사전을 만든다는 명분으로 이 배척을 정당화하였지만, 전문·학술어의 배제는 사전 준비작업 내내 많은 논쟁을 야기하게 된다.[123]

한편, 샤플랭의 계획안은 실제 사전 편찬 시에는 일부가 수정되었다. 가장 대표적인 것이 용례이다. 샤플랭은 크루스카 아카데미가 했던 것처럼 옛날 작가들의 훌륭한 작품에서 좋은 문장들을 발췌하여 사전에 실을 것을 권장하였고, 이를 위하여 아카데미 회원들은 산문과 시 부문에서 가장 유명한 작품들의 긴 목록을 작성하기 시작하였다. 하지만 곧 작업의 방대함을 깨닫기 시작한 회원들은 1638년 3월 8일부터 사실상 이 작업을 포기하기에 이른다. 사실 이탈리아에는 크루스카 아카데미가 사전 편찬을 시작하기 전 이미 단테와 페트라카, 보카치오와 같은 문호들이 있었고, 이 작가들의 언어는 상당한 권위가 있었다. 하지만 아카데미 프랑세즈가 사전을 계획할 당시 프랑스에는 언어 규범의 모델이 될 만한 권위 있는 작가가 부재한 상태였다. 결국 아카데미 프랑세즈는 크루스카 아카데미가 채택했던 문헌학적 관점을 포기한 대신 언어의 규범적 통제에 유용하다고 판단되는 용례들을 직접 만들기로 결정하였다.[124]

3.2. 보줄라의 작업(1639-1650): A에서 I 항목까지

사전 작업은 1638년에 시작되었다. 하지만 일의 진척은 더디기만

123 Simone Benhamou et al., 1997, p.12.

124 Simone Benhamou et al., 1997, p.11.

했다. 문자 A 항목 하나만 작업하는데도 9개월이나 걸렸다. A가 모음인지, 또 남성 실사인지 토론하는 데만도 5주나 소요됐다고 한다.[125] 작업의 중요성에도 불구하고 아카데미 회원들은 사전 작업에 그리 큰 열정을 보이지 않았다. 작업에 진전이 없자, 샤플랭은 리슐리외의 동의를 얻어 1년에 2,000리브르livres의 연금을 주기로 하고 클로드 파브르 드 보줄라Claude Fabre de Vaugelas(1585-1650)에게 사전 편찬 업무를 맡겼다.[126]

1639년 6월 30일 보줄라와 니콜라 파레Nicolas Faret가 작업을 시작하였다. 하지만 1642년 리슐리외의 죽음과 그 다음해 왕의 죽음은 사전 작업을 또다시 지연시켰다. 사무국장 피에르 세기에Pierre Séguier가 리슐리외의 뒤를 이어 아카데미 프랑세즈의 두 번째 보호자가 됐다. 그는 아카데미 프랑세즈를 자신의 관저에 입주시켰다. 보줄라는 I 항목까지 작업을 진척시키고 1650년 2월 27일 많은 빚을 남긴 채 사망하였다. 이때 그의 재산은 압류되었는데, 사전 원고 노트들까지도 같이 압류되었다. 아카데미는 1651년 5월 17일 샤틀레 판결 이후 압류된 노트들을 되찾게 되지만 이미 원고의 반 정도는 분실된 상태였다.

3.3. 메즈레의 작업(1651-1683): I에서 S 항목까지

보줄라의 사망 이후 사전 편찬 작업은 또다시 제자리걸음만 하고 있었다. 대중들은 공개적으로 사전작업을 비난하기 시작했다. 샤플랭이 사전 편찬 책임을 맡는 것을 거절하자 왕의 사료편찬관인 프랑

125 Jean-Pol Caput, 1986, p.40.
126 Jean-Pol Caput, 1986, p.40.

수아 에튀드 드 메즈레François Etudes de Mézeray(1610-1683)가 1651년 12월 보줄라의 뒤를 이어 사전 편찬의 책임을 맡았다. 그는 1683년 사망하기까지 32년 동안 일에 대한 열정을 가지고 사전을 진척시키는 임무를 완수했다. 그는 자칫 유산될 뻔했던 사전의 구원자였다. 그가 없었더라면 사전은 완성되지 못했을 것이다. 그는 사전에서 다룰 어휘목록을 알파벳순으로 작성하고, 보줄라가 집필한 항목들을 수정하고, 분실된 원고를 복구하고, 어근racine 아래에 합성어와 파생어를 분류하였다.

1672년 아카데미의 보호자인 세기에가 사망하였다. 사전작업은 메즈레의 열정에도 불구하고 집필 작업은 S 항목에, 수정작업은 C 항목에 머물러 있었다.[127] 이렇게 사전 작업이 늦어진 것은 작업 초기의 잦은 이사와 열악한 작업 환경, 리슐리외, 보줄라, 세기에, 샤플랭의 죽음 등과 같은 요인에 기인된 측면도 있었지만, 끊임없는 출석자들의 교체, 그리고 그들의 업무 편성과 책임의 정확한 분담 부재 등에도 있었다고 할 수 있다.[128]

세기에가 사망하자, 루이 14세는 자신이 아카데미 프랑세즈의 후원자임을 선언했다. 부후원자인 콜베르는 1672년 아카데미 프랑세즈를 루브르궁으로 이전시키고 왕립도서관으로부터 많은 도서를 가져다 아카데미 도서관을 설립하고 그 책임을 샤를 페로Charles Perrault에게 맡겼다.

루브르궁으로 거처를 옮긴 아카데미는 모임 일정표를 고정하고, 회의록을 엄격히 관리하기 시작했으며,[129] 콜베르의 명령에 따라 집

127 Jean-Pol Caput, 1986, p.41; Nina Catach, 1998, p.72.

128 Nina Catach, 1998, p.72.

129 1634년에서 1672년까지 38년간의 회의록은 분실되었다.(Nina Catach, 1998,

필 작업에도 속도를 내었다. 일을 빨리 진척시키기 위해 두개의 사무실에서 각각 5-6명이 집필 작업을 하였고, 논의를 필요로 하는 단어들은 회의 전날 서기가 각 항목의 초안을 알파벳순으로 준비하였다. 또한 콜베르는 1673년 1월부터 회의 참석자에게만 배당금을 지불하는 참석배당금제를 시행했다. 회원들은 배당금을 받기 위해서는 정시에 도착해야 했다. 참석자에게는 각기 1에큐écu의 배당금이 지불되었고, 결석자의 몫은 참석자들끼리 나눠가졌다. 퓌르티에르는 배당금을 받는 사람들을 '즈토니에jetonnier'라 불렀는데, 이 제도는 회원들로 하여금 정시에 도착하게 하는 효과를 거두기는 하였으나, 배당금의 분배는 출석자들을 분열시키고 그들에게 사전보다 배당금을 더 중요하게 여기는 부작용을 낳기도 하였다.

한편, 메즈레는 1673년 페로의 요청에 의해 초기 항목 집필에 사용된 매우 다양한 철자를 통일하기 위해 철자 코드에 관한 텍스트를 집필하였는데, 이 텍스트는 이후 사전 집필 때 철자에 관한 지침서 역할을 한다.[130]

1674년에는 루이 13세 때 일부 회원들에게 부여되다 폐지되었던 보초, 경비의 면제 특권이 모든 회원들에게로 확대되었다. 또한 1674년 6월 28일, 루이 14세는 공식 문서로써 아카데미 프랑세즈가 편찬할 사전에 법적 존재를 부여하고 독점권을 승인하였다.

> 짐의 통치가 미치는 모든 곳에서는 인쇄업자와 출판업자가 사전이라는 명목으로든, 사전과 관계된 그 어떤 명목으로든, 아카데미 사전 출판 전이나 아카데미 사전에 특허를 부여한 20년 동안 프랑스어에 관한 새로운 사전을 출판하는 것은 금지된 행위이며, 이를 어길 시에

p.72.)

130 Nina Catach, 1998, p.73.

> 는 15,000리브르의 벌금을 부과하여 1/3은 왕에게, 1/3은 파리 시립 병원Hôtel-Dieu에, 나머지 1/3은 아카데미나 그의 출판업자에게 지불하도록 한다.[131]

이런 왕의 특혜는 아카데미 회원들의 열정을 자극하였다. 1675년 1월, 이들은 일주일에 3일 작업하기로 결정하였고, 1676년에는 3개의 사무실에서 A와 B 항목 작업을 하였다. 하지만 작업의 속도는 여전히 더디었다. 이들은 1677-78년에도 A와 B 항목의 작업을 하고 있었다. 이렇게 작업에 진전이 없었던 것은 이미 마친 작업으로 되돌아가서 끊임없이 다시 시작했기 때문이었다.[132]

사전이 출간되어 나오기를 기다리다 지친 왕과 보호자들은 이미 완성된 것은 즉시 인쇄하라고 요구하였다. 1677년 2월, A 항목의 첫 절지가 조판을 위하여 인쇄업자에게 넘겨졌으나 필립 키놀Philippe Quinault과 그를 추종하는 몇몇 사람들이 어근에 의한 배열을 문제 삼으면서 알파벳순 배열을 채택할 것을 제안하는 바람에, 이들의 제안은 결국 받아들여지지 않았지만 출판은 그만큼 지연되었다.

인쇄는 1678년에 시작되어 1692년까지 계속되었다. 사전의 인쇄는 아카데미의 출판업자인 르 프티Le Petit가 맡았다. 아카데미가 인쇄를 시작한 지 얼마 되지 않은 1680년, 리슐레의 『프랑스어 사전』이 스위스 제네바에서 출판되었다. 프랑스에서는 이미 왕명에 의해 아카데미 프랑세즈의 사전 이외의 프랑스어 사전이 출판되는 것이 금지되었기 때문에, 리슐레의 사전은 스위스에서 출판된 후 프랑스로 유입되어 궁정과 대중 사이에 은밀히 유포되었으며 심지어는 아

131 Jean Pol Caput, 1986, p.41에서 재인용.

132 퓌르티에르에 따르면 항목 Pere에서 Plurier까지 집필하는데 2년 반이나 걸렸다고 한다.(Nina Catach, 1998, p.74.)

카데미에서까지 돌아다녔다. 표제어를 알파벳순으로 배열하고 인용문을 사용하는 등 아카데미 사전과는 다른 방식을 채택한 리슐레의 사전이 큰 성공을 거두자, 아카데미는 자신들의 선택에 대해 염려하지 않을 수 없었다. 1681년 메즈레는 병이 들었고 1683년 7월 10일 사망하였다. 그때까지 아카데미 사전은 M까지 인쇄되어 있었고 초고는 S까지 진전되어 있었다.

3.4. 레니에-데마레(1683-1694): 사전의 완성

문법학자이자 크루스카 아카데미의 회원인 프랑수아-세라펭 레니에-데마레François-Séraphin Régnier-Desmarais(1632-1713)가 메즈레의 뒤를 이어 종신서기와 사전 책임자가 되어 특별히 긴 항목과 어려운 항목을 맡았다. 당시 퓌르티에르와 그의 몇몇 동료와의 대립은 아카데미회원들의 모든 관심을 집중시켰는데 그는 사전을 완성하는 일 외에도 퓌르티에르가 제기한 소송을 종결지어야 할 임무까지 맡아야 했다.[133]

퓌르티에르의 사건은 그의 사전에 대한 특허가 취소되고, 출판이 금지되고 퓌르티에르 자신은 아카데미 프랑세즈 회원 자격이 박탈당하는 것으로 일단락되었다. 이 사건이 마무리되자 아카데미 회원들은 다시 사전 편찬에 관심을 갖기 시작했다. 1686년 N 항목을 인쇄하고, O 항목을 교정하였다. 또 인쇄를 시작한 1678년 이후에 집필된 부분에 대해서도 수정 작업을 했다. 형을 계승한 토마 코르네유와 바르비에 도쿠르Barbier d'Aucour가 1687년 수정과 교정 작업에

133 아카데미 프랑세즈와 퓌르티에르의 논쟁에 대해서는 앞 장 퓌르티에르의 사전 참조.

몰두하였고 그 뒤로 당조Dangeau가 합류하였다. 이들이 수정하고 검토한 원고는 모든 아카데미 회원에 의해 재검토되었는데 그때까지의 원고에서 많은 결핍과 오류가 발견되었다. 모든 것을 다시 시작해야 한다는 요구도 있었으나 그 작업의 과중함으로 인해 이 요구는 거절되었다. 1688년 T 항목을 검토하고 있을 때 샤르팡티에는 사전이 마지막 완성 단계에 도달했다고 선언하였다.[134] 1691년 3차 교정작업이 마침내 끝났다. 아카데미 회원들끼리 업무를 분담하여 재독relecture하기로 결정하였으나 일부 회원들의 무관심으로 인해 이 작업은 곧바로 포기되었다.

한편, 1690년에 네덜란드에서 출판된 퓌르티에르의『보편사전』에 대한 대중들의 반응이 좋아 첫판이 절판되었고, 1692년 재판을 찍을 것이라는 소문이 나돌았다. 이 소식은 아카데미 회원들에게 그들의 사전을 가능한 한 빨리 출판해야 한다는 자극제가 되었다.

1692년 6월, 아카데미 사전 초판의 시연판avant-première édition의 인쇄가 끝났다. 르 프티의 뒤를 이은 쿠아냐르Coignard는 시연판 500부를 찍었다.[135] 그런데 이 시연판에 너무 많은 오류가 발견되자 아카데미는 사전의 신뢰도에 문제가 있다고 판단하고 이 시연판을 취소하기로 결정하였다. 이미 출판된 사전은 판매 금지시키고 더 만족스러운 최종판의 출판을 위해 서둘러 수정작업에 착수하였다. 그리고 2년 후인 1694년 8월 21일, 마침내『아카데미 프랑세즈 사전』초

134 Simone Benhamou et al., 1997, p.20.

135 아카데미 프랑세즈는 쿠아냐르에게 여러 차례에 걸쳐 이 시연판 500부를 인도할 것을 명령했으나 쿠아냐르는 계속 거절하다 마침내 1700년 11월 8일 인도하였다. 14년 동안 루브르에 보관되었던 이 시연판은 1714년 폐기처분되었고 아르스날Arsenal 도서관에 한 부가 남아있다고 한다.(Simone Benhamou et al, 1997, p.20; Nina Catach, 1998, p.75.)

판이 출판되었고, 이 초판은 8월 24일, 루이 14세에게 헌정되었다. 아카데미의 사전 출판 과정을 도표로 요약하면 다음과 같다.

연 도	내 용
1634.03.20	사전출판을 결정
1637.12.14	샤플랭이 사전 계획서 발표
1638	사전작업 시작
1639-1650	보줄라가 사전 편찬 책임자가 됨; A-I까지 작업
1651-1683	메즈레가 사전 편찬 책임을 맡음; I-S까지 작업
1673	참석배당금제 실시
1674	아카데미 사전의 독점권 승인
1678	인쇄 시작
1683-1694	레니에-데마레가 사전 책임을 맡아 사전을 완성함
1692.06	시연판 500부 인쇄, 취소; 최종 수정작업 착수
1694.08.21	아카데미 사전 초판 완성
1694.08.24	루이 14세에게 사전을 헌정

4. 어휘목록

4.1. 표제어 선정과 배제 원칙

아카데미 프랑세즈가 편찬한 사전은 17세기 당시 프랑스어의 실상을 있는 그대로 묘사하는 기술사전이 아니라, 일상 용법과 좋은 용법만을 선정하여 실은 규범사전이다. 이러한 아카데미 사전의 성격은 이 기관의 임무와 잘 부합한다. 아카데미 프랑세즈의 주된 기능이 프랑스어에 일정한 규칙을 부여하여 프랑스어를 순수하고 우아한 언어로 만들고, 프랑스어를 정화하는 것이기 때문이다. 사전 편찬을 통하여 이런 임무를 수행하기 위해서는 회원들은 무엇보다도 어휘목록 선정에 심혈을 기울일 수밖에 없었다.

사전 초판에는 약 19,000여 개의 표제어, 정확히 말하면 18,946개의 표제어가 실려 있다. 이중 5,675개가 주표제어로 13,271개가 주표제어 아래에 부표제어로 등재되어 있다. 알파벳 별로 주표제어와 부표제어 수를 소개하면 아래의 표와 같다.[136]

〈알파벳 별 주표제어와 부표제어 수〉

1권			2권		
알파벳	주표제어 수	부표제어 수	알파벳	주표제어 수	부표제어 수
A	422	739	M	352	1,076
B	378	815	N	76	316
C	747	2,059	O	123	300
D	236	658	P	524	1,872
E	403	730	Q	33	185
F	261	1060	R	266	660
G	265	620	S	368	1,091
H	181	301	T	274	976
I, J	206	442	U, V	142	826
K	0	0	X, Y, Z	20	9
L	212	534			
첨가와 교정	105	2	첨가와 교정	78	0

『아카데미 프랑세즈 사전』의 표제어 규모는 25,000여 개의 표제어를 등재한 리슐레의 『프랑스어 사전』이나 40,000여 개의 표제어를 등재한 퓌르티에르의 『보편사전』과 비교하면 작게 느껴진다. 왜

136 http://www.chass.utoronto.ca/~wulfric/academie/acad1694/94nindex.htm

국가 기관에서 편찬한 사전이 개인들이 편찬한 사전들보다 그 규모가 더 크지 않았을까? 그것은 무엇보다도 앞에서 밝힌 사전의 규범적 성격과 밀접하게 관련된다. 왕에게 바친 헌사에서도 "웅변과 시가 찬사를 보내는 모든 용어들과 문장들의 충실한 모음집"[137]이라고 사전의 성격을 규정한 아카데미는, 교양 있는 신사들이 일상적인 교제에서 사용하고 웅변가와 시인들이 사용하는 공통어에 한정하여 어휘목록을 선정하였다.[138]

아카데미는 담화의 고상함과 우아함에 기여할 수 있는 낱말이나 표현들은 포함하였다. 하지만 이러한 목적에 맞지 않는 고어와 신어에 대해서는 제한적인 태도를 취했다. 또한 아카데미는 교양이 있는 신사들이 그들의 담화에서 사용하기를 꺼려하는 격노의 감정을 표현하는 말이나 미풍양속을 해치는 단어들도 등재하지 않았다. 무엇보다도 아카데미는 전문·학술어를 배제하였다.[139] 이것이 아카데미의 사전이 개인이 편찬한 다른 두 사전보다 표제어가 적은 주된 이유이다. 그런데 아카데미가 모든 전문·학술어를 배제한 것은 아니다. 아카데미는 펜싱이나 매사냥에서 사용되는 용어와 전문·학술어 중 일상어가 되었거나 비유적 방식으로 사용되는 용어들은 등재하였다. 또한 법률 용어나 재정 용어들도 등재하였다.[140] 아카데미는 원칙적으로는 전문·학술어를 배제하였지만, 상류사회 계층에서 즐기는 분야의 전문용어들, 특히 이 용어들이 비유적으로 사용되었을 때는 그것들을 등재하였다.

137 Simone Benhamou et al., 1997, p.23.
138 『아카데미 프랑세즈 사전』 초판 서문, 1694.
139 『아카데미 프랑세즈 사전』 초판 서문, 1694.
140 『아카데미 프랑세즈 사전』 초판 서문, 1694.

전문·학술 분야에 관련하여 아카데미 프랑세즈는 서문의 가장 마지막 부분에서 이들을 위한 별도의 사전을 만들 것임을 밝히고 있다.[141] 아카데미 프랑세즈는 퓌르티에르와는 달리 일반어 용법 사전과 전문어 사전을 분리할 계획을 세웠고 같은 해에 이 두 사전을 별도로 출판하여 이 계획을 구체화했던 것이다. 아카데미 프랑세즈가 사전에 전문어를 등재하지 않았다고 비판하는 사람들이 있는데 이것은 아카데미의 사전 편찬 방침을 잘못 이해한 데서 기인한다고 프뤼보는 지적하였다.[142]

아카데미 프랑세즈의 설립 목적 중의 하나가 "민중의 입에 붙은 저속한 말을 걷어치우는 것"[143]이었고 이 목적에 부합하기 위해 아카데미는 궁중에서 사용하는 용어들과 교양 있는 신사들이 사용하는 공용어를 우선적으로 등재하였다. 그런데 어휘목록과 관련하여 한 가지 특이할만한 것은 이 사전에 많은 속담들이 등재되어 있다는 것이다. 사실 속담은 신사들이 일상적으로 사용하는 좋은 용법에 속하지 않는다. 그렇다면 왜 아카데미는 편찬 목적에 어긋날 수 있는 속담들을 사전에 실었을까? 아카데미는 그 이유를 다음과 같이 서문에 밝히고 있다.

---

141 별도의 사전 편찬은 피에르 코르네유의 동생인 토마 코르네유에게 맡겨졌는데 이 사전은 아카데미 사전이 출판된 같은 해에 2권으로 출판되었다. 사전의 제목 『기술과 과학 사전Le Dictionnaire des Arts et des Sciences』만으로는 이 사전과 『아카데미 프랑세즈 사전』과의 연관성을 짐작하기 어렵지만, 서문에서 코르네유는 그의 사전이 "일종의 아카데미 사전의 보유판sorte de supplément à l'ouvrage de l'Académie"이라고 분명하게 밝히고 있다.(Barbara von Gemmingen, 1998, p.155.)

142 Jean Pruvost, 2002, p.38.

143 Alise Lehmann, 1998, p.166.

> 속담들은 모든 언어에서 일반적으로 교훈을 담고 있는 도덕 격언으로 간주된다. 하지만 민중의 입에서 타락하고 구어체에서만 사용되는 것들도 있다. 그렇기는 하지만 속담들이 언어의 중요한 부분이기 때문에 우리는 속담들과 속담풍의 말투들을 모으는 데 신경을 썼다.

비록 민중의 입에서 저속하게 사용되고 또 구어체에서만 사용된다 해도 이 속담이 언어의 막대한 부분을 차지하여 언어의 중요한 일부를 이루기 때문에 등재한다는 것이다. 이 대목은 우리가 보통 생각하는 것과는 달리 아카데미 프랑세즈가 어휘목록을 선정하는 데 있어 순수주의적인 관점만 고려한 것이 아니라 언어학적인 관점도 고려했다는 것을 잘 보여준다.

4.2. 어휘목록 배열

아카데미 프랑세즈는 사전 초판에서 어휘목록을 어근별로 배열하는 방식을 택하였다. 이것은 기본 단어mot primitif를 주표제어로 삼고 그 아래에 파생어와 합성어들을 부표제어로 배열하는 방식이다. 하지만 다음과 같은 두 가지 경우에는 예외를 적용해 별도로 처리하였다.

- 같은 라틴어 뿌리에서 나왔지만 프랑스어에서 매우 다른 분파branche를 이룬 경우
- 라틴어 기본어가 프랑스어에서 기본어를 형성하지 못해서 그 결과 파생어와 합성어가 어느 정도 서로 독립적인 경우

『아카데미 프랑세즈 사전』은 이미 언급한 것처럼 5,675개의 주표제어 아래에 13,271개의 부표제어를 배열하고 있다. 합성어와 파생

어 배열에 있어서는 먼저 파생어를 놓고 다음에 합성어를 배치하고 있다.

어근에 의한 분류는 아카데미가 처음으로 이용한 것은 아니다. 이미 로베르 에티엔, 장 니코 등이 먼저 이 방식을 이용하였다. 하지만 어근에 의한 분류 방식은 같아도 아카데미의 방식은 이들의 방식과는 차이가 난다. 이들이 어원적 연관성을 중요시한데 반해 아카데미 회원들은 어원적 연관성보다는 형태들의 유추·파생적 연관성을 더 강조했기 때문이다.[144]

표제어 배열 방식은 사전 편찬 과정 내내 많은 논쟁을 야기했다. 1678년 당시 아카데미 프랑세즈 회장인 필립 키놀(1635-1688)은 퓌르티에르와 리슐레의 예를 따라 알파벳순 배열을 채택할 것을 요청하였지만 그의 제안은 받아들여지지 않았다. 어근에 의한 분류가 언어의 풍부함을 더 잘 보여줄 수 있다는 것이 거절의 이유였다.[145] 사전의 서문에서도 이와 유사한 논지로 이 방식을 택한 이유를 밝히고 있다.

> 프랑스어에는 기본 단어와 파생어와 합성어가 있으므로 사전을 어근에 따라 배치하는 것이, 즉 파생되고 합성된 모든 단어를 그들의 기원이 되는 기본 단어 뒤에 정렬하는 것이 좋고, 교육적이라고 판단했다.

기본 단어와 형태·의미적으로 긴밀한 관계를 맺고 있는 낱말들을 한 항목에 통합하여 기술하는 이 배열 방식은 낱말의 역사를 반영하고 정의의 반복을 피하게 하는 장점이 있으나 사전 이용자가 찾고자

144 Nina Catach, 1998, p.77.
145 Nina Catach, 1998, p.77.

하는 단어를 쉽게 찾을 수 없다는 단점이 있다. 예를 들어 주표제어 TENIR(잡다) 아래에는 70개가 넘는 하위표제어가 배치되어 있는데 어느 이용자가 Continence(절제), Incontinence(무절제), Detention(소지)의 뜻을 찾기 위해 Contenir(억제하다)를 참조할 수 있겠는가?

이러한 어근별 배열 방식은 낱말들의 계보에 관심 있는 독자들에게는 매력적인 방식이지만 보통의 이용자들에게는 사전 참고가 어려운 매우 불편한 방식이다. 이 참고의 어려움 때문에 아카데미는 많은 비난을 받아야 했다. 결국 아카데미 프랑세즈는 1718년 제2판 출판 때부터 어근에 의한 배열 방식을 포기하고 낱말 찾기가 간단하고 편한 알파벳순 배열 방식을 채택하게 된다.

5. 용례

아카데미 프랑세즈는 뜻풀이 다음에 이 뜻풀이를 뒷받침하는 용례를 보였다. 하지만 앞에 언급한 것처럼 인용문을 용례로 삼지 않지 않고 직접 용례를 만들었다. 당시의 가장 유명한 웅변가와 시인들이 사전 편찬 작업에 참여했는데 그들의 정서를 고려하지 않을 수 없었다는 것이 인용문을 싣지 않은 주된 이유였다.[146] 언어에 있어서 최고의 권위를 가지고 있는 기관이 만든 사전에 회원들의 작품을 인용할 수도 없고, 그렇다고 회원이 아닌 당시 작가들, 결과적으로 회원보다 못한 사람들의 작품을 인용하는 것은 회원들이 받아들이기 어려웠다.

146 『아카데미 프랑세즈 사전』 초판 서문, 1694.

인용을 하지 않은 이유가 무엇이든 간에 용례에 관한 아카데미의 선택은 시대의 흐름과는 맞지 않았다. 아카데미 프랑세즈가 모델로 삼았던 크루스카 아카데미는 인용문을 용례로 채택하였고 리슐레와 퓌르티에르도 작가들을 인용하여 성공을 거두었기 때문이다. 하지만 이러한 선택은 결과적으로 『아카데미 프랑세즈 사전』의 가장 큰 특징으로 기억되고, 일부 긍정적인 평가도 받게 된다.

독일의 사전학자 하우스만Hausmann은 아카데미 프랑세즈가 회원들이나 그보다 못한 비회원들의 작품을 인용하지는 않았다 해도 문학적인 격조가 있는 문장들을 사전의 용례로 채울 수 있었는데, 그렇게 하지 않고 이전에 출판된 사전에서 수집한 민중의 관용어법들로 사전을 채움으로써 가장 문학적인 사전이 될 줄 알았던 사전이 가장 비문학적인 사전이 되었다고 비판하였다. 그러면서도 하우스만은 아카데미가 인용문을 싣지 않고 많은 일상적인 관용표현을 실은 것은 프랑스인들을 실망시키고 비판받은 주요 이유가 되었지만, 이것이 프랑스 이외의 국가에서는 장점이 되기도 하였다고 평가하였다.[147] 외국어의 습득에는 문학적인 인용문보다는 일상적 관용표현이 더 유용하다는 이유에서였다. 실제로 18세기 독일에서는 많은 프랑스어-독일어 사전들이 주요 원천으로 『아카데미 프랑세즈 사전』을 이용하였을 뿐만 아니라 프랑스어를 출발어로 하는 다른 이개어 사전들, 예를 들면, 프랑스어-영어사전, 프랑스어-스페인어 사전, 프랑스어-이탈리아어 사전 등에도 이 사전이 활용되었다고 한다.[148]

147 Franz Josef Hausmann, 1998, p.134-135.
148 Franz Josef Hausmann, 1998, p.137.

6. 맺음말

세계 사전 편찬의 역사에서 그 유래를 찾아보기 힘든 오랜 전통과 역사를 지닌 『아카데미 프랑세즈 사전』의 출발점이자 차후의 모든 개정판의 기본적인 모델이 되는 초판은 처음 계획에서부터 출판까지 무려 57년이나 걸렸고, 이러한 더딘 작업은 많은 비난과 조롱거리가 되기도 했다. 작업이 더디었던 이유로는 작업 초기 회원들의 사전 작업에 대한 열의 부족, 사전 책임자였던 보줄라의 죽음과 그때까지 집필 되었던 원고의 압류와 분실, 그리고 퓌르티에르 사건 등과 같은 사전 외적인 요인도 있었지만, A가 모음인지 또는 남성 실사인지를 논의하는 데 5주나 걸렸다는 데서 알 수 있듯이 의문 나는 것에 대한 철저한 논쟁과 집필된 원고의 끊임없는 수정 등과 같이 더 나은 사전을 위해 가능한 한 완벽성을 기하고 정확하고 명확하게 기술하려는 회원들의 집념도 한 몫 했음을 기억할 필요가 있다.

한편, 퓌르티에르 사건은 아카데미 회원들을 소송에 매달리게 함으로써 사전 작업을 지연시키기도 했지만 이 소송은 아카데미와 퓌르티에르 사이에 사전학적 논쟁을 불러일으켰고, 퓌르티에르의 비판은 아카데미가 사전을 발전시키는 데 많은 도움이 됐다. 모든 과학과 마찬가지로 사전 편찬 역시 뜨거운 논쟁을 통해 발전한다는 것을 알 수 있다.

『아카데미 프랑세즈 사전』은 좋은 용법만을 선별하여 기술한 규범사전이다. 19,000여 개의 어휘목록을 실은 초판은 사전의 성격에 맞지 않는 고어, 신어, 욕설, 전문·학술어 등을 배제하였고 이러한 점 때문에 한편에서 많은 비판을 받았다. 하지만 사전 초판에는 어휘목록의 선정 원칙에 맞지 않는 속된 표현들이 많이 실려 있고 이 때문에 다른 한편으로도 비판을 받았다는 점을 상기할 필요가 있다. 또한, 전문·학술어와 관련해서는 아카데미가 언어사전이 출판되는 해에 별도의 전문 사전을 출판했다는 사실도 고려되어야 할 것이다.

선정된 어휘목록은 어근에 의한 배열 방식으로 배열되었다. 이 방식은 어휘들 간의 형태·의미론적 관계를 잘 보여주기 때문에 어휘 습득에는 많은 도움을 주지만 사전 참고를 어렵게 하는 문제점이 있었다. 또한 이 방식은 아카데미에 앞서 출판되었던 리슐레나 퀴르티에르의 사전과의 경쟁에서 뒤지게 하는 주요 요인이 되었다. 그 결과 아카데미는 제2판에서부터 어근에 의한 배열 방식을 포기하고 알파벳 순서에 의한 배열 방식을 채택하게 된다. 사전의 초판은 사전 편찬가들에게 사전에서 내용 못지않게 참고의 편리성이 얼마나 중요한 요소인가를 일깨워 주었다.

초판의 가장 큰 특징 중의 하나는 모든 용례들이 회원들에 의해 직접 만들어졌다는 것이다. 이 인용문의 부재는 집필 과정부터 많은 논쟁을 불러일으켰고 출판 후에도 많은 비판거리가 되었다. 하지만 하우스만이 평가한 것처럼 『아카데미 프랑세즈 사전』은 파리 대중들의 기대에는 부응하지 못했어도 외국 이용자의 요구에는 완벽하게 부합하여 그들이 외국어로서의 프랑스어를 습득하는 데에는 많은 도움이 되었다. 특히 프랑스어-외국어 사전의 저자들에게 매우 유용한 참고서가 되었다. 아카데미는 뒤에 출판되는 모든 개정판에서까지 인용문 없는 사전을 고집하게 되는데 이 점은 『아카데미 프랑세즈 사전』의 가장 독창적인 특징으로 기억 될 것이다.

V

아카데미 프랑세즈의 사전 수정 작업과 새로운 유형의 사전, 『백과전서』의 탄생

1. 18세기 사전 개관: 옛 사전의 계승과 새로운 사전의 탄생

프랑스 사전 편찬의 역사에서 18세기는 17세기 말에 출판된 사전들의 신판의 출간으로 시작된다. 먼저 작가이자 역사가이며 외교관이었던 쟈크 바나주 드 보발Jacques Basnage de Beauval(1653-1723)에 의해 퓌르티에르의『보편사전』신판이 1701년 네덜란드에서 출간되었다.

이 신판은 "이단적인 내용"으로 인하여 예수회의 격렬한 반발을 불러일으켰고, 트레부의 예수회 사제들은 이교적인 내용이 제거된 새로운 사전 출판 계획을 선언하게 된다. 멘느 공작과 예수회의 도움 덕택으로 출판인 에티엔 가노Estienne Ganeau는 언어사전에 관한 아카데미 프랑세즈의 독점을 교묘히 피해가면서 새로운 보편사전의 출판 허가를 받아냈다. 그리고 1704년『프랑스어와 라틴어 보편사전Dictionnaire universel françois et latin』을 발간하였다. 일반적으로『트레부 사전』이라는 명칭으로 불리는 이 사전은 퓌르티에르와 보발의 작업을 계승하였지만 종교적 논쟁 요소들이 제거되고 일부 프랑스어 낱말들에 라틴어 등가어가 도입된 새로운 사전이다. 퓌르티에르의 사전은 1725년 판을 마지막으로 더 이상 출판되지 않았지만,『트레부 사전』은 1771년 제6판까지 계속 출판된다.[149] 루이르그랑 학교의 도서관 사서인 에티엔 수시에Etienne Souciet(1671-1745) 신부의 책임 하에 출판된 1721년 제2판부터 이 사전은 많은 어휘, 특히 전문용어들을 등재하고 백과 정보를 풍부히 하면서 전문 학술 용어에 관한 18세기 사전들 가운데 가장 완벽하다는 평을 받고 있다.[150]

149 1721년에 제2판, 1732년에 제3판, 1742년에 제4판, 그리고 1752년에 제5판이 출판되었다.

리슐레의 『프랑스어 사전』은 1706년 암스테르담의 장 엘제비르 Jean Elzevir출판사에서 신판이 출간되었다. 이후 리슐레의 사전은 1732년, 1740년 그리고 1759년에도 신판이 출판된다.

한편 아카데미 프랑세즈는 초판이 출간되자마자 사전의 부족함을 인식하고 수정작업에 착수하여 1718년에 제2판을 출간하였다. 현재 제9판을 제작중인 아카데미 프랑세즈는 18세기 한 세기 동안 제2판에서 제5판까지 가장 많은 판을 출판하게 된다.

이와 같이 18세기의 사전들은 이전 세기에 출판된 사전들을 수정 보완하는 성격이 강했다. 하지만 18세기가 이전 세기의 사전들을 계승한 것만은 아니다. 새로운 유형의 사전도 출현하였기 때문이다. 『백과전서 또는 과학, 기술, 공예에 관한 체계적 사전Encyclopédie, ou Dictionnaire raisonné des sicences, des arts et des métiers』(이하 『백과전서』)이 바로 그것이다. 이 대사전이 18세기 후반에 나올 수 있었던 시대적 요인으로는 출판의 급성장과 출판업자들의 기업주로의 부상, 생활 여건의 개선과 이에 따른 사교계 살롱이나 과학 모임들의 활성화 및 다양한 아카데미의 창설 등을 들 수 있다.[151] 본 장에서는 언어사전의 대표 격인 『아카데미 프랑세즈 사전』의 2판부터 5판까지 각 판별 특징과 새로운 유형의 사전인 『백과전서』의 출판 배경과 사전학적 특징 및 의의에 대해 살펴보고자 한다.

150 Jean Pruvost, 2002, p.39; Georges Matoré, 1968, p.94.

151 부길만, 2014, p.64-65.

2. 『아카데미 프랑세즈 사전』의 개정판들

2.1. 제2판(1718)

『아카데미 프랑세즈 사전』 초판이 발간되자 사전을 비판하는 서적들이 익명으로 출판되었다. 비판 내용은 주로 어휘목록 선정에 관한 것이었다. 서문에 제시하고 있는 "담화의 고귀함과 우아함"에 어울리지 않는 속된 표현들이 많이 등재되어 있다거나 반대로 등재되어야 할 단어들이 누락되었다는 것이었다. 사전을 편찬한 아카데미 회원들도 초판의 부족함을 인식하고 있었기 때문에 이들은 1695년 1월부터 수정작업에 착수하였고 이때부터 수정작업은 아카데미 프랑세즈의 주요 업무가 된다.

수정작업은 2개의 부서로 나뉘어 이루어졌다. 프랑수아-세라펭 레니에-데마레, 베르나르 르 부이에 드 퐁트넬, 쟈크 드 투레이 등이 참여한 제1부서는 사전학적 문제를 처리하였다. 프랑수아 샤르팡티에, 샤를 페로, 토마 코르네유 등이 참여한 제2부서는 언어에 관해 의심스러운 것들을 맡았다. 이들은 언어에 관련된 의심스러운 점들은 작가들의 작품을 참조하여 해결하기로 하였다. 1700년 3월 27일 회의가 이를 잘 보여준다. 이 회의에서 당시 가장 훌륭한 작가들이라고 간주되는 말레르브, 발자크, 보줄라, 다블랑쿠르 등의 작품을 검토하여 언어에 대한 의혹을 해결하기로 결정되었다.[152] 리슐레나 퓌르티에르가 그러한 것처럼 아카데미도 프랑세즈 회원들도 작가들의 작품을 언어적 권위에 이용하기로 한 것이다. 하지만 이 두 사람과는 달리 아카데미는 작가들의 권위를 이용하여 언어에 대한 의혹

152 Eugénia Roucher, 1997, p.113.

만 해결할 뿐 인용하지는 않았다. 더군다나 "프랑스어 최고의 작가들에게서 추출한 용례들을 사전에 추가할 권한을 종신서기에게 부여한다."[153]라는 1713년의 종신서기의 업무에 관한 새로운 규약에도 불구하고 아카데미는 인용문 없는 사전을 끝까지 고수한다.

수정작업은 작업 개시 5년만인 1700년 3월에 거의 마무리되었지만 참고의 편리성을 위해 알파벳순 배열을 채택하기로 하면서 출판이 상당히 연기되었다.[154] 초판이 나온 지 24년 만인 1718년 7월 7일 마침내 제2판이 출판되었고 이 판은 섭정에게 헌정되었다. 초판과 같은 원칙하에 출판되었지만 저자들은 서문에서 "옛 판의 신판이 아니라 새로운 사전"이라 할 수 있을 정도로 제2판이 초판과 많이 다르다는 점을 강조하였다.

> 이 두 사전을 비교하고 싶은 사람들은 이 판이 초판과 다르다는 것을 쉽게 알 것이다. 우리는 모든 틀을 바꾸고, 많은 낱말들을 추가하고, 거의 모든 정의를 수정하며 명확히 했다. 따라서 오늘 우리가 대중에게 제공하는 것은 옛 판의 새로운 판이 아니라 오히려 새로운 사전이라고 말할 수 있을 것이다.[155]

서문에 밝힌 대로 제2판은 어휘목록이 풍부해졌다. 사회 변화를 반영하는 falbala(주름 장식), fichu(부인용 세모꼴 숄), ratafia(라타피아), sabler(단숨에 들이키다) 등과 같은 단어들이 추가되었고 전문용어들도 많이 등재되었다. 루쉐의 조사에 따르면 알파벳 I에서만 incessible(양도할 수 없는), imposte(통풍창), imputation(산입) 등과 같은 법률,

153 Eugénia Roucher, 1997, p.119.

154 Eugénia Roucher, 1997, p.118.

155 『아카데미 프랑세즈 사전』 제2판 서문, 1718; Eugénia Roucher, 1997, p.128.

건축, 재정 등과 관련된 82개의 전문용어가 추가되었다.[156] 무엇보다도 초판에서는 언어사전과 전문용어 사전을 별도의 사전으로 분리해서 편찬하여 『기술과 과학 사전Dictionnaire des Arts et des Sciences』(1694)에 등재되었던 단어들이 제2판에 등재된 것이 풍요의 원천이 되었다. 또한 서문에 밝힌 대로 일부 단어들의 정의가 더 명확해졌다. 하지만 어휘목록의 증가와 뜻풀이의 수정만으로 저자들이 이 판을 "새로운 사전"으로 간주하기에는 어려웠을 것이다. 이들이 이렇게 주장한 데에는 무엇보다도 표제어 배열 방식의 변화에 있다고 본다. 초판에서는 어근에 의한 배열 방식이 채택되었는데 이 방식은 이용자들에게 찾고자 하는 단어를 쉽게 참고할 수 없게 하였고 또 다른 사전들과의 경쟁에서도 뒤지게 하는 주요 원인으로 작용하였다. 결국 아카데미는 초판에서 가장 혁신적인 것으로 평가받았던 어근에 의한 배열을 포기하고 알파벳순 배열 방식을 채택했다. 따라서 이러한 배열 방식의 차이와 그에 따른 사전 내용의 새로운 배치는 독자들의 눈에 새로운 사전으로 비춰지기에 충분했을 것이다.

2.2. 제3판(1740)

"대중에게 제공할 수 있는 가장 큰 봉사는 프랑스어 사전을 제작하고 완전하게 하는 것"[157]이라고 자신의 역할을 규정한 아카데미 프랑세즈가 새로운 판을 준비하는 것은 너무나 당연했다. 제3판의 편찬 작업은 피에르-조셉 툴리에 돌리베Pierre-Joseph Thoulier d'Olivet(1682-1768)가 책임을 맡아 진행하였다. 1682년 프랑슈콩테의 살렝

156 Eugénia Roucher, 1997, p.119.

157 『아카데미 프랑세즈 사전』 제3판 서문, 1740; Susan Baddeley et Liselotte Biedermann-Pasques, 1997, p.165.

에서 태어난 그는 1723년에 아카데미 회원으로 선출되었다. 아카데미 회원인 장-폴 비뇽Jean-Paul Bignon 신부에게 보낸 1727년 7월 24일자 편지에서 그는 “현재 상태의 아카데미 사전은 아무런 가치가 없으며, 지금까지의 작업 방식을 바꾸지 않는다면 백년을 작업한다 해도 결코 더 나은 사전을 만들 수 없을 것이다.”[158]라고 하면서 아카데미 프랑세즈의 사전 편찬 작업 방식을 비판하였다. 작가들의 작품에서 추출한 인용문이 없는 사전은 아무런 가치가 없다고 생각한 그는 에티엔의 사전, 이탈리아의 크루스카 아카데미 사전과 에스파냐의 마드리드 아카데미 사전 등을 사전의 완벽한 모델로 소개하였다.[159]

하지만 돌리베의 개인적 소신에도 불구하고 제3판에서도 인용문 용례는 채택되지 않았다. 이것은 아카데미 프랑세즈의 작업 방식에 기인한 측면이 크다. 아카데미 프랑세즈는 1727년 9월 1일 회의에서 신판의 사전 작업 시 그 이전 판에 수정과 변화를 주기위해서는 회원 2/3의 표를 얻어야 하고, 새로운 것을 추가하기 위해서는 과반수의 찬성이면 된다고 결정한 바 있다.[160] 새로운 항목의 추가보다도 기존의 사전 내용 수정을 더 까다롭게 한 이러한 결정은 아카데미 프랑세즈 사전의 보수성을 잘 설명해 준다. 언어에 관한 한 최고의 권위 기관에 소속된 아카데미 프랑세즈 회원들은 다른 작가들의 인용문에 근거하여 용법을 기술하고 예증하는 것이 아니라 자신들의 권위에 근거하여 언어의 용법을 고정하고자 하는 원칙을 포기하지 않았다.

---

158 Susan Baddeley et Liselotte Biedermann-Pasques, 1997, p.148.
159 Susan Baddeley et Liselotte Biedermann-Pasques, 1997, p.148.
160 Susan Baddeley et Liselotte Biedermann-Pasques, 1997, p.150.

일부 항목의 수정과 새로운 낱말의 추가에도 제3판은 제2판과 기본적인 선택에 있어서 같았다. 다만 한 분야에서는 이전 판과 확연히 구별되었다. 그것은 바로 철자법이다. 돌리베는 그의 전임자인 레니에-데마레의 작업을 공개적으로 비판하면서 초판과 제2판 사전의 철자를 옛 철자법orthographe ancienne이라고 평가하였다.[161] 단어의 어원을 보여주기 위해 옛 철자법을 고수했던 앞의 두 판과 달리 제3판은 새로운 철자법을 채택하였다. 제3판에서 도입한 철자법은 다음과 같다.

- 무음 s 대신에 폐음 [e]를 표시하기 위한 악상 테귀의 도입 : estoit → étoit
- 개음 [ɛ]를 표시하기 위한 악상 그라브의 도입 : aprés → après; succez → succès; colere → colère; these → thèse
- 철자 제거의 결과 장모음을 표시하기 위한 악상 시르콩플렉스의 도입[162] : estre → être; honneste → honnête; soustenu → soûtenu
- 모음중복이 악상 시르콩플렉스에 의해 표시됨으로써 제거됨 : baailler → bâiller; meur → mûr; seur → sûr
- 묵음 자음 제거 : obmettre → omettre; adjouster → ajoûter
- 음색의 변화가 없는 y를 ï로 대체 : ayeul → aïeul
- 일부 그리스문자의 제거 : autheur → auteur; thresor → trésor

철자의 변화로 일부 표제어의 위치도 바뀌게 되었다. 예를 들어, 1718년 판에서 neantmoins은 neant 다음에 위치하였으나, 1740년 판에서는 묵음 자음의 탈락으로 néanmoins으로 표기되어 néant 앞에

161 Susan Baddeley et Liselotte Biedermann-Pasques, 1997, p.163.

162 악상 시르콩플렉스는 goutte/goûte, tette/tête 등과 같이 동형어 구별에 체계적으로 이용되었다.

위치하였다. 돌리베의 노력에 의해 새롭게 채택된 악상 체계와 불필요한 묵음의 제거는 기존의 사전학적 전통과 결별하면서 제3판의 가장 혁신적인 특징으로 간주된다. 또한 새로운 철자법의 도입으로 아카데미 프랑세즈는 철자법에 관한한 어느 정도 보수적인 태도에서 벗어난 듯하였다.

2.3. 제4판(1762)

구체제 하에서 출판된 마지막 사전이 된 제4판은 1747년에 아카데미 회원이 된 샤를 피노 뒤클로Charles Pinot Duclos(1704-1772)에 의해 주도되었다. 사전의 기본적인 편집 방향은 이전 판들과 다르지 않았다. 용례는 여전히 회원들에 의해 만들어졌고, 표제어는 공통언어에 한정하여 선정한다는 원칙도 고수되었다.[163] 하지만 이러한 표제어 선정 원칙에도 불구하고 전문용어들은 눈에 띄게 증가하였다. 뒤클로는 서문에서 전문용어들을 등재할 수밖에 없는 이유를 다음과 같이 설명한다.

> 전에는 소수만 알던 많은 용어들이 공통어가 되었다. 오늘날 거의 일반 용법이 된 낱말들을 우리 사전에 등재하지 않는 것을 이성적이라 할 수 있을까? 그래서 우리는 과학과 기술 기본 용어들, 그리고 심지어는 직업 용어들까지도 이 신판에 받아들여야 한다고 확신하게 되었다.[164]

뒤클로는 전문 영역이나 전문가들 사이에 한정되어 쓰이던 용어

163 『아카데미 프랑세즈 사전』 제4판 서문, 1762; Michel Dessaint, 1997, p.195-196.
164 『아카데미 프랑세즈 사전』 제4판 서문, 1762; Michel Dessaint, 1997, p.196.

들이 일반적인 용법이 되면 등재하지 않을 이유가 없다고 보았다. 전문용어가 일반 용법의 낱말이 되었는지 여부는 이 용어들이 문인과 사교계의 인사들이 보는 전문 도서가 아닌 일반 서적들에서 발견되는가가 중요한 기준이 되었던 것 같다.[165] 하지만 제4판에는 이 기준을 충족시키지 않는 많은 전문용어들도 대규모로 등재되었다고 타스케는 지적하였다.[166] 어찌 되었든 과학과 기술, 공예 관련 용어들을 사전에 대규모로 허용함으로써 제4판은 이전 판들에 비해 어휘목록 증가가 두드러졌다. 고엥에 의하면 제4판과 제5판에 총 7,104개의 낱말이 새로 등재되었는데 그중 제4판에 5,217개 그리고 제5판에 1,887개가 실렸다.[167] 제4판이 뒤에 출간되는 제5판보다 약 3배 정도 더 많은 신조어를 등재하고 있다는 것을 알 수 있다. 이처럼 제4판에서 전문어의 증가가 두드러진 것은 아마도 1751년부터 출간되기 시작한 디드로와 달랑베르[168]의 『백과전서』가 아카데미 프랑세즈의 사전 편찬 작업에 영향을 끼친 것으로 여겨진다.

철자법 부문에서 몇 가지 중요한 혁신이 이루어졌다. 먼저 모음 I와 자음 J, 모음 U와 자음 V가 분리되었다. 이로써 프랑스어 철자는 23개에서 25개로 늘어났다.[169] 복수를 표시하는 어미 ez가 és로 대체

165 Michel Dessaint, 1997, p.196.

166 Liliane Tasker, 1997, p.240.

167 Ferdinand Gohin, *Les transformations de la langue française pendant la deuxième moitié du XVIIIe siècle (1740-1789)*, 1903, Paris, Berlin; Liliane Tasker, 1997, p.239 참조.

168 달랑베르는 1754년 아카데미회원으로 선출되나 제4판 편찬에는 참여하지 못하였다. 그는 뒤클로의 뒤를 이어 1772년 종신서기로 선출되면서 제5판 작업부터 아카데미 프랑세즈 사전 편찬에 참여하게 된다.

169 이후 외래어, 특히 독일어를 표기하여 위하여 W가 X, Y, Z 앞에 23번째 문자로 사용됨으로써 26개 문자가 된다.(Michel Dessaint, 1997, p.206.)

되었으며(amitiez → amitiés) 일부 단어에서 제3판에서 철자 제거의 결과 장모음을 표시하기 위해 도입하였던 악상 시르콩플렉스가 탈락되었다(soûtenu → soutenu; ajoûter → ajouter). 또한 Moyen처럼 이중 I로 사용되거나 Physique, Synode 등과 같이 어원의 흔적을 보존하는 데에 사용되는 경우를 제외하고 철자 y은 i로 대체되었다. 그 결과 Foy, Loy, Roy 등이 각각 Foi, Loi, Roi 등으로 바뀌었다. 하지만 아카데미는 이런 철자의 수정에 일관성이 결여되었음을 스스로 서문에 밝히고 있다. 아카데미는 그 이유를 "가장 일반적인 용법이 그것을 허락하지 않기 때문"이라고 하였다.[170] 원칙적으로는 수정을 해야 하지만 관습에 의해 굳어진 것은 어쩔 수 없었다는 것이다. 언어에 있어 이성raison보다 관습이 더 중요하다는 것을 보여준다.

2.4. 제5판(1798)

제5판은 장 르 롱 달랑베르Jean Le Rond d'Alembert와 장-프랑수아 마르몽텔Jean-François Marmontel(1723-1799)에 의해 준비되었는데 이전의 다른 판들에 비해 많은 곡절을 겪게 된다. 먼저 1778년 2월 10일 페르네에서 파리로 돌아온 볼테르가 5월 7일 아카데미 프랑세즈에 새로운 사전 편찬 계획을 제안하였다. 이 계획안의 핵심은 사전에 어원 정보를 싣고 용례는 인용문을 원칙으로 하는 것이었다. "인용문이 없는 사전은 해골과 같다"라고 말한 볼테르가 작성 용례가 아닌 인용문을 용례로 삼자고 한 것은 너무 당연해 보였다. 그럼에도 이 새로운 사전 계획은 아카데미 프랑세즈가 지금까지 고수해온

170 "l'usage le plus commun ne nous permettoit pas de la supprimer"(Michel Dessaint, 1997, p.202.)

사전 편집 원칙과는 크게 달랐기 때문에 적잖은 파장이 예상되었다. 하지만 볼테르가 계획을 제안한 지 23일 만에 세상을 뜨면서 그의 계획은 실현되지 못한다. 볼테르의 새로운 사전 계획안이 기존의 아카데미 사전 편찬을 위협하는 요소이긴 하였지만 그래도 그것은 사전의 편집원칙과 관련된 문제였다. 사전 편찬 자체를 위협하는 더 큰 문제가 기다리고 있었다. 그것은 다름 아닌 프랑스 대혁명이다.

대혁명이 있고 4년이 되는 1793년 8월 8일, 아카데미 프랑세즈는 국민의회에 의해 다른 아카데미들과 더불어 폐지되었다. 사전 출판을 주목적으로 하는 아카데미 프랑세즈의 폐지는 곧 사전의 종말을 의미했다. 하지만 다행히도 아카데미 프랑세즈 사전의 중요성을 인식한 국민의회에 의해 출판이 다시 허락되었고, 1798년 제5판이 출간되었다.

사전 출판 작업은 1774년에 아카데미 회원으로 선출되었던 장-바티스트 앙투안 쉬아르Jean-Baptiste Antoine Suard(1732-1817)가 책임을 맡았다. 하지만 제5판의 「머리말discours préliminaire」은 아카데미 회원이 아닌 도미니크 조셉 가라Dominique Joseph Garat가 작성하였다. 콩디악의 제자로 혁명 의회 시절 법무부장관(1792)과 내부부장관(1793) 등을 역임한 가라는 1795년 국민의회에 의해 창설된 프랑스 학사원Institut de France의 회원이 되었다. 이 학사원 내에는 물리와 수학 아카데미, 문학과 조형예술 아카데미, 도덕·정치과학 아카데미 등 3개의 아카데미가 있었는데,[171] 가라는 도덕·정치과학 아카데미의 회원 자격으로 학사원 회원이 되었다. 그는 아카데미 프랑세즈와는 아

---

171 현재 프랑스 학사원은 아카데미 프랑세즈, 금석학·문학 아카데미, 과학 아카데미, 미술 아카데미, 도덕·정치과학 아카데미 등 5개의 주요 아카데미로 구성되어 있다.

무 관련이 없는 인물이었다.[172]

폐지되었던 아카데미 프랑세즈 기능은 1803년에 회복되었다. 아카데미 프랑세즈가 폐지된 1793년부터 그 본래의 기능을 회복한 때까지 10년이란 시간적 간격 때문에 19세기 동안 일부 아카데미 회원들과 사전학자들은 제5판을 아카데미 프랑세즈 사전으로 인정하는 것을 거부하기도 했다. 예를 들어, 피에르 라루스는 1866년 그의 사전 『19세기 보편대사전Grand Dictionnaire Universel du XIXe siècle』(15권, 1866-1876)의 서문에서 1762년 아카데미 사전의 직속 후계는 1835년 사전뿐이라고 단호하게 선언하였다.[173] 하지만 비록 제5판의 「머리말」이 아카데미와 관련이 없는 정치인에 의해 작성되고 아카데미 프랑세즈가 폐지된 기간에 출판되었다 해도 이 판도 아카데미 회원들의 사전이라 할 수 있다. 기본적으로 구체제 하의 아카데미 회원들에 의해 준비되고 수정되었기 때문이다. 우여곡절 끝에 제5판은 1878년 제7판이 출판되면서 공식적으로 인정받게 된다. 실베스트르 드 사시Silvestre de Sacy가 1877년 5월 22일 회의에서 제7판의 서두에 지금까지 출판된 『아카데미 프랑세즈 사전』의 서문들을 실을 것을 제안하여 이 안이 채택되었는데,[174] 아카데미는 혁명으로 탄생한 제5판 서문도 실음으로써 공식적으로 이 판을 아카데미 사전으로 인정하고 있음을 공표했다.

제5판이 이전 판과 두드러지게 다른 점이 있다면, 1762년판에 도입된 전문 학술어 중에서 일상어가 되지 않았는데도 등재되었던 화학, 의학, 자연사 등과 관련된 많은 전문용어들이 삭제되었다는

172 Liliane Tasker, 1997, p.221.

173 Liliane Tasker, 1997, p.301.

174 Jean Pruvost, 1997, p.382.

점이다. 의학용어의 예를 보면 apepsie(소화불량), duplicature(중복막), perspiration(발한), turgescence(종창) 등이 새판에서 삭제되었다.[175] 아카데미 회원들이 신조어와 전문용어의 등재에 대해 신중을 기하면서 본래의 등재 원칙에 충실하려고 했다는 것을 알 수 있다.

이와 더불어 제5판의 가장 큰 특징은 이 사전이 혁명 정부 시절에 출판되면서 대혁명의 흔적을 잘 간직하게 되었다는 점일 것이다. 이것은 다른 판들과 가장 크게 차이가 나는 점이기도 하다. 제2권 765쪽에서 776쪽에 걸쳐 「혁명 이후 사용된 새로운 낱말들Les mots nouveaux en usage depuis la Révolution」이라는 제목의 12쪽 분량의 부록이 추가되었는데 이 부록에는 약 330개의 낱말이 등재되어 있다. 사전의 본문에 이미 등재되어 있지만 혁명 이후 새로운 "혁명적 의미sens révolutionnaire"가 추가되었거나 또는 의미가 바뀐 낱말들에는 별표(*)를 붙여 완전히 새로운 낱말들과 구별하였다. 이 부록에는 Ecoles Normales(사범학교), Primaires(초등의), Ecole Polytechnique(파리이공대학), gendarmerie nationale(국가 헌병대) 등과 같이 혁명으로 새롭게 태어난 기관이나 제도와 관련된 낱말들이 대부분을 차지하고 있다. 이러한 낱말들이 사전에 등재되는 것은 당연해 보인다. 그레구아르 신부는 1794년 6월 4일 국민의회에 제출한 「방언 소멸과 프랑스어 사용 보편화 필요성 및 방안에 관한 보고서Rapport sur la nécessité et les moyens d'anéantir les patois et d'universaliser l'usage de la langue française」에서 "이미 혁명은 많은 낱말들을 모든 도에 전파시켰고 이곳에서 이 낱말들은 거의 보편적으로 알려져 있다."[176]라고 말한 바 있는데 모두에게 알려진 낱말들을 등재하는 것은 아카데미 사전 편

175 Liliane Tasker, 1997, p.241. 참조.

176 Liliane Tasker, 1997, p.247에서 재인용.

집의 원칙과도 잘 부합하기 때문이다.

하지만 enragé(과격파), marais(온건파), motionner(발의하다), révolutionner(혁명을 일으키다), sans-culotte(과격 공화파), sans-culottide(공화 축제일) 등과 같은 일종의 혁명 은어들은 아카데미의 등재 원칙과는 맞지 않는 것들이었다. 이에 대해 대혁명이 일어나기 4년 전에 아카데미 회원이 되었던 앙드레 모렐레André Morellet 신부는 "일시적으로만 존재한 일종의 혁명의 은어인 야만적이고 저속한 용어 또는 혁명 정부의 광기와 범죄를 표현하는 용어들로 프랑스어 사전을 더럽힐 수 없다"라며 분노를 표출하기도 하였다.[177]

이러한 사전 내용에 대한 불만에도 불구하고 아카데미 프랑세즈 사전은 프랑스에서 뿐만 아니라 유럽의 국가들에서조차 "프랑스어의 용법과 규칙을 신뢰하고 찾을 수 있는 유일한 사전"으로 간주되었다.[178]

3. 『백과전서』

3.1. 출판 과정

3.1.1. 발간 계기

제작기간이 20년이 넘고 7만 개가 넘는 항목과 약 3천 개의 도판(2,885개)으로 구성된 대 『백과전서』의 시작은 미약하였다. 이 대작은 1728년 영국에서 출간된 이프레임 체임버스Ephraïm Chambers의

177 Liliane Tasker, 1997, p.251에서 재인용.

178 Joseph Dominique Garat, 『아카데미 프랑세즈 사전』 제5판 서문, 1798.

『백과사전 또는 기술과 과학의 보편사전Cyclopaedia, or an universal dictionary of arts and sciences』(2절판, 2권)이 큰 성공을 거두자 이를 프랑스어로 번역 출판하려는 출판인 앙드레 르 브르통의 계획에서 시작되었다.

1745년 1월에 파리에 살고 있던 독일인 고트프리트 셀리우스가 챔임버스의 『사이클로피디아Cyclopaedia』를 프랑스어로 번역해 볼 것을 르 브르통에게 제안하였다. 그러면서 공동번역자로 영국인 존 밀을 추천하였다. 한 해 전 동업자인 브래송, 다비드, 뒤랑과 함께 로버트 제임스Robert James의 『의학 사전Medicinal Dictionary』(1743-1745, 3권)을 2절판 6권 예정으로 번역 출판 사업에 착수했던 르 브르통에게 체임버스의 사전 두 권을 번역하는 것은 그렇게 큰 일로 보이지 않았다. 같은 해 2월에 그는 셀리우스, 밀과 계약을 체결하고 『사이클로피디아』를 수정 증보하여 텍스트 4권과 도판 1권으로 출판하기로 합의하였다. 그리고 1745년 3월 26일 르 브르통은 『과학과 기술의 보편사전Dictionnaire universel des Arts et des Sciences』의 인쇄와 출판에 대한 허가를 받았다.

하지만 같은 해 8월, 불화로 세 사람의 결합이 깨졌고 계약과 출판에 관한 허가도 취소되었다. 이에 르 브르통은 제임스 사전의 출판 동업자들과 조합을 결성하여 사업을 새로 시작하게 된다. 르 브르통은 출판에 드는 경비의 절반을 부담하고 이익도 절반을 갖기로 동업자들과 합의하고 1746년 1월에 출판 허가를 다시 받았다. 이 허가서에는 체임버스와 해리스의 영어 사전을 번역하고 추가하는 것으로 되어 있다.[179] 그리고 3월부터 본격적인 사업이 시작되었다.

179 Jacques Proust, 1965, p.48.

3.1.2. 사업의 시작과 사전 구매 신청

편집 책임은 과학 아카데미 회원이자 콜레즈 드 프랑스 교수인 가드 말브Gua De Malves 신부가 맡았다. 드니 디드로Denis Diderot(1713-1784)와 장 르 롱 달랑베르Jean Le Rond d'Alembert(1717-1783)가 정확히 언제부터 이 사업에 참여했는지는 알 수 없다. 다만 달랑베르가 1745년 12월, 디드로는 1746년 2월 정도부터 참여한 것으로 추정된다.[180] 하지만 이들이 초기에는 주요 역할을 맡지 못한 것으로 보인다. 그런데 말브 신부가 사업을 시작한 지 1년 여 만에 편집장을 그만 두게 되게 되면서 이 자리를 달랑베르와 디드로가 맡게 된다. 이때가 1747년 10월이다. 그로부터 6개월 뒤인 1748년 4월에 새로운 출판 허가를 받았다. 이 허가서에는 체임버스, 해리스뿐만 아니라 디체Dyche와 다른 사람들의 사전까지 번역하고 증보하는 것으로 되어 있다.[181] 초기의 계획이 확대된 것이다. 이러한 계획의 변화가 누구에 의해 주도되었는지는 정확히 알려져 있지 않다. 다만 디드로와 달랑베르가 주도자가 아니었을까 추정될 뿐이다.

1748년부터 1750년까지 디드로와 달랑베르는 번역한 것을 모으고, 미비한 것은 다시하면서 새로운 정보들과 참고서, 그림, 판화 등을 모으는 데 전념했다.[182] 작업이 어느 정도 진척되자 1750년 11월부터 디드로가 작성한 간행의 목적과 계획을 소개하는 『취지서Prospectus』가 배포되었다. 이 취지서에서 편집자들은 8권의 텍스트와

---

180 Jacques Proust, 1965, p.48.

181 Jacques Proust, 1965, p.49.

182 디드로는 1749년 신의 존재를 부정하고 유물론의 시각으로 세계를 설명하려 한 『맹인에 관한 서한』 출간으로 뱅센 감옥에 100일 정도 수감되기도 하였다.

2권의 도판을 총 280리브르에 1754년 말까지 제공할 것을 약속하고 있다.[183] 하지만 디드로는 작품을 20년 뒤에 완성하게 되고, 예고했던 것보다 3배가 넘는 28권을 출판하게 된다. 만약 대중들이 처음부터 작품이 17권의 텍스트와 11권의 도판으로 이루어져 있고 마지막 권이 1772년에 출판된다는 것을 알았더라면 아마도 사전 편찬의 시도 자체가 불가능 했을지도 모른다.

『취지서』가 배포되자 사전 구매 신청자가 몰렸다. 예약자들은 주로 학자, 의사, 변호사, 고등법원의 재판관, 성직자 등 경제적으로 여유 있는 교양인들이었다.[184] 『취지서』가 발행된 지 반 년이 지난 1751년 6월, 드디어 달랑베르가 작성한 「머리말Discours préliminaire」이 포함된 『백과전서』 제1권이 출판되었다. 『취지서』에서 예고했던 10권 중 제1권이 발행되자 4월 말까지 천 명이던 구매 신청자가 천사백 명으로 늘어났고, 같은 해 5월 1일자로 마감하려던 사전 예약도 9월까지 연장되었다.[185] 제1권이 출판된 지 6개월 뒤인 1752년 1월에 제2권도 발행되었다.

3.1.3. 프라드 신부 사건

두 권의 책이 발행되고 예기치 않았던 프라드 신부abbé de Prades의 사건이 터졌다. 『백과전서』의 공동 집필자인 프라드 신부는 1751년 11월 8일 소르본 대학에서 신학 박사 논문을 발표하였다. 발표 당시에는 아무런 문제가 없었다. 그런데 일부 호기심 많은 사람들이 백

183 Robert Darnton, 2013, p.35.
184 Jacques Proust, 1965, p.102.
185 Jacques Proust, 1965, p.52.

과전서의 집필자가 신학 논문에 쓴 내용을 확인하고 싶어 했고, 프라드 신부가 감각론sensualisme과 자연종교religion naturelle를 지지하면서 백과전서의 이론을 옹호하였다는 소문을 냈다. 이에 소르본은 동요하였고 그의 논문은 다시 상세히 검토되었다. 그 결과 프라드의 논문은 이단으로 판정되었고 불에 태울 것을 선고받았다. 1752년 1월 29일, 대주교 보몽Christophe de Beaumont의 교서가 파리에 배포되었는데 여기에는 이봉 신부abbé Yvon와 디드로가 프라드로 하여금 그의 논문에 반기독교적 주장을 가득 채우도록 도왔다는 점이 암시되어 있었다.[186] 뜻하지 않은 사건에 휘말리게 된 프라드 신부는 네덜란드로 몸을 피했고, 그리고 얼마 후 또 다른 백과전서 협력자인 이봉 신부를 따라 베를린으로 도피하게 된다.[187]

예수회는 『백과전서』를 공격했다. 조프루아Geoffroy는 『성프란체스코회의 한 수도사의 성찰Réflexions d'un franciscain, avec une lettre préliminaire adressée à M. (Diderot), auteurs en partie du Dictionnaire』이라는 제목의 팸플릿에서 프라드 신부가 『백과전서』의 이봉 신부와 말레 신부를 매일 접촉하였다는 사실을 폭로하고 그의 논문은 달랑베르의 사상을 전개한 것에 불과하다고 주장하였다. 미르푸아Mirepoix의 전 주교였던 장-프랑수아 부아이에Jean-François Boyer도 사전의 항목들을 감시하고 검열할 것을 왕에게 하소연하였다. 마침내 국정자문회의는 1752년 2월 7일, 이미 배포된 『백과전서』 제1권과 제2권의 발행을 금지한다는 판결을 내렸다.[188] "왕권을 파괴하고 모호한 말

186 Jacques Proust, 1965, p.53.

187 Alain Pons, 1986a, p.8.

188 1752년 2월 7일자 국정자문회의의 판결Arrest du Conseil d'Etat du Roy; 출처: gallica.bnf.fr

로 풍속을 오염시키고 무신앙과 불신앙을 조장하는"[189] 내용이 들어 있다는 것이 이러한 판결이 내려진 주된 이유였다.

이 판결로 이미 간행된 사전을 재판하는 것뿐만 아니라 남은 부수를 판매하거나 배포하는 것이 금지되었다. 하지만 이러한 결정은 실효를 거두지는 못한다. 출판된 책들은 이미 사전 구매자들에게 배포가 끝난 상태였기 때문이다.[190] 오히려 이러한 발행과 배포 금지 결정은 『백과전서』에 대한 대중의 호기심을 불러일으켜 예약신청자가 더 늘어나는 뜻밖의 결과를 초래하였다. 게다가 정부도 출판 허가까지는 취소하지 않았기 때문에 출판 작업은 계속될 수 있었다. 여기에는 1750년부터 도서행정 총감Directeur de la librairie으로 있는 라무아뇽 드 말제르브Lamoignon de Malesherbes의 도움이 컸다. 백과전서는 1759년의 위기 때도 말제르브의 도움을 받게 된다.

3.1.4. 사전 사업의 지속과 위기

프라드 신부의 사건으로 백과전서 팀은 몇 사람을 잃었지만 다른 협력자들의 도움 덕분에 출판은 계속될 수 있었다. 매 1년 단위로 1권씩 출판되었다. 1753년과 1754년에 제3권과 제4권이 출판되었다. 제4권이 출판된 10월에 달랑베르는 아카데미 프랑세즈 회원으로 선출되었다. 제5권과 제6권은 각각 1755년과 1756년에 출간되었다. 제7권은 1757년 11월에 발간되었다. 그런데 제7권에 수록된 달랑베르

---

189 1752년 2월 7일자 국정자문회의의 판결Arrest du Conseil d'Etat du Roy; 출처: gallica.bnf.fr

190 피노는 이러한 결정이 예수회와 파리 대주교를 진정시키고, 고등법원(Parlement)에서 백과전서 출판에 관한 더 무거운 결정을 하지 못하도록 하기 위한 선제적 조치로 본다.(Madeleine Pinault, 1993, p.21.)

가 작성한 「제네바Genève」 항목이 제네바에서 문제가 됐다. 이 항목 중 "제네바의 많은 성직자들은 소치니주의 이외에는 다른 종교를 가지고 있지 않다"라는 내용이 특히 논란거리가 되었다.[191] '소치니주의socinianisme'는 삼위일체, 예수의 신성을 부정하는 이탈리아의 신학자 소치니의 이단적 학설이기 때문이다. 이 사건을 계기로 루소와 디드로의 관계가 단절되고 볼테르도 작업 포기를 선언했다. 제네바인들의 항의와 공격에 지친 달랑베르도 결국 백과전서를 포기하기에 이른다. 하지만 수학 관련 항목들의 집필은 계속 하기로 하였다. 1758년에는 출판이 없었다.

1759년에는 사전 편찬 사업에 두 번째 위기가 닥쳤다. 이 위기의 근원은 1757년까지 거슬러 올라간다. 1757년 4월 16일 국가는 교회와 국가에 반하는 글을 쓰거나 출판하는 자는 그 누구를 불문하고 사형에 처한다는 성명서를 발표하였다.[192] 1758년 7월 클로드 아드리앵 엘베시우스Claude Adrien Helvétius가 『정신론De l'Esprit』을 출간하였을 때 반 백과전서파에서 『백과전서』 제4권에서 제7권에 들어있는 이교를 비난하는 선전으로 포문을 열었다. 비록 엘베시우스가 백과전서에 협력은 하지 않았어도 분노는 디드로의 작품으로 향했다. 1759년 1월 23일 파리 고등법원 재판소의 검사장 졸리 드 플레리Joly de Fleury가 『백과전서』를 포함한 국가체제를 전복시키는 여덟 개의 작품에 대해 논고하였다. 그는 엘베시우스의 작품에는 『백과전서』가 숨어있고 이 사전 뒤에는 종교를 무너뜨리고 국가의 권력을 약화시키려는 음모가 숨어있다고 경고하였다.[193] 2주 후인 2월 6일 파

---

191 "[…] plusieurs pasteurs de Genève n'ont d'autres religions qu'un socinianisme parfait., […]."(Madeleine Pinault, 1993, p.27.)

192 Robert Darnton, 2013, p.34.

리 고등법원은 이 저서들을 파기하여 불에 태울 것을 결정하였다. 이미 출간된 7권의 『백과전서』는 신학자, 변호사, 학자 등 9명의 위원으로 구성된 검열 위원회에 회부되었다. 같은 해 3월 8일 국정자문회의는 1746년 1월 21일 승인한 『백과전서』의 출판 허가를 취소하고, 이미 출판된 7권의 배포와 재인쇄도 금지한다는 결정을 내렸다.[194]

출판업자들은 이러한 조치로 피해를 입게 될 사전 구매자들에게 환불을 해야 했다. 1759년 6월 21일 국정자문회의는 공동 출판업자들에게 사전 구매자들 각자에게 72리브르씩 환불해줄 것을 명령했다. 하지만 이 금액을 요구하러 오는 사전 구매자는 아무도 없었다고 한다. 이것은 많은 대중들이 여전히 『백과전서』의 출판이 계속되기를 원하고 있다는 것을 보여준다.[195]

경제적 손실을 우려한 출판인들은 네덜란드나 스위스에서 작업을 계속할 것을 고집하였다. 경제적 관점에서 『백과전서』를 외국으로 나가 출간하는 것은 국익에 반한다. 결국 말제르브는 정부의 묵인하에 프랑스에서 작업하는 것을 승인하였다.[196] 구체제에서 모든 출판물은 특허privilège를 얻어 출판되어야 했지만, 출판물이 증가함에 따라 체제에 완전히 일치한다고도 볼 수 없고, 전적으로 반대된다고도 볼 수 없는 저작에 대해서는 '암묵적인 승인'이라는 제도를 통해서 출판이 묵인되기도 하였다. 말제르브는 『백과전서』가 암묵적 승인의 형태로 출판되는 편이 낫다고 생각했다.[197] 디드로는 1755년에

193 Robert Darnton, 2013, p.34.
194 Jacques Proust, 1965, p.64.
195 Madeleine Pinault, 1993, p.30.
196 Jacques Proust, 1965, p.66.
197 『백과전서』 제5권, 「Encyclopédie」 항목, 이충훈 역, 2014, p.161.

간행된 제5권의 「백과사전」 항목에서 암묵적 승인의 장점을 다음과 같이 언급한 바 있다.

> 저자들은 필요한 자유를 한껏 누리게 되고 이로써 훌륭한 사전을 만들 수 있을 것이다. 사전에 중요한 주제를 얼마나 많이 다루게 될까! 독자 대중이 필요로 할 멋진 항목이 가득하리라! […] 역사에 관련된 것은 편견 없이 제시될 것이다. 선은 높이 칭송되고, 악은 가차 없이 비난받을 것이다. 진리를 확신하고, 의혹을 제기하고, 편견은 무너지고, 정치적 참조는 신중에 신중을 기할 것이다.[198]

특허를 통해 승인을 받자는 쪽은 "금서가 될 위험을 무릅쓰느니 자유를 희생하는 편이 낫다"라고 주장하였지만, 디드로는 "금서가 될 위험을 무릅쓰고" 자유를 선택하였다.[199]

3.1.5. 도판 출간과 사전의 완성

출판업자들은 환불을 회피하기 위하여 도판 출간을 시작하였다. 사전 구매자들은 환불 대신 도판을 받기로 하였다.[200] 르 브르통은 1759년 9월 8일 『설명이 곁들어진 과학, 자유학예, 기술공예에 관한 도판집Recueil de planches sur les Sciences, les Arts libéraux et les Arts mécaniques avec leur explication』에 대한 새로운 특허를 취득하였다. 『백과전서』의 특허는 1759년 3월 8일로 그 유효기간이 끝났지만 도판의 특허를 새로이 취득함으로써 『백과전서』는 구원될 수 있었다. 새로운 특허가 취득되자 정부는 텍스트를 포함한 전체 작품이 완성될

---

198 『백과전서』 제5권, 「Encyclopédie」 항목, p.648A; 이충훈 역, 2014, p.161.
199 『백과전서』 제5권, 「Encyclopédie」 항목, p.648A.
200 Alain Pons, 1986a, p.9.

때까지 모르는 척한다.[201]

한편 새로운 허가를 취득하기 5일 전인 1759년 9월 3일 교황 클레멘스 13세(재위 1758-1769)는 『백과전서』를 소지하고 있는 모든 가톨릭 신자는 파문을 당하지 않으려면 그것들을 불태우라는 교서를 내렸다.[202] 교황청에 의해 『백과전서』가 금서로 지정된 것이다. 그럼에도 불구하고 도판에 대한 새로운 허가를 취득하여 출판에 관한 합법적인 권리를 되찾았기 때문에 편집자들은 나머지 10권의 텍스트를 위한 작업을 재개할 수 있었다. 이들은 스캔들을 최소화하기 위해 이 10권을 한꺼번에 출간하기로 결정하였다.

1762년 1월 백과전서의 『도판』 제1권이 발행되었다. 그리고 이때부터 르 브르통은 디드로, 조쿠르, 생-람베르, 튀르고, 올바크 등이 작성한 텍스트에서 위험해 보이는 항목들에 대해 검열하기 시작했던 것으로 보인다. 디드로는 1764년 11월 최종 인쇄된 텍스트가 교정쇄와 일치하지 않는 다는 것을 발견하고 대노하였으나 전체 작업을 망치지 않기 위해 냉정을 유지할 수밖에 없었다.[203] 한편 1763년 백과전서의 친구이자 보호자였던 말제르브가 도서행정 총감의 직위에서 해임되었다. 하지만 다행히도 그의 후임자인 앙투안 드 사르틴 Antoine de Sartine도 백과전서에 우호적이었다.

1765년 도판 제4권이 출간되고 텍스트의 마지막 10권도 인쇄되었다. 디드로는 "위대하고 저주받은 작품이 끝났다!"라고 외쳤다고 한다.[204] 디드로가 제8권의 서문으로 쓰일 「일러두기avertissement」를 작

201 Alain Pons, 1986a, p.9.
202 Robert Darnton, 2013, p.36.
203 Jacques Proust, 1965, p.74.
204 Alain Pons, 1986a, p.11.

성하였다. 그리고 마침내 1765년 12월 『백과전서』의 마지막 10권이 출판되었다. 하지만 이 텍스트 10권은 암묵적인 허가로 출판되었기 때문에 파리와 베르사유에서의 배포는 금지되었는데 이 금지를 어긴 죄로 르 브르통은 며칠 동안 바스티유 감옥에 투옥되기도 하였다.[205] 한편 1767년부터 1769년까지 도판 제5권, 제6권, 제7권이 각각 출판되었고, 1771년에는 제8권과 제9권이 출판되었다. 그리고 1772년에 도판 제10권과 제11권이 출판되었다. 마침내 본문 책 17권과 도판 책 11권의 『백과전서』가 완간되었다. 디드로가 편집장을 맡은 지 26년만이었다. 이러한 대장정은 예수회 등 반대파 진영의 공격과 탄압에도 굴하지 않은 디드로의 끈기와 개혁적 인사들의 협조가 있었기에 가능했다.

로버트 단턴에 의하면 『백과전서』는 총 4,225질이 간행되었는데 이중 2천질은 프랑스에서 배포되었고 나머지는 외국에서 판매되었다.[206] 샤를-조셉 팡쿠크Charles-Joseph Panckouke(1736-1798)는 1770년에 『백과전서』 재판réimpression에 대한 특허를 취득하였고, 1776-1777년에 르네 로비네Jean Baptiste René Robinet와 함께 4권의 텍스트와 1권의 도판으로 된 『부록Supplément』을 출판하였다. 그리고 1780년에는 피에르 무숑Pierre Mouchon이 2권의 『색인Table analytique et raisonnée des matières contenues dans les XXXIII volumes in-folio du Dictionnaire des sciences, des arts et des métiers』을 출판하였다. 아래의 표는 『백과전서』의 출판 과정을 요약한 것이다.

205 Alain Pons, 1986a, p.11.
206 Robert Darnton, 1992, p.63.

연도	내　　용
1745	출판인 르 브로통 체임버스의 『사이클로페디아』 프랑스어 번역 출간 결정
1746	『백과전서, 또는 과학과 기술의 보편사전』을 위한 허가 취득. 말브 신부가 책임을 맡음
1747	말브가 사퇴하고 디드로와 달랑베르가 출판 책임을 맡음
1748	초기 계획이 확장됨
1750	디드로 「백과전서 취지서」 작성
1751	달랑베르가 작성한 '머리말'을 포함한 제1권(A-Azymites) 출판(6월); 11월 프라드 신부 소르본에서 신학 박사논문을 발표함
1752	제2권(B-Cézimbra) 출판(1월); 국정자문회의 출판된 1,2권을 발행 금지 판결(2월)
1753	제3권(Cha-Consécration) 출판(10월)
1754	제4권(Conseil-Saint-Dizier) 출판(10월); 달랑베르 아카데미 프랑세즈 회원이 됨
1755	제5권(Dob-Esymnete) 출판(11월)
1756	제6권(Et-Fne) 출판(10월)
1757	제7권(Foang-Gythium) 출판(11월); 달랑베르가 작성한 「제네바」 항목으로 야기된 소동으로 루소와 단절
1759	파리 고등법원 『백과전서』를 금지함(2월); 『백과전서』 출판 허가가 철회됨(3월); 백과전서의 『도판』에 대한 허가를 취득함(9월)
1762	도판 제1권 출판
1763	도판 제2, 3권 출판
1765	도판 제4권 출판; 『백과전서』 마지막 열권이 출판됨(12월)
1766	르 브르통 바스티유에 투옥됨
1767	도판 제5권 출판
1768	도판 제6권 출판
1769	도판 제7권 출판
1770	팡쿠크 『백과전서』 재인쇄의 허가를 획득
1771	도판 제8, 9권 출판
1772	도판 제10, 11권 출판; 『백과전서』가 완성됨
1776-1777	팡쿠크, 4권의 본문책과 1권의 도판으로 된 『부록』 출판
1780	무숑, 2권의 『색인』 출판

3.2. 주요 저자들

『백과전서』는 공동의 작품이다. 디드로는 「백과사전」 항목에서 "백과전서라는 방대한 분야를 검토하게 될 때, 분명하게 깨닫게 되는 한 가지 사실은, 그것이 단 한 사람의 작품일 수 없다"[207]는 점을 명확히 하고 있다. 한 사람이 짧은 생애에 자연과 기술의 보편 체계를 이해하고 설명할 수 없다는 것이다. 백과사전의 작업은 오직 "인류의 보편 이해와 상호 호의의 감정으로 하나가 된 문인과 기술인 협회만이 해낼 수 있을 것"으로 보았다.

『백과전서』의 집필에는 지금까지 약 200여 명이 참여한 것으로 밝혀졌다.[208] 집필진의 직업군은 작가, 철학가, 신부 등 유럽 최고의 지식인들부터 주조공, 칼 제조인, 도기 제조인 등 전문 노동자들에 이르기까지 다양했다. 직업의 다양성 또는 이질성을 특징으로 하지만, 저자들은 "인류에 관한 보편적인 관심"과 "상호 호의의 감정"[209]을 공유하고 있었다. 대표적인 집필자로는 루소, 볼테르, 올바크, 달랑베르, 디드로 등을 들 수 있다. 루소는 아무런 보수도 받지 않고 주로 음악에 관한 400여 편의 글을 썼고, 볼테르는 40여 편의 글을 남겼다. 올바크 남작은 자신의 서명이 들어간 420여 개의 항목과 서명되지 않은 정치와 종교에 관한 많은 항목을 기술하였다.[210] 편집 책임을 맡았던 달랑베르는 제1권의 「머리말」, 제3권의 「일러두기」를 비롯하여 1,600여 편의 항목을 기술하였다. 그는 주로 수학, 물리, 천문학 등 정밀과학에 관련된 글을 썼다.[211] 디드로는 문학, 미학,

---

207 『백과전서』 제5권, 「Encyclopédie」 항목, p.635.

208 Alain Pons, 1986a, p.21.

209 『백과전서』 제5권, 「Encyclopédie」 항목, p.636.

210 Madeleine Pinault, 1993, p.56.

건축, 의학, 신학, 지리 등 약 5,000여 편의 글을 썼는데 그의 주요 관심 분야는 기술, 공예와 철학사였다.[212] 하지만 디드로의 경우 저자로서의 역할과 편집자로서의 역할을 구별하기 어려운 문제가 있다. 제1권의 「일러두기」에서 "항목 끝에 어떤 문자도 없는 것이나 시작 부분에 별표가 있는 것은 디드로의 것이다. 전자는 『백과전서』의 저자들 중의 한 사람으로서 디드로에 속하는 항목들이고, 후자는 편집자로서 그가 간청한 항목들이다"[213]라고 되어 있다. 한편 디드로의 공헌은 시간에 따라, 다루는 주제에 따라 변하였다. 제1권과 제2권에서는 약 3천 항목을 기술하였지만, 제3권에서 제7권까지는 1,750항목만 기술하였다. 제8권부터 마지막 권까지는 단지 50항목만을 기술할 뿐이었다. 이것은 디드로가 작업 후반기에는 삽화 작업에 집중하였기 때문인 것으로 설명된다. 디드로의 본질적인 역할은 전체적 배열과 교정과 수정이었다라고 할 수 있다.[214]

가장 많은 항목을 기술한 저자로는 조쿠르 기사Chevalier de Jaucourt를 들 수 있다. 그는 총 17,380개의 항목을 기술하였는데, 이는 전체 텍스트 분량의 28%에 해당된다. 그는 중요하다고 생각하는 항목에는 그의 이름을 적었고 다른 항목들에는 C.D.J. 또는 D.J. 등과 같이 자신 이름의 이니셜을 적었다. 지리 관련 대부분의 항목은 그가 작성한 것이다. "조쿠르가 없었다면 『백과전서』는 그 끝을 보지 못했을 것이다"[215]라고 할 정도로 그의 공헌은 지대했다.

위의 유명인들처럼 저자의 신분이 밝혀진 경우도 있지만, 저자가

211 Madeleine Pinault, 1993, p.53.

212 Madeleine Pinault, 1993, p.46.

213 『백과전서』 제1권, 「Avertissement」, p.xlvi.

214 Madeleine Pinault, 1993, p.43-44.

215 Madeleine Pinault, 1993, p.55.

알려져 있지 않은 항목들도 많다. 로버트 단턴에 따르면 전체 항목의 2/5가 저자의 신분이 밝혀지지 않았다.[216] 그리고 신분이 밝혀진 저자의 1/3은 한 개의 항목만 기술하였다. 저자의 신분이 밝혀지지 않은 항목들은 이봉 신부의 경우처럼 자신의 이름이 알려지는 것을 원하지 않는 저자가 작성했거나, 체임버스의 사전을 단순 번역하거나 이전 작품들에서 가져온 아주 짧은 항목들이다. 디드로는 이 항목들을 중요하게 생각하지 않아 저자 표시를 하지 않았다.[217]

『백과전서』의 협력자들은 일반적으로 어떤 제약도 없이 자발적으로 일했다. 협력자들은 대부분 토지에서 나오는 수입이나 직무 수입으로 살아가는 구체제의 부르주아 계층에 속했지만 이들의 사회적 환경은 다양했다.[218] 또한 이들의 지적 수준도 편차가 심했던 것으로 보인다. 그 결과 사전의 내용이 잡다하고 기술의 일관성이 결여되었을 뿐만 아니라 글의 양과 질에 있어서도 차이를 보였고 때로는 대립적인 내용도 함께 실리게 되었다. 디드로는 「백과사전」 항목에서 집필진의 수준에 차이가 있었고 문인과 학자의 작업마저도 형편없는 경우가 있었음을 인정하면서 사전의 많은 곳에 그 증거가 남아 있다는 것을 고백한다.

> 여기는 터무니없이 긴 분량으로 부풀려져 있고, 저기는 빈약하고 하찮고 형편없고 무미건조하고 휑하다. 어떤 데는 피골이 상접할 정도로 축소되어 있고 다른 데는 수종증 환자처럼 부어 있다.[219]

216 Robert Darnton, 2013, p.39.
217 Madeleine Pinault, 1993, p.44.
218 Madeleine Pinault, 1993, p.60.
219 『백과전서』 제5권, 「Encyclopédie」 항목, p.641-641A; 이충훈 역, 2014, p.88.

그러면서 이러한 결합은 "최초의 시도와 떼려야 뗄 수 없으며 그 결합을 보완하려면 앞으로 여러 세기의 시간이 반드시 필요하리라"[220]는 것을 예언한다. 하지만 이러한 결합에도 불구하고 "그 어떤 대작도 이룬 적이 없는 성공"[221]을 거두게 된다. 그리고 18세기의 진정한 지적 혁명은 『백과전서』를 통하여 이루어지게 된다.[222]

『백과전서』의 텍스트에 비해 삽화를 위해 일한 예술가는 많지 않은 것으로 밝혀졌다.[223] 실질적으로 5명의 예술가만이 출판업자들에 의해 고용되었고 이들이 대부분의 삽화를 제작하였다. 5명 중 루이-쟈크 구시에Louis-Jacques Goussier, 쟈크-레이몽 뤼코트Jacques-Raymon Lucotte, 루이 프랑수아 프티-라델Louis François Petit-Radel은 삽화가로, 브누아-루이 프레보Benoît-Louis Prévost, 드페르A.J.Deferht는 삽화가와 판화가로 일했다. 디드로의 가장 중요한 협력자 중의 한 사람인 구시에는 약 900여 개의 삽화를, 뤼코트는 700여 개의 삽화를 그렸다. 프레보는 첫 5권까지만 일했는데 샤를-니콜라 코셍Charles-Nicolas Cochin의 표지그림Frontispice을 목판에 새긴 것으로 유명하다. 드페르는 도판 제2권에서 제8권까지 약 400여 개의 삽화를 그렸다. 삽화들은 총 4명의 판화가들에 의해 목판에 새겨졌다. 프레보, 드페르, 르카뉘Le Canu는 첫 3권까지 일했고, 4권부터 11권까지는 로베르 베르나르Robert Bernard가 통솔하였다.

220 『백과전서』 제5권, 「Encyclopédie」 항목, p.641-641A; 이충훈 역, 2014, p.88.
221 『백과전서』 제5권, 「Encyclopédie」 항목, p.645.
222 Madeleine Pinault, 1993, p.41.
223 Madeleine Pinault, 1993, p.77-82.

3.3. 사전학적 특징

3.3.1. 간행 목적과 지식 분류 체계

2절 판형 17권의 텍스트와 11권의 도판으로 이루어진 일명 '파리' 초판은 약 7만 2천여 개의 항목을 기술하고 있다. 『백과전서』의 간행 목적은 "지구상에 흩어져 있는 지식을 모아 우리와 함께 살아가는 사람들에게 그 지식의 일반 체계를 제시하고, 이를 우리 다음에 올 세대에게 물려주는 것"[224]이었다. 과거부터 흩어져 존재하는 지식을 한데 모아 동시대인들에게 제시하기 위해서는 다양한 인간지식의 분야들을 하나의 통일된 체계 속에 포괄하는 것이 필요하다. 체계 없이 흩어져 있는 지식은 후손들에게 도움이 되지 않을 것이기 때문이다. 수학자 겸 물리학자였던 달랑베르는 프란시스 베이컨의 분류를 토대로 『백과전서』의 지식 분류 체계를 세웠다. 다음 그림은 달랑베르가 제1권의 「머리말」에 소개한 인간 지식 체계이다.

달랑베르는 인간의 지적 능력을 기억, 이성, 상상력의 세 부문으로 나누고, 모든 학문을 이 각각에 해당되는 것으로 나누어 구분하였다. 기억의 영역에는 역사가, 이성의 영역에는 철학이, 상상력의 영역에는 예술 분야가 속했다. 각 분야는 하위분야로 다시 나뉘고 하위분야는 또 그 아래의 분야로 세분되었다. 역사 분야는 종교사와 시민사, 자연사, 고대사와 현대사를, 자연사는 기술과 공예를 아울렀다. 철학 분야에는 과학이라 부르는 지식의 대부분이 속하였는데, 신학도 이성의 항목에 포함되었다. 이는 인간 이성을 신뢰하고 종교에 대한 비판적이었던 계몽철학자들의 의도를 잘 담고 있음을 보여

224 『백과전서』 제5권 「Encyclopédie」 항목, p.635.

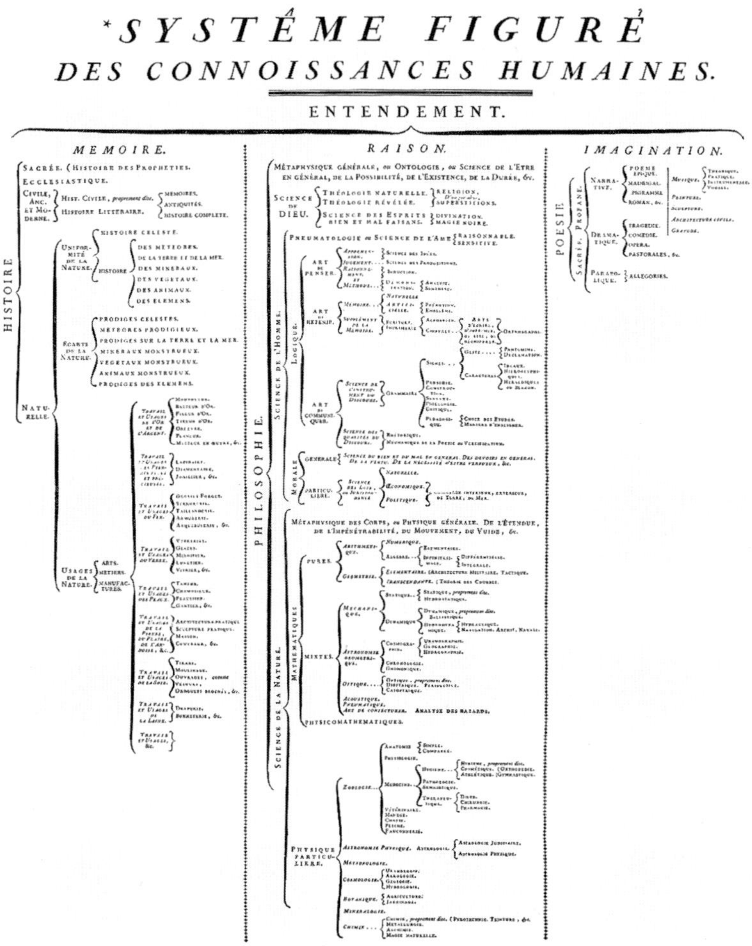

달랑베르가 제시한 인간 지식의 분류 체계, 『백과전서』, 제1권 「머리말」, p.liii.

준다. 예술 분야는 시학, 음악, 미술, 조각, 건축 등을 망라하였다. 이러한 분류 방식은 계통에 따라 지식을 조사하고 고찰하게 해주며 다양한 지식이 서로 굳게 결속되어 있고 같은 뿌리에서 나왔다는 것을

일목요연하게 보여준다.[225]

3.3.2. 항목 구조

『백과전서』는 제1권 A 항목으로 시작하여 제17권의 ZZUÉNÉ ou ZZEUENE 항목으로 끝난다.[226] 기술하는 내용의 길이에 상관없이 각 항목들은 일반적으로 다음과 같이 구조화 되어 있다.

- 표제어
- 문법 정보
- 분야 정보
- 내용
- 참조표시
- 저자

표제어들은 대문자로 표기되어 있고 표제어 뒤에는 품사 정보가 따른다. 품사 정보 뒤에는 괄호 안에 이탤릭체로 이 표제어가 속하는 분야가 표시되어 있다. 고유명사에는 품사 정보가 없기 때문에 표제어 바로 뒤에 분야 정보가 따른다. 항목의 제일 뒤에는 항목을 작성한 저자명이 괄호 속에 표시되어 있다. 텍스트의 마지막 페이지를 예로 들어보자.

---

225 Madeleine Pinault, 1993, p.63.

226 마지막 항목 다음에는 751쪽에서 890쪽에 걸쳐 134개의 누락된 항목들 Articles omis을 다루고 있다.

750 ZYG ZZU

terie, & qui habitoient un pays d'accès difficile. (*D. J.*)

ZYGIANA, (*Géog. anc.*) contrée de l'Asie mineure, dans la Bithynie, selon Ptolomée, *l. V. c. I.* (*D. J.*)

ZYGOMA, s. m. (*Anatomie.*) c'est l'os de la tête communément appellé *os jugale*. *Voyez* Os. Ce mot vient de ζεύγνυμαι, *jungo*. Ainsi *zygoma*, à proprement parler, est la jointure de deux os.

Le *zygoma* n'est point un seul os, mais l'union & l'assemblage de deux apophyses ou éminences d'os, l'une de l'os temporal, l'autre de l'os de la pommette. *Voyez Planches de l'Anatomie, & leur explic.* Ces deux éminences ou apophyses sont jointes par une suture appellée *zygomatique*. *Voyez* ZYGOMATIQUE.

ZYGOMATIQUE, s. m. (*Anatomie.*) se dit de l'arcade qui s'observe entre l'angle externe de l'orbite & le trou auditif externe, & qu'on appelle aussi *zygoma*. *Voyez* ORBITE AUDITIF & ZYGOMA.

On donne aussi ce nom aux deux apophyses qui la forment, dont l'une, qui est produite par l'os temporal, a sa base vers le trou auditif, & se portant horisontalement, vient s'engrener avec une autre bien plus courte produite par l'os de la pommette. *Voyez* TEMPORAL, POMMETTE, &c.

Le grand *zygomatique* est un muscle situé obliquement sur les joues entre la commissure des levres & l'os de la pommette; il vient de l'apophyse *zygomatique*, & en passant obliquement il va s'insérer à l'angle des levres.

Le petit *zygomatique* vient de la partie moyenne de l'os de la pommette, & va en s'unissant avec quelques fibres de l'orbiculaire des paupieres, se terminer à la levre supérieure, environ au-dessus des dents canines.

ZYGOPOLIS, (*Géog. anc.*) ville de la Colchide; Strabon, *l. XII. p. 548.* qui en parle, semble la placer près de Trapezunte; & Etienne le géographe croit qu'elle appartenoit au peuple *Zygi*. (*D. J.*)

ZYGOSTATE, s. m. (*Littérat.*) ζυγοστάτης, magistrat qui chez les Grecs étoit établi pour veiller aux poids d'usage dans le commerce, & empêcher qu'on ne se servît ni de faux poids ni de fausses balances. Ce mot vient de ζυγὸς, *balance*; & le droit qu'on payoit pour la pesée des marchandises, se nommoit en conséquence ζυγοστάσιον. (*D. J.*)

ZYGRIS, (*Géog. anc.*) ville du nôme de Lybie sur la côte. Ptolomée, *liv. IV. c. v.* ne lui donne que le titre de *villa*. Elle est appellée *Zygrens* dans le concile de Chalcédoine. Le nom moderne est *Solanes*, selon Castald. (*D. J.*)

ZYMOLOGIE, s. f. (*Chimie.*) c'est-à-dire discours, science, traité sur la fermentation; c'est un terme moderne, ainsi que la belle doctrine de cette partie curieuse de la Chimie exposée dans plusieurs articles de ce Dictionnaire. *Voyez* FERMENTATION, EFFERVESCENCE, MIXTION, PUTRÉFACTION, &c. (*D. J.*)

ZYMOSIMETRE, s. m. (*Physiq. générale.*) c'est un instrument proposé par Swammerdam, dans son traité latin de la respiration, pour mesurer le degré de la fermentation que cause le mélange des matieres qui en sont susceptibles, & connoître quelle est la chaleur que ces matieres acquierent en fermentant, comme aussi le degré de chaleur des animaux. Boerhaave a profité de cette belle idée de Swammerdam, en engageant Fahrenheit à faire des thermometres de mercure, qui mesurent tous les degrés de froid & de chaud, depuis vingt degrés au-dessous de la glace, jusqu'à la chaleur des huiles bouillantes. (*D. J.*)

ZYRAS, (*Géog. anc.*) fleuve de Thrace. Pline, *liv. IV. c. xj.* dit que ce fleuve mouilloit la ville de Dionysiopolis. Le pere Hardouin, au lieu de *Zyras* écrit *Ziras*. (*D. J.*)

ZZ

ZZUÉNÉ *ou* ZZEUENE, (*Géog. anc.*) ville située sur la rive orientale du Nil, dans la haute Egypte, au voisinage de l'Ethiopie. *Voyez* SYÉNÉ.

C'est ici le dernier mot géographique de cet Ouvrage, & en même tems sans doute celui qui fera la clôture de l'Encyclopédie.

« Pour étendre l'empire des Sciences & des Arts, » dit Bacon, il seroit à souhaiter qu'il y eût une correspondance entre d'habiles gens de chaque classe; » & leur assemblage jetteroit un jour lumineux sur » le globe des Sciences & des Arts. O l'admirable » conspiration! Un tems viendra, que des philosophes animés d'un si beau projet, oseront prendre » cet essor! Alors il s'élevera de la basse région des » sophistes & des jaloux, un essain nébuleux, qui » voyant ces aigles planer dans les airs, & ne pouvant ni suivre ni arrêter leur vol rapide, s'efforcera » par de vains croassemens, de décrier leur entreprise & leur triomphe ». (*Le Chevalier* DE JAUCOURT.)

FIN DU DIX-SEPTIEME ET DERNIER VOLUME.

텍스트 마지막 페이지에는 10개의 항목이 처리되어 있다. 이들은 모두 대문자로 표기되어 있는데 그중 6개는 고딕체로, 나머지 4개는 이탤릭체로 되어 있다. 이탤릭체로 소개된 표제어들은 모두 '고대 지리Géog. anc.'와 관련된 항목들이다. 그런데 마지막 항목 ZZUÉNÉ

도 고대지리에 속하는 용어인데 이것은 고딕체로 표기되어 있다. 표제어 소개 방식에 일관성이 결여되어 있다. 표제어 뒤에는 일반명사의 경우 문법 정보와 분야 정보가 따르고, 고유명사의 경우에는 바로 분야 정보가 나온다. 항목 제일 끝에는 그 작성자가 괄호 속에 표시되어 있다. 참조표시(Voyez)는 주로 항목 뒤 저자명 앞에 위치하나 ZYGOMA, ZYGOMATIQUE의 경우처럼 본문 안에 오기도 한다.

표제어들은 알파벳순으로 배열되어 있다. 알파벳순 배열은 어떤 항목도 우선하지 않고 모든 항목들이 동등하게 처리되게 한다.[227] 이 방식은 참조를 쉽고 편리하게 하는 장점이 있다. 달랑베르는 「머리말」에서 알파벳순 배열을 선택한 이유를 독자가 찾고자 하는 낱말의 의미 정보를 편하고 쉽게 찾을 수 있다는 점을 들었다.[228] 또한 그는 「사전」 항목에서도 사전이라는 것은 어떤 대상에 대해 참조하기 위해 만들어지며, 찾고자 하는 것을 다른 책들보다 더 편하게 발견하는 것을 사전의 중요한 유용성으로 간주한다.[229] 하지만 알파벳순 배열은 항목들 간의 연관관계를 보여주지 못하고 그 결과 어떤 대상에 대해 깊이 있게 배우는 것을 방해하는 단점이 있다. 달랑베르는 「사전」 항목에서 백과사전은 참조의 편리함 이외에 항목들 간의 관계를 보여줄 수 있어야 한다고 하였다. '백과사전'이라는 낱말의 뜻 자체가 "지식의 연쇄"를 의미하기 때문이다.[230]

227 Madeleine Pinault, 1993, p.64.

228 『백과전서』 제1권 「Disocours préliminaire」, p.xxxvi.

229 『백과전서』 제4권 「Dictionnaire」 항목, p.969.

230 "Ce mot [Encyclopédie] siginfie *enchaînement de connaissances*; […]."(『백과전서』 제5권 「Encyclopédie」 항목, p.635.)

3.3.3. 참조기호

『백과전서』는 알파벳순 배열의 한계를 극복하면서 백과사전으로서 기능하기 위하여 한 항목 안에서 다른 항목을 지시하는 참조기호 renvoi라는 것을 이용하였다. 참조기호를 통하여 항목들은 같은 분야 또는 따른 분야의 관련 항목들과 연결된다.

『백과전서』에는 크게 두 가지 유형의 참조기호, 즉 '낱말 참조기호'와 '사물 참조기호'가 있다. 낱말 참조기호는 다른 항목에 있는 정의를 참조하게 함으로써 용어의 정의를 반복하는 것을 피하게 해준다.

> 학문 하나하나, 기술 하나하나에는 자기 언어가 있다. 어떤 기술 용어를 사용할 때마다 명확성을 도모하기 위해 그 용어의 정의를 반복해야 했다면 우리는 어느 단계에 와 있는 것일까? 얼마나 불필요한 반복인가? 옆길로 새고, 흐름이 끊어지고, 길게 늘이면서 얼마나 모호해질까?[231]

낱말 참조기호는 정의의 반복을 피함으로써 항목 기술을 원활하게 하고 내용이 모호해지는 것을 예방해준다. 사물 참조기호의 기능은 디드로가 작성한 「백과사전」 항목에 다음과 같이 언급되어 있다.

> 사물의 참조기호는 대상을 밝혀주고, 그 대상과 즉각적인 관계가 있는 것과는 인접한 관계를, 고립되어 있다고 생각되는 것과는 소원한 관계를 지시하고, 공통개념과 유사원리들을 떠올리게 하고, 결론을 확고하게 하고, 가지와 몸통을 연결하고, 전체에 진리를 입증하고 설득하는 데 대단히 유용한 단일성을 확보해 준다.[232]

---

231 『백과전서』 제5권 「Encyclopédie」 항목, p.642A; 이충훈 역, 2014, p.100-101.
232 『백과전서』 제5권 「Encyclopédie」 항목, p.642A; 이충훈 역, 2014, p.99.

참조기호는 "학문들에서는 어떤 관계들을, 자연의 실체에서는 유추적 특성들을, 기술에서는 유사한 여러 조작들을 접근시키며 새로운 사변적인 진리를 가능하게 하고, 알려진 기술을 완전하게 하고, 새로운 기술을 발명하고, 잊힌 옛날 기술을 복원할 수 있게"[233] 해준다. 참조를 통해서 새로운 기술을 발명하고 새로운 진리를 발견할 수 있는 것은 보통사람에게는 힘든 일이다. 이 때문에 디드로는 참조기호를 이 정도까지 활용할 수 있는 사람은 천재라 했다.

> 이 참조기호는 천재가 만들어 내는 것이다. 이러한 참조기호를 알 수 있는 사람은 얼마나 운이 좋은 사람인가. 천재는 이처럼 결합의 정신을 가진 사람이다.[234]

보통사람들은 이 정도까지는 아니라 해도 참조기호가 "공개적으로 공격할 수 없는 의견을 은밀하게 공격하고 있다"는 것은 알 수 있을 것이다. 디드로는 이러한 참조기호를 특별히 '풍자나 경구의 참조기호renvois satiriques ou épigrammatiques'라 지칭하였다. 「Cordeliers」(성 프란체스코 수도회의 수도사) 항목에서 「Capuchon」(카퓌송: 두건 달린 망토) 항목을 지시한 것이 그 한 예다. 앞의 항목에서는 거창하게 찬사를 늘어놓고 있지만, 뒤의 항목에서는 수도사들이 카퓌송을 두고 두 파로 나뉘어 '큰 전쟁grande guerre'을 벌였던 일화가 소개되어 있다. 한쪽에서는 카퓌송이 좁아야 한다고, 다른 한쪽에서는 넓어야 한다고 주장하였는데 이 논쟁이 한 세기나 지속되었고 교황의 칙서에 의해서 비로소 끝났다는 것이다. 이처럼 수도사들은 아무 일도 아닌 것에 시끄럽게 구는 사람으로 우습게 묘사되어 있다. 「성 프란

233 『백과전서』 제5권 「Encyclopédie」 항목, p.642A; 이충훈 역, 2014, p.101.
234 『백과전서』 제5권 「Encyclopédie」 항목, p.642A; 이충훈 역, 2014, p.101.

체스코 수도회의 수도사」항목에서는 하지 못했던 말을 「카퓌송」항목에서 기술하고 이를 참조하게 한 것은 앞의 항목에서 "그 거창한 찬사가 실은 빈정거림에 지나지 않았는지, 그 항목을 주의 깊게 읽고 모든 용어를 정확하게 따져보아야 하는 것은 아닌지 의심스럽게 만들 수 있다."[235]

오늘날 하이퍼텍스트의 기능을 하는 참조기호는 검열을 회피하기 위한 수단으로도 이용되었다. 예를 들면, 위의 예처럼 성 프란체스코 수도회의 수도사에 대한 비판이 「Cordeliers」 항목 대신 「Capuchon」 항목에 제시되는 식이다. 하지만 마들렌 피노는 이 점에 있어서 좀 더 세심할 필요가 있다고 지적한다.[236] 왜냐하면 『백과전서』가 권력으로부터 위협을 받지 않았던 제1권에서부터 참조기호가 이용되었기 때문이다. 그는 오히려 참조기호가 항목들 사이의 연관관계를 보여주려는 의도의 결과물로 본다. 참조기호들은 같은 주제를 여러 저자들이 다룰 수 있도록 하고 그럼으로써 다양한 의견을 표출할 수 있도록 했다는 것이다. 쟈크 프루스트도 피노에 앞서 참조기호의 기능을 같은 주제에 대한 다양한 의견을 표출하는 수단으로 인식했다.[237] 예를 들어 사회의 원리fondements de la société 문제가 디드로의 「정치권력Autorité politique」, 부세 다르지Boucher d'Argis의 「자연법Droit naturel」, 루소의 「정치경제Economie politique」 항목에서 다루어지고 있는데 이들의 의견이 일치하는 것은 아니다. 이처럼 같은 주제에 대한 다양한 의견들은 각자 고유의 음색을 간직하면서 전체적인 조화를 해치지 않은 일종의 폴리포니를 형성한다고 할 수 있다. 알랭 퐁

235 『백과전서』 제5권 「Encyclopédie」 항목, p.643.; 이충훈 역, 2014, p.104.
236 Madeleine Pinault, 1993, p.64.
237 Jacques Proust, 1965, p.91.

도 참조기호가 단순히 검열을 야유하는 짓궂은 방식이 아니라 디드로가 『백과전서』에 부여했던 "공동의 방식으로 생각을 변화시킨다"라는 야망을 실현시키는 장치로 인식한다.[238]

3.4. 『백과전서』 간행의 문화사적 의의

『백과전서』의 출간 사업은 많은 자금과 인력이 필요한 18세기 대형 출판 프로젝트였다. 르 브르통과 동업자들은 자금 문제를 선금 구독료 방식으로 해결하였는데 이 방식으로 책을 판매하는 것은 출판업자들에게 여러 이점을 가져다주었다. 사전 구독 신청은 시장에 대한 예비 조사 역할을 해 판매부수를 예측하게 해주었고 그에 맞추어 출판을 계획함으로써 출판 비용을 효과적으로 관리할 수 있었다. 1750년 디드로가 『취지서』를 작성, 배포했을 때 약 천명이 사전 구독을 신청하였고, 사전 제1권이 출판되고 나서는 구매 신청자가 천사백 명으로 늘어났으며, 1752년 『백과전서』의 제1권과 제2권의 발행 금지 판결 이후에는 예약자가 3배 증가하였다.[239] 파리 초판의 총 발행부수는 4,255부였다. 이것은 앞서 언급한 것처럼 『백과전서』의 출판이 철저히 사전 구독 신청에 의해 이루어졌다는 것을 보여준다.

개인의 지적 능력이나 동물적 능력의 한계를 잘 알고 있던 디드로는 사전 집필에 200명이 넘는 인력을 동원하였다. 그는 "백과사전의 작업은 흩어져 있고 각자 자기 영역에 전념하고 있고 인류의 보편 이해와 상호 호의의 감정으로 하나가 된 문인과 기수인의 협회만이 해낼 수 있을 것"[240]으로 보았기 때문이다. 이때부터 백과사전의 출

238 Alain Pons, 1986, p.44.

239 Robert Darnton, 2013, p.35.

240 『백과전서』 제5권 「Encyclopédie」 항목, p.636; 이충훈 역, 2014, p.23.

판 때 각 항목의 집필은 각 항목의 전문가에게 의뢰하는 전통이 수립되었다.[241] 『백과전서』의 기고가들은 당시까지의 모든 지식을 집대성하였고, "고상한" 지식뿐만 아니라 칼 제조업, 주물 제조업, 피혁 제조업 등과 같은 "저급한" 인간 경험의 전문지식이 동등하게 기술되었다. 또한 각 항목에는 그 항목을 작성한 집필자를 밝혔다. 일종의 항목 저자 실명제가 도입되었다. 이 제도는 독자들에게는 사전에 대한 신뢰를, 저자들에게는 집필의 책임감을 동시에 주었다. 실제로 달랑베르는 자신이 작성한 「제네바」 항목이 문제가 되자 책임을 지고 편집장의 자리에서 물러났다.

『백과전서』는 18세기 지식의 총결산이다. 이 사전은 수학, 천문학, 물리학, 지질학, 박물학, 의학, 역사, 법학, 경제학, 신학, 철학, 문법(언어학)을 비롯하여 그때가지 이루어진 인간의 발전상을 집대성하였다. 디드로는 『백과전서』를 통해 이전 세기에 발견한 모든 것들을 하나로 모우고자 하였기 때문에 "가장 현명한 인간이라도 이곳에서 그가 모르는 새로운 사상과 사실들을 발견하게 될 것이다"[242]라고 확신하였다.

또한 『백과전서』는 프랑스 계몽사상의 결실이기도 하다. 편집책임자인 디드로와 달랑베르를 비롯하여 루소, 볼테르, 몽테스키외 등 프랑스의 대표적 계몽사상가들은 전통과 권위가 아닌 인간과 이성 중심의 가치관을 인류 앞에 제시하였다.

> 17세기 프랑스인에게 인간 이성과 지성은 중요하지 않았다. [···] '일시적'인 이 지상의 삶에서 영생만을 생각하였다. 그 결과 지성의

241 Alain Pons, 1986a, p.24.

242 『백과전서』 제8권, 「Avertissement」, p.II.

> 많고 적고는 중요하지 않았다. 유일한 요점은 종교적 신앙과 도덕이 고양되는 것이었다. 『백과전서』의 목표는 인류의 운명이란 하늘을 향하는 것이 아니라 이성과 지성에 의해 이 세상에서, 또 이 세상을 위해 진보하는 것에 있음을 큰소리로 주장하는 데 있다.[243]

이들은 전통적인 사고방식에 의문을 제기하고, 편견과 관습, 신념, 권위를 비판하면서 종교적 관용과 사상의 자유, 과학과 기술의 가치 등을 논하였다. 하지만 이들이 작성한 항목 서술 자체는 과격하지 않은 것으로 평가된다.

> (디드로의 몇 항목을 제외하고), 그들이 유보한 주제조차 불손한 암시를 허용하지 않는 것들이었다. 만일 우리가 정치나 종교에 관한 주제를 다룬 항목들을 훑어보아도 […], 우리는 거기서 중립을 지키고, 신중하며, 존경심까지 보여주는 것 이외에 아무 것도 찾을 수 없을 것이다.[244]

아마도 이것은 권력의 비위를 건드려 출판과 판매에 지장이 있지 않을까 두려워했던 르 브르통이 위험성이 있는 항목의 텍스트 내용 일부를 제거하고 출판했기 때문일 것이다. 하지만 그럼에도 불구하고 『백과전서』는 단순한 백과사전은 아니었다. 계몽주의 시대의 이성적 사고와 사회 비판주의를 대변하는 일종의 선언문이라 할 수 있다. 『백과전서』는 과학 발명품과 실용기술에 대한 최신의 지식을 배포함으로써 독자로 하여금 새로운 사상과 기술을 접할 수 있도록 하였고, 편견과 구습을 비판하고 불합리와 모순에 찬 사회 정치 제도를 이성의 눈으로 고찰함으로써 자유주의적 경제 정책을 도모하고

243 Daniel Mornet, 2010, p.76-77.
244 Daniel Mornet, 2010, p.76-77.

왕정의 독점 체제에 종말을 고하고자 하였다.[245] 저자들이 처음부터 의도한 것은 아니었다 해도 결과적으로 『백과전서』는 프랑스 대혁명의 사상적 기반이 된다.

4. 맺음말

18세기는 아카데미 프랑세즈가 가장 활발하게 사전을 편찬한 시기라 할 수 있다. 현재 제9판이 출간 중에 있는데 이 한 세기 동안만 4개의 판이 출판되었다. 초판의 결점을 보완하기 위해 시작된 제2판은 전판을 보완하면서 새로운 판을 만드는 아카데미의 사전 편찬 전통의 출발점이 되었다. 아카데미는 기본적인 편집 원칙은 준수하면서도 꾸준히 새로운 시도를 하는 특징을 지닌다. 제2판은 표제어의 배열 방식을 바꾸었다. 이것만으로도 이 판은 초판과는 완전히 다른 "새로운 사전"으로 인식될 정도였다. 제3판에서는 새로운 철자법이 도입되었다. 제4판에서는 모음 I와 자음 J, 모음 U와 자음 V가 분리되었고, 전문용어들이 많이 등재되었다. 하지만 제5판에서는 이전 판에서 원칙을 어기고 등재되었던 많은 전문용어들이 삭제된다. 혁명 정부에 의해 출간된 제5판은 대혁명의 흔적을 지니고 있다. 혁명 이후 새롭게 출현한 낱말들을 부록에 추가한 것이다. 신조어를 곧장 등재하는 것은 아카데미의 기본적인 편집 방향과는 맞지 않지만 아카데미도 시대 상황을 비껴갈 수는 없었다. 「머리말」도 아카데미 회원과는 관계가 없는 가라에 의해 작성되었다. 이런 이유로 한때 이 판이 아카데미 프랑세즈의 공식 사전으로 인정받지 못하는 수난을

245 Martyn Lyons, 서지원 역, 2011, p.107.

받기도 하였다. 하지만 원고의 대부분이 대혁명 전 아카데미 회원들에 의해 작성되었기 때문에 결국에는 공식 사전으로 인정받게 되었고, 가라가 「머리말」에 밝힌 것처럼 "프랑스어의 용법과 규칙을 신뢰하고 찾을 수 있는 유일한 사전"이라는 명예를 안게 된다.

아카데미 프랑세즈의 사전이 언어사전의 전통을 계승하고 있지만, 프랑스에서 18세기는 새로운 유형의 사전, 즉 『백과전서』의 출현으로 더 잘 알려져 있다. 17세기가 세 유형의 언어사전, 즉 아카데미 프랑세즈의 규범적 언어사전, 리슐레의 기술사전, 퓌르티에르의 백과식 언어사전의 출현으로 언어사전의 모델이 출현하였다면, 18세기는 백과사전의 모델이 출현한 것으로 특징지어진다. 사전의 출판은 출판 당시의 사회 문화적 여건과 밀접한 관련이 있는데, 『백과전서』의 출간은 당시 출판 산업의 성장과 생활여건의 개선, 과학과 학문의 발전이 있었기에 가능했다.

제작기간이 20년이 넘는 『백과전서』의 출판은 흩어져 있는 지식을 한데 모아 미래 세대에게 물려주는 것을 사명으로 여긴 디드로의 끈기와 열정이 있기에 가능했다. 물론 이런 대 역사가 한 사람만의 작업일 수는 없다. 직업과 신분은 달라도 "인류에 관한 보편적인 관심"을 공유한 200여 명의 도움이 있었기에 가능한 일이었다. 하지만 이들의 지적 수준의 편차가 심해 항목 기술에 일관성이 결여되는 등 결함의 흔적을 남기기도 하였다.

『백과전서』에는 약 7만 2천 개의 항목이 기술되어 있다. 표제어들은 알파벳순으로 배열되어 있다. 이 배열 방식은 찾고자 하는 항목을 쉽게 찾을 수 있게 해주는 장점이 있지만 항목들 간의 연관관계를 보여주지 못하는 단점이 있다. 그런데 『백과전서』는 참조기호라는 것을 이용하여 알파벳순 배열의 단점을 극복하면서 항목들 간의 연관관계를 보여준다. 참조기호는 같은 주제에 대해 다양한 의견을 들려주는 폴리포니를 형성하고 그럼으로써 디드로가 사전에서 실현하고자 했던 공동의 방식으로 생각을 변화시키는 장치로 작동한다. 이 시대에 벌써 하이퍼텍스트의 기능이 실현된 것이다.

『백과전서』는 18세기 지식의 총결산이자 프랑스 계몽사상의 결실이다. 집필에 참여한 계몽사상가들은 편견과 구습을 비판하고 종교적 관용과 사상의 자유를 옹호하였으며 불합리와 모순에 찬 사회 정치 제도를 이성의 눈으로 고찰하고자 하였다. 그 결과 이들이 처음부터 의도하지는 않았지만 『백과전서』는 프랑스 대혁명의 사상적 기반이 된다.

Ⅵ

실증주의자, 리트레의 『프랑스어 사전』

언어에 대한 연구는 19세기 초에 전환점을 맞이한다. 1786년 동양학자인 윌리엄 존스William Jones에 의해 산스크리트어와 고대 그리스어와 라틴어의 유사성이 알려지고, 1816년 프란츠 보프Franz Bopp에 의해 산스크리트어와 게르만어, 그리스어, 라틴어, 영어, 프랑스어 등의 기원 관계가 명확해 지면서 역사·비교 언어학이 유행하게 되고 언어 연구도 진일보하였다. 하지만 사전 편찬에는 이런 언어학적 진보가 즉각 수용되지는 못하였다.

사전 편찬에서 19세기 초는 대사전에 비해 어휘목록은 거의 같지만 미시구조가 대폭 축소된 휴대용 축소 사전dictionnaires de la réduction과 한 권에 많은 정보를 실은 축적 사전dictionnaires de l'accumulation이 유행하였다. 전자의 대표적인 사전으로는 노엘-프랑수아 드 와일리Noël-François De Wailly(1724-1801) & 에티엔-오귀스탱 드 와일리Etienne-Augustin De Wailly(1770-1821)의 『신 프랑스어 어휘 또는 아카데미 사전 요약집Nouveau vocabulaire françois ou abrégé du Dictionnaire de l'Académie』(1801)이 있고, 후자의 대표적인 사전으로는 피에르-클로드-빅투아르 보이스트Pierre-Claude-Victoire Boiste(1765-1824)와 장-프랑수아 바스티앵Jean-François Bastien(1747-1824)의 『프랑스어 보편사전Dictionnaire universel de la langue françoise』(1800)이 있다. 드 와일리의 사전은 1855년까지 22판이 출간되고 보이스트의 사전은 1857년까지 14판이 출간된다.[246]

역사언어학적 진보가 사전에 반영되기 시작한 것은 1835년쯤이다. 최초의 프랑스어 역사사전을 주도한 것은 아카데미 프랑세즈였다. 아카데미 회원들은 『아카데미 프랑세즈 사전』 제6판이 출판된

246 Jean Pruvost, 2002, p.44-45.

1835년에 지금까지의 사전 편찬 방식과는 다른 『프랑스어 역사 사전Dictionnaire historique de la langue française』의 편찬 작업에 착수하였다. 이 작업에는 샤를 노디에, 프랑수아-쥐스트-마리 레이누아르, 앙리 파텡, 아벨-프랑수아 빌맹 등이 참여하였다. 하지만 아쉽게도 아카데미 프랑세즈가 기획했던 역사 사전은 그 완성을 보지 못하였다. 이 사전은 A에서 Azyme까지의 항목만을 다루어 4권으로 출판되었다. 1권은 1865년, 2권은 1884년, 3권은 1888년, 4권은 1894년에 각각 출간되었다. 한편, 1842년 아카데미는 사전의 『보유판Complément』을 출판하는데 이 서문에서 루이 바레Louis Barré는 텍스트의 비판적 연구와 고대 언어들에 대한 역사·비교학적 지식에 의해 사전 편찬을 혁신해야 한다고 주장하였다.[247] 그리고 이러한 혁신은 19세기 후반 리트레에 의해 실현된다.

1. 리트레의 사전 편찬 경위와 과정

에밀 리트레Emile Littré(1801-1881)는 80년의 생애 동안 두 개의 기념비적인 업적을 남겼다. 그 하나는 히포크라테스의 작품을 번역한 것이요, 다른 하나는 『리트레 사전』으로 더 잘 알려진 『프랑스어 사전Dictionnaire de la langue française』의 편찬이다. 우리에게 사전 편찬가로 더 잘 알려져 있지만 리트레는 의사이자, 실증주의 철학자이기도 했다. 그는 대학에서 의학을 전공하고 의학 잡지에 많은 논문을 기고하였으며 의학사Histoire médicale 정교수 직을 제안 받을 정도로 의학에 조예가 깊었다. 1839년부터 1861년까지 20년이 넘는 기간 동안

247 Jean Pruvost, 2002, p.49.

히포크라테스의 작품들을 번역하기도 하였다. 1840년 무렵부터는 콩트의 제자가 되어 실증주의 사상 보급에 힘썼으며 『오귀스트 콩트와 실증철학Auguste Comte et la philosophie positive』(1863), 『철학적 관점에서 본 과학La Science au point de vue philosophique』(1873), 『실증철학 및 현대사회학에 관한 단편들Fragments de philosophie et de sociologie contemporaine』(1876) 등의 저서를 집필하였다. 하지만 그의 명성을 지금까지 유지시켜 준 것은 다른 어떤 것보다도 그가 편찬한 『프랑스어 사전』이라 할 수 있다.

언어의 역사에 대한 관심과 연구가 성행할 때 리트레는 사전 편찬을 계획하였다. 리트레는 시초에는 질 메나즈Gilles Ménage(1613-1692)가 200여 년 전에 이룩해 놓은 『프랑스어의 어원Origines de la langue françoise』(1650)을 현대적 방식으로 새롭게 할 의도였다. 1841년, 그는 이러한 자신의 계획을 오랜 친구이자 출판사를 경영하고 있는 루이 아쉐트Louis Hachette(1800-1864)에게 제안하였고 아쉐트는 그의 제안을 받아들였다. 그리하여 사전의 이름도 『신 프랑스어 어원사전Nouveau Dictionnaire étymologique de la langue française』으로 정하였다. 하지만 계획한 어원사전의 틀이 너무 좁다고 생각한 리트레는 1846년, 초기의 계획을 수정하고 사전의 이름을 『프랑스어 어원, 역사, 문법 사전Dictionnaire étymologique, historique et grammatical de la langue française』으로 변경하였다.[248] 전체적인 사전의 틀은 확장되었지만 텍스트들을 통하여 낱말의 역사를 기술한다는 작업에 대한 기본적인 원칙에는 변함이 없었다.[249]

사전의 초기 작업은 자료를 조사하고 용례를 수집하는 것이었다.

---

248 Emile Littré, 1995[1880], p.14.

249 Emile Littré, 1995[1880], p.102.

아쉐트는 이 작업을 위해 필요한 인력을 제공해 주었다. 그들은 작가들의 작품을 읽으면서 표제어의 용례로 쓰일 문장들을 발췌하여 적는 작업을 했다. 작품은 세기별로 가장 유명한 사람들의 것을 선정하였는데 용례의 수집 원칙은 다음과 같았다.[250]

- 가능한 한 모든 낱말의 용례를 수집한다;
- 고어, 신어, 문법에 어긋난 낱말들도 누락하지 않는다;
- 곡해되거나 독특한 의미에 주시한다;
- 우아함이나 일화 또는 역사 등에 의하여 흥미 있는 용례들에 우선권을 준다.

실증주의에 입각하여 모든 낱말의 용례를 수집하고, 심지어는 문법에 어긋나거나 의미가 곡해된 것들까지도 수집 대상으로 삼은 것이 특징이다. 충분하지는 않았지만 어느 정도 자료가 수집되자 리트레는 원고 집필에 들어갔다. 1845년에 시작된 이 집필 작업은 1865년에 끝이 난다. 하지만 부록까지 고려한다면 1875년까지 지속되었다고 할 수 있다. 20년 내지 30년이라는 실로 긴 세월이 소요된 대역사였다.

사전 편찬이 리트레 혼자만의 작업은 아니었다. 아메데 보장Amédée Beaujean, 베르나르 쥘리엥Bernard Jullien, 에두아르 소메Edouard Sommer, 프레데릭 보드리Frédéric Baudry 등이 사전을 편찬하는 데 도움을 주었다. 이들이 사전 편찬 작업에서 어떤 역할을 맡았는지는 잘 알려져 있지 않다. 다만 보드리는 잘못되거나 애매한 예문들의 원문을 잘 찾아주었다고 한다.[251] 리트레는 자신의 사전과 같이 복잡한 작

250 Emile Littré, 1995[1880], p.18-19.

251 Emile Littré, 1995[1880], p.47.

품을 만들 때는 협력자가 많으면 많을수록 오류나 결함을 피할 수 있다고 하여 협업을 강조하였다.[252]

한편 리트레는 위의 조력자들 이외에도 아쉐트의 동의를 얻어 자신의 아내와 딸을 조수로 기용하여 그들의 도움을 받기도 하였다. 아쉐트는 그들에게 일 년에 한 달간의 휴가를 주었고 작업의 대가로 2,400프랑을 주었는데, 1,200프랑은 리트레의 몫이었고, 나머지 1,200프랑은 그의 아내와 딸의 몫이었다. 리트레는 바닷가에서 보내는 한 달간의 휴가 기간을 제외하고는 거의 매일 아침 8시부터 새벽 3시까지 사전 작업에 전념하였다.[253]

인쇄 작업은 1859년에 시작되어 13년간 지속되었다. 그 사이 보불 전쟁의 참화와 파리 코뮌의 방화의 위험을 무사히 피하였다. 1863년부터 1872년까지 3단 조판으로 하여 4권으로 된 사전이 최종적으로 출판되었다. 리트레의 대사전은 사전의 계획부터 최종 출판까지 30여 년이 걸린 대역사의 결과였다. 그로부터 5년 뒤인 1877년에 『부록Supplément』이 발간되었다. 이 부록은 교정이 아니라 증보의 성격을 띠며 리트레는 부록의 서문에서 이미 지금까지 거의 30년이 걸린 작업을 연장하게 됐다며 사전 작업은 그 끝이 없다고 하였다.[254] 하지만 『리트레 사전』은 그 뒤로 재판되기는 하였지만[255] 아쉽게도 개정판은 내지 못해 고전주의 문학 프랑스어의 한 상태를 보여주는 것으로 만족할 수밖에 없게 되었다.

252 Emile Littré, 1995[1880], p.33.

253 Saint-Beuve, 1965, p.44.

254 에밀 리트레, 『프랑스어 사전』, Gallimard/hachette, 1965, p.224.

255 본 글은 1965년 갈리마르/아쉐트 출판사에서 재출판한 사전과 가나즈와 기욤이 전산화하여 인터넷상에서 서비스를 제공하고 있는 XMLittré에 근거하고 있다.

한편, 주요 공동편찬가 중의 한 사람인 보장은 1874년 대사전의 축약판인 『리트레 소사전Le Petit Littré』을 출판하였다. 2005년에는 1874년판을 증보 개정한 『신 리트레 사전Le Nouveau Littré』이 한정판으로 가르니에 출판사에서 출판되었다. 이후 종이에 출판된 『리트레 사전』은 가나즈Gannaz와 기욤Guillaume에 의해 디지털화되었으며 2005년부터 인터넷에서 무료로 서비스를 제공하여 누구나 자유롭게 참고할 수 있다. 현재까지 백만 명 이상이 이 사이트를 방문하여 『리트레 사전』이 21세기인 오늘날에도 여전히 유용하다는 것을 증명하고 있다.

2. 사전의 구조와 특징

『리트레 사전』의 항목은 공통적으로 다음과 같은 구조로 되어 있다.

- 표제어
- 발음
- 문법명시
- 뜻풀이
- 용례
- 주석
- 역사
- 어원

이를 예시와 함께 표로 나타내면 다음과 같다.

항목구조	예시
표제어	**aversion**
발음	a-vèr-sion ; en poésie, de quatre syllabes
문법명시	*s.f.*
뜻풀이	1. Sentiment qui fait qu'on se détourne d'une personne ; haïne, antipathie.
용례	Le peuple l'avait en aversion. Prendre quelqu'un en aversion. Inspirer à quelqu'un de l'aversion pour un autre.
주석	**R.** On dit dans le même sens aversion pour une chose et aversion d'une chose.
역사	**H. XVIe s.** "Il faut craindre de faire aversion [détournement] du sang vers les parties nobles", **Paré**, IX, 10.
어원	**E.** *Aversio*, de *a*, désignant éloignement, et *vertere*, tourner (voy. **version**) : mot à mot, détournement.

표제어부터 주석 난까지는 공시 정보를 기술한 반면에 역사와 어원 난에서는 통시 정보를 제공한다. 리트레는 사전의 항목을 언어의 공시적인 정보를 주는 부분과 통시적인 정보를 주는 부분으로 구분하여 첫 번째 부분에서는 17세기부터 19세기 초까지의 언어를 기술하고, 두 번째 부분에서는 16세기까지의 언어와 어원 정보를 제공하고 있다. 하지만 구별된 이 두 부분은 밀접한 관계를 맺고 있으며 상호 보완적 역할을 한다. 리트레는 서문에서 "현재의 용법과 역사적 용법을 분리하는 것이 가능하고 지금까지의 사전들이 그렇게 해왔지만 언어의 역사가 없는 공시 사전은 뿌리가 없는 나무와 같고, 현재의 용법이 없는 역사 사전은 가지와 잎이 없는 나무와 같아 자신은 이 둘을 결합하였고 이것이 자신의 사전이 갖는 특징이다."[256]라고 하였다.

256 에밀 리트레, 『프랑스어 사전』, 1965, p.167.

2.1. 사전의 기술 대상: 현대의 용법

리트레는 무엇보다도 현대의 용법을 충실히 기술하고자 하였다. 그는 서문에서 사전의 제일의 주된 대상은 현대의 용법이며 독자들은 오늘날 어떻게 말하고 쓰는지를 알기 위해 사전을 참고하기 때문에 가능한 한 완벽하게 이 용법을 기록하는 것이 무엇보다도 중요하다고 명확히 밝히고 있다.[257]

그렇다면 리트레는 현대 용법의 범위를 언제부터 언제까지로 설정했을까? 프뤼보에 따르면, 리트레는 언어는 유기체로서 성장하고 절정기에 도달한 다음 쇠퇴한다는 다윈 사상에 근거하고 있으며 19세기 말의 많은 언어학자들처럼 프랑스어의 절정기를 17세기로 보았다.[258] 따라서 그는 17세기 초반 이후에 속하는 언어를 현대로 간주하고[259] 그때부터의 언어를 주요 기술 대상으로 삼았다. 그가 현대로 간주하여 기술 대상으로 삼은 기간은 약 200년이다. 그의 사전은 19세기 초까지의 언어만을 대상으로 삼고 1830년 이후의 언어는 전혀 고려하지 않았다. 이러한 점은 뒤에 많은 비판을 받는다.

리트레는 17세기부터 약 200년 동안의 프랑스어 모습을 충실히 반영하기 위해 1835년에 출판된 『아카데미 프랑세즈 사전』의 제6판에 등재된 모든 단어들을 기본적인 목록으로 삼았다.[260] 그리고 이 사전에 등재되지는 않았지만 17세기와 18세기 작가들의 작품 속에 쓰인 단어들과 직업 용어, 과학·기술 용어, 구어, 속어, 방언들을 추

257 에밀 리트레, 『프랑스어 사전』, 1965, p.118.

258 http://www.u-cergy.fr/dictionnaires

259 George Matoré, 1968, p.120.

260 울드리지Terence Russon Wooldridge가 전산화한 결과에 의하면, 『아카데미 프랑세즈 사전』의 제6판에 등재된 표제어의 수는 총 28,910개이다. (http://www.chass.utoronto.ca/~wulfric/academie/acadXIX/35nindex.htm)

가하였다. 그는 고전시대의 작가들 작품에 있는 단어들 중 일부는 고어가 되었지만 그럼에도 이런 단어들이 등재되어야 한다는 원칙을 갖고 있었다. 고어가 되었다 해도 일단 작품에서 만난 이상 독자에게 설명이 필요하다고 생각하였기 때문이다. 전문용어는 그 영역이 너무 광범위한데다 그 수 또한 너무 많기 때문에 일상의 대화나 책 속에서 쓰인 것들을 우선적으로 선별하였다. 이런 선별 과정을 통하여『리트레 사전』에는 총 78,423개의 표제어가 등재되었다. 그리고 이 표제어들은 형태·의미적 관계를 고려하지 않은 알파벳순으로 배열되었다.

2.2. 발음

발음 정보는 표제어 바로 뒤 괄호 안에 주어진다. 당시까지는 음성 기호가 없었기 때문에 알파벳 문자가 사용되었다.

cafardage (ka-far-da-j'), *s.m.*
cafarderie (ka-far-derie), *s.f.*

cerclage (sèr-kla-j'), *s.m.*
cercle (sèr-kl'), *s.m.*

발음 표기의 원칙은 〈발음 표시 표Tableau de la figuration de la prononciation〉에 명시되어 있다. 리트레가 채택한 대원칙은 각각의 문자에 각 문자가 알파벳에서 지니고 있는 고유의 가치를 엄격히 보존하는 것이었다.[261] 구체적인 알파벳 문자 사용의 몇몇 예를 들면

261 에밀 리트레,『프랑스어 사전』, 1965, p.229.

다음과 같다.[262]

A 주요 두 음이 있다. 예시 *avoir*와 *âme* ; 악상 시르콩플렉스가 이 두음을 구별한다.

I 장음 또는 단음이다 ; 악상 시르콩플렉스가 이 두 *i*음을 구별한다.

C 배제됨 ; *s*음이 날 때는 *s*에 의해 표상됨 : *ceci*는 *se-si*로 표기됨 ; 격음일 때는 *k*에 의해 표상된다.

H 유기음일 때만 표기 : *hache, ha-ch'* ; 하지만 *homme*는 *o-m'*로 표기한다.

하지만 서문에서 밝힌 알파벳 사용 원칙에 어긋나는 예들도 있다. 예를 들어 [s]음은 알파벳 s에 의해, [k]음은 알파벳 k에 의해 표시하고 알파벳 c는 배제한다고 하였으나 *caféier, caféière* 등에서 [k]음을 표기하는 데 철자 c가 사용되었다.

caféier (ca-fé-ié), *s.m.*
caféière (ca-fé-iê-r'), *s.f.*

한편, 리트레는 발음할 때 주의를 요하는 낱말에 대해서는 알파벳 발음 이외에 상세한 설명을 곁들이기도 하였다.

2.3. 뜻풀이와 의미 분류

리트레는 낱말의 뜻풀이가 사전 편찬의 가장 큰 어려운 일 중의 하나라는 사실을 인식하고 있었으나 서문에 구체적인 뜻풀이 원칙에 대해서는 언급하지 않았다. 다만 번역, 등가어가 뜻풀이를 대신

262 에밀 리트레, 『프랑스어 사전』, 1965, p.229.

하는 사어langue morte나 이개어 사전과는 달리 단일어 사전의 뜻풀이가 표제어 A가 B로, B는 다시 A로 정의되는 악순환에 빠질 수 있음을 경고하였다. 그리고 그러한 구체적인 예들을 『아카데미 프랑세즈 사전』에서 찾아 보여준다. 예를 들어 이 사전에는 표제어 fier가 "hautain", "altier"로 정의되어 있고, 표제어 hautain은 "fier", "orgueilleux"로 정의되어 있는데[263] 리트레는 이것을 피해야 할 잘못으로 보았다. 왜냐하면 세 낱말 hautin, altier, haut는 라틴어 altus에서 유래하여 의미의 토대는 같지만 haut에는 접미사가 없고, hautain에는 접미사 -ain이, altier에는 접미사 -ier가 첨가되어 있어 의미상의 차이, 즉 뉘앙스의 차이가 있기 때문이라는 것이다. 리트레는 동의어들의 뉘앙스 차이를 잘 설명하기만 하면 동의어로 뜻풀이를 대신하는 악순환을 끊을 수 있다고 보았다.[264] 하지만 이 작업이 결코 쉬운 일이 아니라는 걸 잘 알고 있던 리트레는 본인도 동의어에 의한 정의에서 완전히 벗어나지는 못했음을 솔직하게 인정하고 있다.[265]

리트레는 정의보다도 다의어의 개별의미들을 배열하는 데 더 많은 관심을 기울인 것 같다. 그는 서문에 많은 지면을 할애하여 의미의 배열 문제를 상세하게 논하고 있다. 그는 먼저 아카데미 프랑세즈가 취한 의미 배열 방식을 구체적인 예를 들어가며 비판하였다. 아카데미의 사전에는 가장 일상적인 의미, 즉 말과 글에서 가장 빈번히 사용되는 의미가 제일 앞에 배치되어 있는데 이것은 다음과 같은 점에서 잘못이라고 지적하였다.[266]

263 fier, hautain, altier, orgueilleux 등은 모두 '오만한', '거만한', '불손한', '도도한' 등으로 번역될 수 있다.

264 에밀 리트레, 『프랑스어 사전』, 1965, p.140-141.

265 에밀 리트레, 『프랑스어 사전』, 1965, p.140.

266 에밀 리트레, 『프랑스어 사전』, 1965, p.128.

- 가장 일상적인 의미를 사전의 제일 앞에 배열하다보면 다음에 올 의미들을 추론하고 배열할 방법이 없게 된다.
- 어떤 의미가 가장 일상적인 의미로 사용되는 것은 항구적인 특징이 아니다.

한마디로 리트레는 아카데미 프랑세즈가 논리도 항구성도 없는 원칙에 근거하여 의미들을 배열하고 있다고 비판하였다. 그렇지만 또 다른 한편으로는 이 사전이 그러한 방식을 선택할 수밖에 없었던 불가피성을 이해할 수 있다는 입장을 보인다. 의미들의 연관성을 보여줄 수 있는 자료들이 불충분하고 낱말의 역사와 어원을 기술하지 않은 사전에서는 이 방식을 따를 수밖에 없다는 것이다. 아카데미가 취한 방식을 비판하기는 했지만 리트레 자신도 의미 배열이 어려운 작업이라는 사실을 잘 알고 있었던 것이다.

> 의미들의 분류는, 그것이 많고 다양할 때, 까다로운 작업이다.[267]

그러면 낱말의 역사와 어원 정보를 제공하고 있는 리트레는 어떤 방식으로 의미들을 배열하였을까? 리트레는 시초의 의미와 파생의 미들 사이의 연관성을 밝히는 것이 쉬운 일은 아니지만 시초의 의미와 그로부터 파생된 의미들의 관계가 자의적이지 않으며, 의미 파생은 일정한 진행과정에 따라 이루어진다고 보았다.[268] 따라서 그는 무엇보다도 의미들 사이의 연관성과 계통을 중요시했고 이것들을 잘 드러낼 수 있는 방식으로 의미들을 배열하고자 하였다. 결국 리트레는 어원에 근거하여 시초의 의미를 밝히고 그로부터 논리적 순

267 에밀 리트레, 『프랑스어 사전』, 1965, p.130.
268 에밀 리트레, 『프랑스어 사전』, 1965, p.127.

서에 따라 의미들을 배열하였다. 즉, 고유의 의미에서 시작하여 이 고유 의미로부터 점점 멀어지는 의미 순서대로 배열한 것이다.

> 개별의미들은 엄격하게 논리적 순서, 즉 고유 의미에서 시작하여 그 의미로부터 점점 더 벗어난 의미 순서로 배열되었다.[269]

하지만 어원적 의미를 시초의 의미로 간주하여 제일 앞에 배열한 그의 방식도 어원적 의미와 시초의 의미가 다를 수 있고, 또 어원적 의미가 다른 의미들보다 더 뒤에 차용되는 경우도 있다는 점에서 비판을 받기도 하였다.

2.4. 용례

풍부한 인용 용례는 『리트레 사전』의 가장 큰 특징이자, 가장 큰 장점이다. 그뿐만 아니라 가장 중요한 혁신이기도 하다. 리트레 이전에도 풍부한 용례를 제시한 사전들이 있었지만 그들에게 용례는 뜻풀이를 예증하고 결합 정보를 제공하는 등 실용적인 목적의 보조 수단에 불과했다. 하지만 리트레에 와서 용례는 그 자체로 매력이 되는 사전의 중요한 구성요소로 격상되었다.[270] 리트레는 사전에서 코르네유나 라신 등의 아름다운 시구를 만나는 것은 기쁨이라 하였다.[271]

리트레는 인용문을 선별할 때 새로운 것보다는 오래된 것을 더

---

269 에밀 리트레, 『프랑스어 사전』, 1965, p.143.

270 “dans le mien il est partie constituante de l’oeuvre”(에밀 리트레, 『프랑스어 사전』, 1965, p.136.)

271 에밀 리트레, 『프랑스어 사전』, 1965, p.138.

선호하였다. 시기를 거슬러 올라갈수록 최초의 의미를 찾을 수 있는 가능성이 더 높고 또 그로부터 의미의 연쇄를 발견할 수 있기 때문이었다.[272] 리트레의 사전을 전산화한 XMLittré v1.3에 따르면, 리트레는 약 3천 9백 명의 작가에서 29만 개 이상의 인용문을 발췌하여 용례로 실었다. 작가의 이름이 없이 인용된 수도 3만 6천 개가 넘는다. 주요하게 인용된 작가와 인용문 수를 표로 나타내면 다음과 같다.[273]

인용된 작가	인용문 수
볼테르Voltaire	17,977
보쉬에Bossuet	12,606
코르네유Corneille	11,484
라신Racine	10,745
마담 드 세비네Madame de Sévigné	9,667
몰리에르Molière	8,459
몽테뉴Montaigne	8,208
라 퐁텐La Fontaine	6,935
아미오Amyot	6,262
부알로Boileau	4,780

위 표를 보면 17세기와 18세기 작가들이 주로 인용된 것을 알 수 있다. 물론 16세기와 19세기의 작가들도 인용되었지만 19세기는 1830년 이후의 작품들에서는 인용이 되지 않았다. 그 결과 졸라와 위고의 작품들 중 대부분은 인용이 되지 않은 문제점을 안고 있다. 이와 함께 용례들이 뜻풀이와 같은 활자로 인쇄돼 서로간의 구별이

272 에밀 리트레, 『프랑스어 사전』, 1965, p.138.

273 http://francois.gannaz.free.fr/Littre/accueil.php

힘들고, 줄바꿈도 없어 시들이 산문의 형태를 띠는 점도 문제점으로 지적된다. 또한 리트레가 용례들을 수집하면서 오자나 오식이 있는 열악한 판본들을 이용했다는 점도 비판받고 있다.[274]

한편, 리트레는 현대의 용법을 다룬 부분에서는 의미에 따라 용례들을 배치하였으나 낱말의 역사를 다룬 부분에서는 용례들을 연대순으로 배열하였다.

2.5. 주석

리트레는 일반적으로는 사전의 구성에 들어가지 않지만 철자, 의미, 구문 구조, 피해야 될 실수 등에 관한 보충적 설명이 필요할 때는 주석 난을 두어 이를 설명하였다.

주석은 주로 remplir un but(목표를 채우다)와 같이 말이나 글에서 일상적으로 사용되고 있으나 잘못된 용법이거나(목표는 달성하는 것이기 때문에 atteindre un but라 해야 한다), davantage que처럼 고전시대에는 사용되었으나 현대에는 더 이상 용인되지 않는 용법에 관한 것이다. 특히 davantage que와 같이 고전시대의 용법으로 현대에는 용인되지 않는 용법에 관한 주석은 이용자들에게 유용한 정보로 보인다. 이용자들은 고전시대의 유명한 작가들의 작품에서 마주치는 표현들에 대해서는 작가들도 사용한 만큼 이런 표현을 사용해도 무방하다고 생각할 수도 있는데, 주석은 이런 표현을 현대에 사용하면 잘못이라는 점을 명시해주기 때문이다.

274 George Matoré, 1968, p.119.

2.6. 역사 정보와 어원

리트레는 앞에서 언급한 것처럼 17세기부터 19세기 초까지 현대의 언어를 기술한 부분과 언어의 시초부터 16세기까지를 기술한 부분으로 구분하여 발음과 뜻풀이, 용례, 주석 등과 같은 공시 정보는 앞부분에, 낱말의 역사와 어원 같은 통시 정보는 뒷부분에 기술하였다. 따라서 언어의 역사나 어원에 대해 관심이 없는 독자는 앞부분만 보고 사전의 참조를 멈출 수도 있다. 반면에 낱말의 어원이나 시대별 용법 등과 같은 언어의 역사에 더 관심이 있는 이용자라면 앞부분을 건너 띠고 뒷부분만을 참조할 수도 있다. 그러면 리트레는 구체적으로 통시 정보로 무엇을 기술하였을까?

리트레는 역사 난에 가장 오래된 시기부터 16세기까지의 용례들을 주로 모아놓았다. 그런데 리트레는 현대의 용법을 다루는 앞부분과 과거의 용법을 다루는 뒷부분에서 의미와 그에 따른 용례의 배열 방식을 달리하였다. 현대의 용법에서는 시초의 의미에서 시작하여 논리적 순서를 준수한 반면 고어의 용법에서는 아래의 예처럼 순수하게 연대기 순으로 용례들을 배열하였다.[275]

hôtel (ô-tel) s.m.
1° Demeure somptueuse d'une personne éminente ou riche.
2° Absolument. L'hôtel signifiait la maison du roi.
3° Maître d'hôtel, officier qui dirige le service de table d'un prince, d'un seigneur, d'un riche particulier.

---

275 "Pendant que dans l'article consacré à l'usage présent, les acceptions sont rigoureusement classées d'après l'ordre logique, c'est-à-dire en commençant par le sens propre et en allant aux sens de plus en plus détournés, ici tout est rangé d'après l'ordre chronologique."(에밀 리트레, 『프랑스어 사전』, 1965, p.143.)

[…]

- **H. XIe s.** Tut te durrai [donnerai], boens hom, quanque m'as quis, Lit et ostel e pain e carn e vin, S. Alexis, XLV. /./

XIIe s. Il avoit à hostel [chez lui] les messages [messagers] Carlon, Sax, XXII. /./

XIIIe s. Chascuns prist ostel tel come lui plot, car assés i en avoit, VILLEH. CVII. /./

XIVe s. Que nul ne nulle ne soustienne mauvais hostel [mauvais lieu], ne hourieur, ne houriere, jeu de dez, sur l'amende de soixante sols, BOUTEILLER, Somme rural, titre 88.

XVe s. Ainsi comme ils [des gens de guerre] passoient et qu'ils venoient prendre hostel en la ville de Vilvort… FROISS. I, I, 78. /./

XVIe s. La belle chere amende beaucoup l'hostel, COTGRAVE. /./

역사 난에서 용례들을 출현 순서대로 실은 이유를 리트레는 사전의 서문에서 다음과 같이 밝히고 있다.

> 계승의 원칙이 의미 순서의 원칙보다 더 우선한다. 중요한 것은 어떻게 용법들이 서로 계승하고 연관되는 가를 아는 것이다.[276]

리트레는 시간의 순서에 따라 용례들을 배열함으로써 낱말의 시초 형태와 시초의 의미에 대한 정보를 명시적으로 드러내고자 하였다. 하지만 리트레는 자신의 사전을 고어사전으로 만들 의도는 없었기 때문에 고어는 현대어와 관련해서만 실었다.[277]

리트레는 어원 정보를 제시하는 것을 끝으로 각 항목을 마무리했다. 그는 자신의 사전이 처음으로 프랑스어의 어원에 관해 총체적으

276 에밀 리트레, 『프랑스어 사전』, 1965, p.143.

277 에밀 리트레, 『프랑스어 사전』, 1965, p.142.

로 다루었으며 추측에 의하지 않고 엄격한 방법론에 입각하여 어원 정보를 제시하였다고 하였다. 하지만 그의 주장에도 불구하고 현대의 입장에서 보면 어원 정보의 오점이 많이 발견된다. 리트레 당시까지만 해도 어원 연구에 상당한 공백이 있는 시기였기 때문에 그도 시대의 조건으로부터 자유로울 수는 없었다. 리트레의 사전을 전산화시킨 기욤과 가나즈는 리트레의 어원 연구가 초보단계라서 어원의 내용이 근거 없는 것이 많았다면서 어원 정보의 오점을 지적한 바 있다.[278]

3. 맺음말

리트레가 편찬한 사전은 대성공을 거두었다. 언론으로부터 "교양인의 바이블Bible de l'homme cultivé"이라는 극찬을 받았을 뿐만 아니라 경제적으로도 많은 수익을 올렸다. 헨리 스위트가 옥스퍼드 출판사와 사전 출판 협상을 벌일 때, 리트레의 사전은 4천쪽의 대작으로 가격이 4파운드나 되어도 무려 4만 질이나 팔렸다는 사실을 강조하면서 옥스퍼드 사전이 그에 버금가는 성공을 거두려면 제임스 머리를 편집장으로 임명해야 한다고 했을 정도다.[279]

리트레의 『프랑스어 사전』은 언어에 대한 참고서의 권위의 상징이 되었고 작가들은 그의 사전을 이용하는 것을 자랑으로 삼았다. 리트레 사전의 권위와 명성은 폴 로베르Paul Robert의 『프랑스어 알파벳순 유추 사전Dictionnaire alphabétique et analogique de la langue française』

278 http://francois.gannaz.free.fr/Littre/accueil.php
279 사이먼 윈체스터, 이종인 역, 2005, p.139.

(1953-1964)이 출판될 때까지 약 한 세기 동안 지속되었다. 비록 리트레의 사전이 변화하는 언어를 제때 수용하지 못 해 현실 언어에 대한 참고서로서의 권위는 다른 사전에 양보하게 됐지만, 실증주의의 영향을 받아 편찬된 그의 사전이 후세의 사전 편찬에 끼친 영향은 지대하였다. 프랑스의 대표적인 사전학자, 프뤼보가 "리트레의 사전이 모델로 제도화되어 새로운 개념의 사전을 만드는 데 장애가 되었으며 이 사전을 극복하기 위해서는 20세기 후반과 언어학의 발전을 기다려야 했다"[280]라고 말할 정도였다.

"19세기의 가장 위대한 프랑스 사전 편찬가"[281]인 리트레가 만든 사전은 프랑스 사전 편찬 역사에서 기념비적인 사전 중의 하나라는 것은 이론의 여지가 없다. 하지만 그와 동시에 『리트레 사전』은 아무리 위대한 사전이라도 제때에 오류를 수정하고 정보를 보완하는 등의 작업을 계속하지 않는다면 어느 한 순간 과거의 유물로 머물 수밖에 없다는 것도 잘 보여준다.

280 Jean Pruvost, 2002, p.53.

281 "Emile Littré fut le plus grand lexicographe français du XIXe siècle."(『아카데미 프랑세즈 사전』, 제9판, '사전 편찬가lexicographe' 항목의 용례)

Ⅶ

모든 것에 대해서 모든 사람에게 가르친다:

피에르 라루스의 사전

1. 라루스 출판사의 설립과 사전의 출판

피에르 라루스Pierre Larousse(1817-1875)는 에밀 리트레와 함께 19세기 프랑스의 대표적인 사전 편찬가로 꼽힌다. 1817년 부르고뉴 지방의 투시에서 대장장이 아버지와 여관을 운영하는 어머니 사이에서 태어난 그는 고향에서 초등학교를 마치고 열여섯 살 때 대학에서 장학금을 받고 베르사유의 사범학교Ecole Normale에 진학하였다. 그리고 스무 살에 다시 고향으로 돌아가 모교에서 2년(1838.5-1840.5)여 정도 교사로 재직하였다. 교사로서의 재직 기간은 짧았지만 이 기간 동안 교육 현장을 직접 체험하면서 학습 교재, 특히 언어 교육 교재의 빈약함을 확인하게 되었고, 이것이 계기가 되어 후에 사전 편찬을 포함하여 교육 교재 출판에 헌신하게 된다.

1840년부터 라루스는 파리에 체류하면서 독학으로 공부를 계속하였다. 소르본 대학과 콜레즈 드 프랑스 등에서 개설한 강의를 주로 청강하였다. 독학은 8년간 지속되었다. 독학을 마치자 라루스는 기숙사립학교인 조프레Jauffret에 들어가 복습교사répétiteur로 1851년까지 재직하였다. 이 기간 동안 그의 첫 저서인 『초등학교 어휘La lexicologie des écoles primaires』와 『어휘 기본 문법Grammaire élémentaire lexicologique』(1849)이 출판되었다.

1852년에는 베르사유의 사범학교를 나온 동향의 오귀스탱 부아이에Augustin Boyer와 함께 출판사를 설립하였다. 출판사의 이름은 두 사람의 성을 따라 라루스와 부아이에 출판사Librairie Larousse et Boyer로 정하였다. "모든 것에 대해서 모든 사람에게 가르친다."[282]라는 야심찬 설립 목표를 설정한 그는 프랑스어 교육의 토대가 되는 일련

282 Yves Garnier, 2005, p.83.

의 작품들을 지속적으로 출판하였다. 대표적인 작품들을 나열해 보면 다음과 같다.

1852: 『논리 분석과 종합의 개론Traité complet d'analyse et de synthèse logique』

『유아를 위한 어휘 문법Grammairc lexicologique du premier âge』

1853: 『어린이 백과사전Encyclopédie du jeune âge』

1856: 『어휘 방법론Méthode lexicologique』

1858: 『그리스어 어근의 정원Jardin des racines grecques』

1860: 『라틴어 어근의 정원Jardin des racines latines』

1862: 『문체와 작문의 입문ABC du style et de la composition』

1863: 『어휘의 파편들Miettes lexicologiques』

1867: 『문학 문법Grammaire littéraire』

1868: 『상급 문법Grammaire supérieure』

1870: 『지적 체조, 글쓰기 기술Gymnastique intellectuelle, Art d'écrire』

라루스가 출판한 이 모든 책들은 학생들로 하여금 단순한 암기력에 의존하는 것에서 벗어나 스스로 생각하여 적당한 낱말과 개념을 발견하도록 하는 데 초점을 두고 있다.[283]

라루스는 교과서 출판뿐만 아니라 사전 편찬에도 열정을 쏟았다. 후세에 그의 명성은 사전으로 인해 더 알려졌다고 할 수 있다. 출판사를 설립하고 사업가로서 그리고 사전 편찬가로서의 대모험을 시작한 지 4년만인 1856년, 첫 사전인 『신 프랑스어 사전Nouveau Dictionnaire de la langue française』이 출간되었다. 사전은 즉각적으로 그리고 지속적으로 대성공을 거두게 되는데 1859년 6월부터 그 다음

283 『19세기 보편대사전』 제10권의 「Larousse」 항목; Pierre Larousse, 1993, p.272.

해 6월까지 약 44,000 부가 팔렸고, 1905년 『삽화가 곁들어진 라루스 소사전Petit Larousse illustré』이 출판되기 전까지 50년 동안 5백만 부 이상의 사전이 팔렸다.[284] 이러한 성공은 당시 학습 교재의 빈약함 속에서 이 사전이 기조법[285]에 따라 설립된 학교의 요구에 시기적절하게 부합할 수 있었기 때문인 것으로 보인다. 첫 사전의 성공을 발판으로 라루스는 대사전을 기획하게 되고 1866년에 『19세기 보편대사전Grand Dictionnaire Universel du XIXe siècle』 제1권을 출판하였다. 하지만 아쉽게도 그는 사전이 완성되는 것을 보지 못하고 1875년에 영면하였고 15권의 대사전은 그의 사망 1년 후인 1876년에 완성된다.

라루스는 비록 그의 대사전의 완성을 보지 못하고 사망하였지만 그의 사후에도 출판사는 계속 번창하여 프랑스 제1의 사전출판사가 된다. '라루스'라는 고유명사가 '사전'이라는 보통명사를 대신할 정도였다. 1955년에 『삽화가 곁들어진 라루스 소사전』 출판 50주년을 기념하는 특별 판의 표지에 붙은 다음과 같은 광고가 이를 잘 입증해 준다. "사람들은 더 이상 사전이라고 말하지 않는다. 라루스라 한다."[286] 라루스 출판사는 현재까지도 수많은 다양한 사전들을 편찬하고 있다. 그중 대표적인 사전들을 나열해보면 다음과 같다.

1897-1904: 『삽화가 곁들어진 신 라루스Le Nouveau Larousse illustré』 (7권)
1905: 『삽화가 곁들어진 라루스 소사전Le Petit Larousse illustré』

284 Jean Pruvost, 2002d, p.50.

285 1833년의 기조법La loi Guizot은 각 마을마다 최소한 한 개의 초등학교를, 각 도마다 사범학교를 설립하도록 하고 있다.

286 Jean Pruvost, 2002b, p.38.

1907-1957: 『삽화가 곁들어진 월간 라루스Le Larousse mensuel illustré』 (14권)

1910: 『삽화가 곁들어진 고전 라루스Larousse classique illustré』

1912: 『포켓 라루스Larousse de poche』

1914: 『삽화가 곁들어진 초급 라루스Larousse élémenatiare illustré』

1914: 『삽화가 곁들어진 프랑스어 사전Dictionnaire illustré de la langue française』

1927-1933: 『20세기 라루스Le Larousse du XXe siècle』 (6권)

1936: 『프랑스어 소사전Petit Dictionnaire français』

1946: 『더 작은 라루스Plus Petit Larousse』

1949: 『초보자 라루스Larousse des débutants』

1953: 『나의 첫 라루스Mon premier Larousse』

1960-1964: 『라루스 대백과사전Grand Larousse encyclopédique』 (10권)

1966: 『현대 프랑스어 사전Le Dictionnaire du français contemporain』

1971-1978: 『라루스 프랑스어 대사전Grand Larousse de la langue française』 (7권)

1975: 『렉시스, 프랑스어 사전Lexis, Dictionnaire de la langue française』

1982-1985: 『라루스 백과 대사전Grand Dictionnaire encyclopédique Larousse』 (10권)

라루스 출판사는 다양한 계층을 위한 새로운 사전들을 계속 출판하면서 또 한편으로는 같은 사전을 지속적으로 출판해 오고 있다. 후자의 경우, 1905년부터 현재까지 출판되고 있는 『삽화가 곁들어진 라루스 소사전』이 가장 대표적인데 통계에 의하면 프랑스 각 가정마다 이 사전을 최소 한권씩은 보유하고 있다고 한다.[287] 그만큼 라루스 출판사의 사전들이 프랑스인들, 더 나아가서는 프랑스어권

287 Jean Pruvost, 2002c, p.18.

이용자들에게 미치는 영향력이 크다고 할 수 있다.

본 장에서는 라루스에게 사전 편찬가로서의 명성을 가져다주고 나중에 『삽화가 곁들어진 라루스 소사전』의 모델이 된 작품인 『신 프랑스어 사전』과 리트레의 언어사전과 함께 19세기 프랑스 사전 편찬의 기념비적 작품이 된 『19세기 보편대사전』의 사전학적 특징들을 살펴보고자 한다.

2. 『신 프랑스어 사전』

가로 세로 8.5×14.5cm, 714쪽의 본문과 10여 쪽의 서문으로 구성된 이 문고판 사전은 학생들의 학습을 돕는 것을 주목적으로 하고 있다. 이 사전은 1856년 초판이 간행된 이후 평균 반년마다 새판이 나왔고 그때마다 내용 또한 추가되었다. 예를 들어 1858년에는 제8판이, 1871년에는 제31판이, 그리고 1883년에는 제56판이 출판되었는데 초판 때 714 페이지가 31판에서는 908 페이지로, 56판에서는 1,138 페이지로 그 양이 증가되었다.

2.1. 서문[288]

1856년 라루스에 의해 작성된 초판의 서문은 그가 생존해 있을 때 출판된 판들뿐만 아니라 사후에 출판된 판들에서까지 큰 변화 없이 그대로 실린다.[289] 그만큼 라루스는 자신 생애의 첫 사전인 『신

288 서문의 분석은 1858년에 출판된 제8판에 근거하고 있다.

289 Jean Pruvost, 2002d, p.72.

프랑스어 사전』의 초판 서문 집필에 심혈을 기울였고 서문의 내용에 대해서도 만족하고 자부심이 강했다고 할 수 있다.

먼저 라루스는 모든 사전을 뜻풀이에 용례가 동반된 사전과 뜻만 나열하고 용례가 없는 사전으로 분류하고, 자신의 사전 이전에 출판된 단권으로 된 사전들을 '해골squelette'로 비유하면서 이들 사전들에 뜻풀이를 입증해줄 수 있는 용례가 결여되어 있음을 비판한다. 그리고 faux(거짓된)와 ménager(절약하다, 신중하게하다) 두 항목을 예로 들어 뜻만 나열한 다른 출판사의 사전과 용례를 곁들인 자신의 사전을 비교해 보여준다.

[다른 출판사의 사전들]
Faux, adj. Contraire à la vérité; feint; contrefait; discordant; infidèle.

MÉNAGER, v. tr. User d'économie; procurer; conduire.

Faux, adj. Qui n'est pas vrai; controuvé; illusoire; qui n'est pas exact; qui manque de justesse; qui affecte des sentiments qu'il n'a pas; /./.

MÉNAGER, v. tr. User d'économie; ne pas fatiguer, ne pas exposer mal à propos. /./.

[라루스의 사전]
Faux, adj. Contraire à la vérité : bruit faux ; feint : fausse douceur ; mal fondé : fausse crainte ; altéré : fausse monnaie /./.

MÉNAGER, v. tr. Administrer avec économie : ménager son revenu. Fig. Ne pas fatiguer : ménager ses forces ; ne pas exposer mal à propos : ménager sa vie, /./.

다른 출판사의 사전들은 표제어에 대해 의미들만 나열한데 반해 라루스의 사전은 비록 구 용례에 한정되기는 하였지만 각 의미마다 용례들을 보여주고 있다. 비판의 대상으로 삼은 사전들의 이름을 밝히지 않고 한 이 비교는 다른 사전의 결점을 드러내고 자신의 사전의 우수성을 입증하려고 한 측면도 있지만 그것보다는 프랑스어에 대한 새로운 사전의 필요성을 명확히 하려고 한 측면이 더 강해 보인다.[290]

이 비교를 통하여 라루스는 자신의 사전과 다른 사전의 차별성을 잠재적 구매자인 학부모나 교사들에게 각인시킬 수 있었을 것이고 이 차별성으로부터 '새로운 사전'이라는 명칭이 유래된 것으로 보인다. 사전 앞에 붙는 품질형용사 '새로운nouveau'은 이미 존재하고 있는 기존 사전을 대폭 수정하여 개정판을 낼 때 붙이는 것이 일반적이다. 그런데 라루스가 전에 출판한 적이 없는 자신의 첫 사전에 '새로운'이라는 수식어를 붙인 것은 다른 경쟁사들의 사전을 기존의 사전으로 간주하고 이들 사전이 갖고 있던 결점들을 보완하여 새롭게 낸 사전이라는 것을 강조하는 일종의 마케팅 전략으로 보인다. 그리고 이 전략은 일정 부분 사전의 성공에 기여한다.[291]

또한 라루스는 모든 살아있는 언어는 변화하고 사전은 그 변화를 수용해야 하는데 기존의 사전들은 그렇지를 못했다고 비판한다. 예를 들어 기존 사전에는 banalité를 "영주가 시설 사용에 대해 가신들에게 부과하는 조세"로, carabinier는 "기병총으로 무장한 군인"으로

290 『신 프랑스어 사전』 제8판 서문, 1858, p.V-VI.

291 1870년의 제30판 전문에 있는 「일러두기Avis à mes lecteurs」에 따르면 2프랑 50센트에 팔린 이 사전은 1870년까지 150만 부가 팔렸다. 그리고 앞에 언급한 것처럼 1905년까지는 5백만 부 이상이 팔리게 된다.

정의되어 있는데[292] 이러한 의미들은 모두 어원적 의미로 더 이상 통용되지 않는 의미들이라는 것이다. 라루스는 현재 통용되지도 않는 의미들을 사전에 세밀하게 기록해 놓는 것은 무익하거나 우스운 짓이라고 비판하면서[293] 기존의 사전들이 취한 통시적 입장과는 달리 어휘를 공시적 관점에서 기술할 것을 주장한다.

> 사전 편찬가는 언어의 변화를 관찰하고 주의깊게 따라야한다. 그리고 그가 쓰고 있는 순간의 언어의 모습을 간직해야 한다. 또한 시간이 흐름에 따라 획득된 언어의 풍요로움을 이용해야 한다.[294]

사전 편찬가는 오래된 과거의 의미에 얽매여 시간과 함께 변화한 언어의 모습을 곡해해서는 안 된다는 것이다. 그렇다고 아직 용법으로 정착되지 않은 것까지 앞서서 기술해서도 안 된다고 하였다. 그는 사전을 주인의 가방을 들고 뒤따르는 '하인'에 비유하면서 하인은 주인보다 앞서 가서도 안 되고 너무 뒤떨어져서도 안 되며 적당한 거리를 두고 따라가야 한다고 하였다.[295]

라루스의 서문에 따르면, 충분한 용례의 제시와 어휘의 공시적 및 현재의 용법에 충실한 기술은 『신 프랑스어 사전』을 기존의 다른 단권짜리 사전들과 구별하는 변별적 특징이라 할 수 있다.

2.2. 본문

『신 프랑스어 사전』의 본문은 아래와 같이 서로 구별되는 4개의

292 『신 프랑스어 사전』 제8판 서문, 1858, p.IX.
293 『신 프랑스어 사전』 제8판 서문, 1858, p.VIII.
294 『신 프랑스어 사전』 제8판 서문, 1858, p.IX.
295 『신 프랑스어 사전』 제8판 서문, 1858, p.X.

부분으로 나뉘어져 있다.[296]

1) 프랑스어 사전Dictionnaire de la langue française
2) 어원, 과학, 역사 및 문학 주해Notes étymologiques, scientifiques, historiques et littéraires
3) 라틴어 숙어 사전Dictionnaire des locutions latines
4) 역사, 지리, 신화 및 문학 사전Dictionnaire historique, géographique, mythologique et littéraire

사전 전체 분량은 총 908쪽에 이르는데 그중 첫 번째 부분에 672쪽, 두 번째에 58쪽, 세 번째에 66쪽, 그리고 네 번째에 15쪽이 할애되어 있다.

2.2.1. 프랑스어 사전

『신 프랑스어 사전』의 첫 번째 부분인 〈프랑스어 사전〉은 이 사전의 본체라 할 수 있다. 약 2만 7천여 개의 표제어가 등재되어 있는 이 부분은 다음과 같이 구성되어 있다.

- 표제어
- 품사
- 뜻풀이
- 용례

296 본문의 분석은 1871년에 출간된 제31판에 근거하고 있다. 프뤼보(Pruvost, 2002b: 42)에 따르면 초판은 다음과 같은 네 부분으로 나누어져 있다.
- 프랑스어 사전Dictionnaire de la langue française(623쪽)
- 발음사전Dictionnaire de la prononciation(10쪽)
- 과학, 어원, 역사 및 문학 주해Notes scientifiques, étymologiques, historiques et littéraires (66쪽)
- 라틴어 숙어 사전Dictionnaire des locutions latines(15쪽)

표제어는 볼드체 대문자를 사용하여 알파벳 순서로 배열되어 있다. 표제어 중 abdication(양위), académie(아카데미) 등과 같이 뒷부분에서 주석을 달아놓은 표제어들 앞에는 십자가 표시를 붙여 독자들로 하여금 어떤 단어들에 백과 정보가 주어졌는지 쉽게 알 수 있도록 하였다. 표제어가 성·수에 따라 변화하는 단어의 경우 형용사와 명사의 처리가 다른 것이 특이하다.

> **ÉGAL**, ALE, AUX adj.
> **FINAL**, ALE, ALS adj.
>
> **BIJOU** n.m.
> **CHEVAL** n.m.
> **CHEVEU** n.m.

형용사의 경우 여성형과 복수형의 변화하는 부분이 표시되나,[297] 명사의 경우는 어미변화에 관한 어떤 정보도 주어져 있지 않다. 하지만 눈을 의미하는 oeil, yeux처럼 한 단어의 단·복수형의 형태가 완전히 다른 경우는 각각의 단어를 표제어로 삼고 복수형에서 단수형을 참조하라고 지시하고 있다.

표제어 바로 뒤에는 명사(n.), 동사(v.), 형용사(adj.) 등과 같은 품사와 남성(m.), 여성(f.), 자동사(int.), 타동사(tr.) 등과 같은 품사의 하위 유형이 약자로 표시되어 있다. 발음 정보는 없다. 그것은 라루스가 외국인을 대상으로 하는 사전이 아닌 경우 단순하고 일상적인 낱말들까지 발음 정보를 주는 것은 미숙하다고 생각하였기 때문이다.[298] 하지만 라루스도 초판부터 제29판까지는 발음이 어렵다고 판

297 BEAU, NOUVEAU 등에는 복수형이 표시되지 않았다.
298 『신 프랑스어 사전』 제8판 서문, 1858, p.XI.

단되는 낱말들에 한해서 본체 뒤에 별도로 발음을 표시한 적이 있었다.[299] 그때는 그렇게 하는 것이 사전 참고의 흐름을 방해하지 않으면서 발음 연구를 원하는 사람들에게 편의를 제공할 수 있다고 믿었기 때문이었다.[300] 하지만 1870년의 제30판부터는 이 부분마저도 삭제해버려 발음 정보는 사전에서 사라졌다.

뜻풀이는 다른 소사전과 마찬가지로 간결하게 되어 있다. 많은 경우 아래의 évident(명백한), manifeste(명백한)와 같이 유의어의 나열로 뜻풀이를 대신하고 있다.

ÉVIDENT, E adj. Clair, manifeste.

MANIFESTE adj. Evident, notoire : *erreur manifeste.*

표제어가 전문어일 경우에는 뜻풀이 앞에 해당되는 전문어 영역 표지가 약어로 표시되어 있다. 하지만 accordailles(약혼식), jaboter(잡담하다) 등과 같은 구어나 속어 등에 관한 화계 정보는 뜻풀이 뒤에 주어져 있다.

ACCORDAILLES n.f.pl. Fiançailles. *Pop.*

JABOTER v. int. Parler sans cesse, dire des bagatelles. *Pop.*

용례들은 뜻풀이 뒤에 콜론(:) 표시를 하고 제시될 뿐만 아니라 이탤릭체가 사용되어 뜻풀이와 쉽게 구별된다. 용례는 대부분이 구 용례이고 문장 용례는 찾아보기 어렵다. 라루스는 서문에서 소형 사

---

299 Jean Pruvost, 2002d, p.66.

300 『신 프랑스어 사전』 제8판 서문, 1858, p.XI.

전임에도 다른 사전들과는 달리 뜻풀이를 입증하는 용례들을 싣고 있다는 점을 이 사전의 큰 특징으로 언급하고 있다. 하지만 서문에서 밝힌 것과는 달리 정의만 있고 용례가 결여된 경우도 많다. 예를 들어 194쪽에는 총 47개의 표제어가 있는데 그중에 용례가 없는 것이 34개나 된다. 용례를 보여주어 다른 사전과의 차별성은 부각시켰지만 공간적인 제약을 갖는 소형사전의 한계를 완전히 극복하기는 어려웠던 것 같다.

2.2.2. 어원, 과학, 역사 및 문학 주해

『신 프랑스어 사전』의 첫 번째 부분인 〈프랑스어 사전〉이 언어 정보를 기술한다면, 이 두 번째 부분은 백과 정보를 제공한다. 여기에서는 café(커피), télégraphie(전신), vaccin(백신) 등과 같이 정의만으로는 불충분하다고 생각되는 약 400여 개의 낱말들에 대해 주해를 달아놓았다. 예들 들어 café 항목을 보면, 커피의 기원과 전파 과정, 프랑스와 파리로의 도입 연도, 커피에 얽힌 일화 등이 설명되어 있다. 이 주해 부분은 단순히 언어 정보로만 만족하지 못하는 독자들의 지적 호기심을 충족시켜준다.

2.2.3. 라틴어 숙어 사전

『신 프랑스어 사전』의 세 번째 부분인 〈라틴어 숙어 사전〉에서는 alter ego(분신, 심복), ipso facto(필연적인 결과로) 등과 같은 당시에 빈번히 사용되어 무시할 수 없는 350여 개의 라틴어 숙어들을 설명한다. 이 부분은 한 면을 두 단으로 나누어 왼쪽에 라틴어 숙어와 프랑스어 번역을 주고, 오른쪽에는 라틴어 숙어를 이용한 용례들을 보여주고 있다.

Alter ego (Un second moi-même)	Fiez-vous à lui, c'est mon alter ego. Ephestion était l'alter ego d'Alexandre.

2.2.4. 역사, 지리, 신화 및 문학 사전

『신 프랑스어 사전』의 네 번째 부분은 지리, 역사, 신화, 문학 등에 관한 고유명사 사전이다. 이 부분에는 왕이나 교황, 작가, 시인 등과 같은 역사적 인물과 신화나 문학 작품 속의 인물, 국가나 지방, 도시, 산, 강 이름 같은 지명 등이 3,000여 개 소개되어 있다. 여기에 중국, 한국, 일본 등 아시아의 3국도 소개되어 있다.

중국은 "아시아의 거대한 제국으로, 그 인구가 1860년에 4억 1,400만 명 이상으로 추산되었으며, 수도는 베이징"이라고 소개되어 있고, 일본은 "아시아의 제국으로 3,500-4,000만의 인구가 있으며, 수도는 에도이고, 4개의 커다란 섬으로 이루어져 있으며 면적은 70만 제곱킬로미터로 산악과 화산 지역이며 산업이 발달되어 있다"라고 비교적 상세히 소개되어 있다. 반면에 한국은 "중국 동북쪽의 왕국으로 800만 주민이 있다"라고 간략하게 소개되어 있다. 또한 중국과 일본의 수도, 베이징과 에도를 표제어로 삼아 주민이 각각 200만과 160만이라는 정보를 주고 있으나, 한국의 수도는 등재되어 있지 않다.

하나의 사전을 4개의 별도 부분으로 나누어 편찬한 것은 라루스의 표현대로 '전적으로 새로운 방식manière entièrement neuve'이었다. 한 권으로 된 네 개의 사전, 이것 또한 사전의 명칭에 '새로운'이라는 한정사를 넣은 이유 중의 하나로 보인다. 하지만 4개의 부분을 한 사전에 담은 '혁신innovation'은 정보들을 분산시켜 배치함으로써 이용자들에게 참조의 불편함을 초래한다. 라루스 자신도 사전의 구성이 갖는 이런 문제점을 잘 알고 있었다. "사전은 무엇보다도 참조용 책이요, 사전을 찾는 사람은 항상 다급하다"[301]라고 생각한 라루스는 이 문제를 해결할 방안을 강구하여야 했다. 결국 그는 주해와 라틴어 숙어 부분을 종이 색깔을 달리하여 인쇄하였다. 이렇게 함으로써 중요한 두 부분, 즉 언어사전과 고유명사 사전이 종이 색에 의해 분리됨으로써 이용자들은 더 쉽고 편리하게 필요로 하는 정보를 찾을 수 있게 되었다.

3. 『19세기 보편대사전』

『19세기 보편대사전』은 20년이 넘는 작업 끝에[302] 1864년 3월 12일에 첫 두 권의 분책이 간행되었고, 2년 뒤인 1866년에 첫 권이 출판되었다.[303] 분책의 형태로 간행되다 일정한 분량이 되면 낱권으로 출판된 이 사전은 1876년에 마지막 권인 제15권이 출판되었다.[304] 마지막 3권(13, 14, 15권)은 라루스 사후(1867년 1월 3일 사망)에 출판되었다. 그리고 두 권의 부록이 1878년과 1888년에 출판되었다. 4절 판형과 4단 조판의 17권으로 구성된 라루스의 대사전은 총 24,000페이지가 넘는 거대한 사전이다. 각 권에 기술된 항목과 출판년도

301 『신 프랑스어 사전』 제8판 서문, 1858, IX.

302 레티(Rétif, 1975: 166)는 라루스가 26살인 1843년 무렵에 사전 작업이 시작되었을 것으로 추정한다.

303 분책의 시판은 1863년 12월 27일에 시작되었으나 『프랑스 신간 도서 목록la Bibliographie de la France』이 분책의 출간을 공표한 1864년을 사전의 공식 출간일로 삼는다.(André Rétif, 1975, p.169.)

304 『19세기 보편대사전』은 1864년 3월부터 1876년 9월까지 524권의 분책으로도 간행되었다.(Jean Pruvost, 2002d, p.61.)

및 페이지 수를 표로 나타내면 다음과 같다.[305]

권(vol.)	항목	출판년도[306]	페이지수
vol. 1	A	1866	1,115
vol. 2	B	1867	1,463
vol. 3	C-CHEM	1867	1,164
vol. 4	CHEMIN-CONTRAY	1869	1,110
vol. 5	CONT-CZYZ	1869	742
vol. 6	D	1870	1,470
vol. 7	E	1870	1,237
vol. 8	F-G	1872	1,664
vol. 9	H-K	1873	1,283
vol. 10	L-MEMN	1873	1,494
vol. 11	MEMO-O	1874	1,644
vol. 12	P-POUR	1874	1,556
vol. 13	POUR-R	1875	1,563
vol. 14	S-TESTA	1875	1,666
vol. 15	TEST-Z	1876	1,528
vol. 16	SUPPLEMENT 1	1878	1,322
vol. 17	SUPPLEMENT 2	1888	2,024

3.1. 사전의 성격

일반인들은 사전의 명칭으로 사용된 '보편적인universel'이라는 용

305 http://gallica.bnf.fr/ 사이트에서 아라비아숫자로 페이지를 매긴 수이다. 로마자로 메긴 것은 포함하지 않았다. 예를 들어 제1권 서문의 68 페이지는 로마자로 되어 있어 포함되지 않았다.

306 레티(Rétif, 1975: 171)는 3, 5, 6, 7, 14권의 출판년도가 잘못되었으며 제3권은 1868년, 제5권은 1870년, 제6권은 1871년, 제7권은 1872년, 그리고 제14권은 1876년에 출판되었다고 주장한다.

어 때문에 이 사전을 백과식 사전으로 간주한다. 물론 이 사전이 백과사전적 성격을 띠고 있는 것은 분명하다. 서문에도 이 점이 명확히 밝혀져 있고[307] 첫 4권의 분책을 받아 읽어본 빅토르 위고도 이 사전을 18세기 디드로의 『백과전서』보다도 더 완벽하고 더 웅장한 작품으로 간주하였다.[308] 디드로를 존경하고 그의 작품에 탄복해 마지않던 라루스는 새 시대, 특히 과학과 기술이 획기적으로 발전한 19세기에는 새로운 작품이 필요하다는 것을 역설하였고 그의 작품 속에 그때까지 말해지고, 제작되고, 쓰인 모든 것을 압축해 보여주고자 하였다.[309] 사전에서 다룬 분야가 서문에 언급된 것만 해도 70개가 넘는다.

그렇다고 이 사전을 백과식 사전으로만 규정하는 것은 명백한 잘못이다. 라루스의 『신 프랑스어 사전』의 정의에 따르면 universel(보편적인)은 "모든 것을 포함하는qui comprend tout"이라는 뜻도 포함하고 있다. 모든 것에는 사물뿐만 아니라 사물을 표상하는 언어 기호도 포함된다. 라루스는 서문에서 보편사전을 "가능한 모든 상황에서 사회적 신분에 상관없이 모든 프랑스인들에 의해 사용될 수 있는 모든 낱말들을 포함하고 있는 사전"[310]으로 정의한다. 보편사전은 사물 사전뿐만 아니라 언어사전도 된다는 말이다.

『19세기 보편대사전』은 사물에 관한 사전이면서 또한 언어 기호를 기술하는 언어사전이기도 하다. 라루스는 이점을 사전의 서문에 명확히 밝히고 있다.

---

307 『19세기 보편대사전』 서문, 1866, p.LXIV; Pierre Larousse, 1993, p.224.
308 1864년 7월 2일자 *L'illustration*에 소개된 내용; André Rétif, 1975, p.172 참조.
309 André Rétif, 1975, p.178.
310 『19세기 보편대사전』 서문, 1866, p.VIII; Pierre Larousse, 1993, p.34.

『19세기 보편대사전』은 무엇보다도 언어사전이다.[311]

라루스는 자신의 대사전에 가능한 한 문어, 구어, 속어, 은어, 지역어, 전문학술어 등 모든 종류의 낱말을 수용하고자 하였다. 그리고 각 표제어에 대해 어원을 제시하고, 발음을 표시하고, 문법 정보를 주고, 뜻풀이를 하고, 뜻을 예증하는 인용문을 제시하고 있다.

17권의 사전을 백과 정보와 언어 정보로 나누어 본 프뤼보는 사전 내용의 약 70%가 백과 정보이고, 30%가 언어 정보이며 17권 중 언어에 해당된 부분만 별도로 발췌해 보면 대략 4권 분량 정도가 된다고 하였다. 또 이것을 19세기의 대표적인 언어사전인 리트레의 『프랑스어 사전』과 비교하여 리트레 사전을 라루스 사전의 크기로 환산해보면 약 5권 정도의 분량이 된다고 하였다.[312] 이러한 통계적 수치로 보면 분명히 라루스의 사전에서 언어에 할애된 부분은 리트레의 사전 전체보다는 더 적은 것이 분명하다. 하지만 그 정보의 차이는 그리 커 보이지 않는다. 리트레의 사전이 라루스의 사전보다 1권 분량 정도 언어 정보가 많을 뿐이다. 하지만 용례와 관련하여서는 라루스의 사전이 리트레의 사전보다 더 높게 평가되기도 한다. 프랑스어의 정점이 17세기에 도달했다고 간주한 리트레는 주로 17세기와 18세기 작가들의 작품에서 인용하였지만, "19세기의 사전은 당시의 언어를 충실히 기술해야 한다"[313]라고 생각한 라루스는 19세기의 빅토르 위고, 에밀 졸라, 에르네스트 르낭과 같은 작가들의 작품에서까지 인용하고 있기 때문이다. 그런데도 라루스 사전에서 백과 정

311 『19세기 보편대사전』 서문, 1866, p.LXV; Pierre Larousse, 1993, p.227.
312 Jean Pruvost 2002b, p.40; 2002b, p.64.
313 『19세기 보편대사전』 서문, 1866, p.LXVI; Pierre Larousse, 1993, p.228.

보에 할애된 부분이 비대하다 하여 이 작품을 백과식 사전으로만 간주한다면 이는 크나큰 오해라 할 수 있다.

3.2. 사전의 구성

『19세기 보편대사전』의 항목은 다음과 같이 구성되어 있다.[314]

- 표제어
- 문법명시
- 발음
- 어원
- 뜻풀이
- 용례 / 인용문
- 백과 정보

표제어 femme(여자)를 예를 들어 표로 나타내면 다음과 같다.

항목	예시
표제어	**FEMME**
문법명시	s.f.
발음	fa-me
어원	*lat.* foemina, *pour* fovemina. *C'est exactement le sanscrit* bhâvâyâmana, *mère, celle qui produit, du causatif sanscrit* bhâvâyâmi, *créer, produire, de la racine* bhû, *être, exister, grec* phuô, *inusité, latin* feo, /./
뜻풀이	Femelle de l'homme, être humain organisé pour concevoir et mettre au monde des enfants. /./

314 백과 정보는 항목의 제목만 나열함.

항목	예시
용례/인용문	Une belle femme. Une grande femme. Une femme blonde. Une femme coquette. Des habits de femme. Les maladies des femmes. Une cour sans femmes est une année sans printemps et un printemps sans roses. FRANÇOIS Ier /./ Une belle femme est le paradis des yeux, l'enfer de l'âme et le purgatoire de la bourse. FONTENELLE Les femmes adorent les aventures et surtout les aventuriers GOETHE /./
백과 정보	ANATOMIE ET PHYSIOLOGIE De l'influence des climats Les diverses races HISTOIRE Condition sociale des femmes, chez tous les peuples et dans tous les temps Organisation de la famille Organisation des États Avènement du christianisme La Révolution Femmes de tous les peuples PHILOSOPHIE SOCIALE I- Les droits de la femme selon l'école saint-simonnienne II- Les droits de la femme selon l'école fouriériste III- Les droits et le rôle normal de la femme selon Auguste Comte et l'école positiviste IV- Les droits et le rôle normal de la femme selon Phroudhon et l'école mutuelliste MOEURS La femme étudiée dans ses goûts et dans l'abus qu'elle peut faire du pouvoir de ses charmes Femme de chambre Amazones et femmes guerrières Les femmes à barbe QUELQUES ANECDOTES

3.2.1. 표제어 규모와 배열 방식

이 사전에 등재된 총 표제어 수는 얼마나 될까? 라루스는 서문에 이에 대한 정보를 언급하지 않았다. 최근에 라루스의 사전에 관한 연구를 발표한 프뤼보도 이 사전에 사용된 총 문자가 4억 8천만 개가 넘는다고 하였지만[315] 표제어의 규모에 대한 정보는 언급하고 있지 않다. 그러면 어떻게 표제어의 규모를 알 수 있을까? 물론 제일 좋은 방법은 A부터 Z까지 등재된 모든 표제어를 일일이 세는 것일 것이다. 하지만 이 방법은 불가능한 것은 아니지만 물리적으로 너무 많은 시간이 요구된다. 그렇다고 표제어의 규모에 대해 언급하지 않을 수는 없어 저자는 표본추출에 근거하여 전체의 규모를 짐작해 보기로 하였다. 이를 위해 제1권의 첫 100 페이지를 검토대상으로 삼아 표제어 수를 조사하였는데 총 2,398개의 표제어가 등재되어 있었다. 이를 100으로 나누어 페이지 당 평균 등재어 수를 구했다. 그리고 이 페이지 평균값을 전체 페이지 수와 곱했다. 이렇게 하여 이 사전에 약 58만 여 개의 표제어가 등재되었다는 결론에 이르렀다. 물론 이 수는 어림수에 불과하다. 나중에 좀 더 정확한 표제어 수가 밝혀지기를 기다리며 우선은 이 어림수에 만족할 수밖에 없었다.[316]

등재된 표제어는 모두 알파벳 순서로 배열되어 있다. 이 보편대사전 전에 출판되었던 『신 프랑스어 사전』에서는 인명, 지명, 국가명과 같은 고유명사는 일반 어휘와 구별되어 별도로 처리되었고,

---

315 Jean Pruvost, 2002, p.38.

316 레티(Rétif, 1975: 195)는 『19세기 보편대사전』의 전체 표제어 규모에 대한 조사가 이루어지지 않았지만 자신은 약 300,000개의 단어가 등재된 것으로 추정한다고 하였다. 하지만 그 근거는 밝히고 있지 않다.

alter ego와 같은 라틴어 숙어도 별도로 기술되었지만 이 대사전에서는 고유명사와 일반 어휘, 라틴어 숙어의 구별 없이 모든 표제어가 알파벳 순서에 따라 배열되었다. 따라서 CORÉE(한국)와 CORÉEN(한국인) 항목과 같이 연속되는 항목은 같은 페이지에 기술 될 수 있지만, CHINOIS(중국인) 항목은 CHINE(중국) 항목으로부터 13 페이지나 떨어져 있다. 이처럼 알파벳 배열은 검색의 편리함은 주지만 형태·의미적으로 연관된 어휘들을 함께 보여주지 못하는 단점이 있다. 라루스는 어휘나 개념들 간의 연관성보다는 검색의 편리함을 선택한 것으로 보인다.

3.2.2. 어미변화와 문법 정보

라루스는 표제어가 성·수에 따라 변화하는 단어의 경우 변화하는 부분만을 콤마 다음에 표기하였다.

ACCOMPAGNATEUR, TRICE
ACCUSATEUR, TRICE

고유명사를 제외하고 등재된 표제어에는 품사 정보와 하위 유형 정보를 제시하였다. 하지만 위의 accompagnateur(동반자), accusateur(고발자)처럼 성·수에 따라 변화하는 단어의 경우에는 품사 정보만 줄 뿐 하위 유형은 표시하지 않았다. 라루스는 문법 정보 기술에 아카데미 프랑세즈의 사전을 참고한 것으로 보인다. 그는 언어사전은 문법적으로 어려운 문제에 대해 해결책을 제시해 주어야 하는데 아카데미 프랑세즈의 사전이 이 역할을 잘 수행하였다고 평가하였다. 어원을 제시하지 않고, 동의어로 정의를 대신하고, 용례를 작가들의 작품에서 인용하지 않은 점 등 때문에 아카데미 사전에 대해 비판적이었던 라루스도 문법 정보에 대해서만은 아카데미의 결정을 존중한다고 하였다.[317]

라루스가 문법 사항에 관해 아카데미의 의견을 존중한다고 하였지만 모든 사항에서 그러한 것은 아니다. 예를 들어 사람이나 도시 이름이 관사와 함께 이루어진 경우 아카데미는 관사를 소문자로 썼으나 라루스는 대문자를 사용하였다. 그리하여 아카데미가 표기한 la Fontaine(라 퐁텐), la Bruyère(라 브뤼에르), du Bellay(뒤 벨레) 대신에 La Fontaine, La Bruyère, Du Bellay로 하였다. 그리고 표제어 plus에서 아카데미 프랑세즈가 "L'astronomie est une des sicences **qui fait le plus** ou **qui font le plus** d'honneur à l'esprit humain."[318] 용례를 제시하고 뒤의 문장이 더 통용된다는 주석을 단 것에 대해 라루스는 이 두 방식 중 후자만이 올바르다는 입장을 취하였다. 물론 첫 번째의 방식도 훌륭한 용례들로 뒷받침이 되지만 위대한 천재들도 틀릴 수 있기 때문에 실례가 있다고 해도 인정할 수 없다는 입장을 취하였다.[319] 용법을 언어 기술의 준거로 삼으면서도 그것에만 전적으로 의지하지 않았다는 것을 알 수 있다.

3.2.3. 발음과 어원 정보

발음 정보는 문법 정보 뒤에 괄호 안에 주어진다. 오늘날의 대부

---

317 『19세기 보편대사전』 서문, 1866, p.XI; Pierre Larousse, 1993, p.42.

318 저자가 강조함. 예문의 뜻은 "천문학은 인간정신에 가장 영예가 되는 학문들 가운데 하나이다." 라루스는 관계대명사 qui 앞의 선행사를 sciences로 보고 종속절의 동사를 복수로 하는 것이 옳다고 본 것 같다.

319 『19세기 보편대사전』 서문, 1866, p.XI; Pierre Larousse, 1993, p.43.

분의 프랑스어 사전은 표제어 직후에 발음 정보를 주고 그 다음에 문법 정보를 주지만, 이 사전에서는 문법 정보가 먼저 주어지고 그 다음에 발음 정보가 주어졌다. 당시까지는 국제음성기호가 없었기 때문에 알파벳 문자를 사용하여 발음이 표시되었다.

> **CORÉEN, ENNE** s. et adj. (ko-ré-ain, è-ne)
> **FEMME** s.f. (fa-me)

발음 정보 뒤에는 어원 정보가 주어진다. 라루스는 리트레의 사전을 포함하여 기존의 사전들이 어원을 취급하면서 프랑스어 낱말에 가장 근접한 라틴어나 그리스어 어원만을 밝히고 그 이상은 거슬러 올라가지 않았다고 비판하면서 자신의 사전에서는 직접적인 어원을 주는 데 만족하지 않고 어근의 완벽한 역사를 기술하고 프랑스어와 라틴어, 그리스어, 산스크리트어, 페르시아어, 슬라브어, 독일어 등 인도유럽어족에 속하는 언어들 안에서 겪은 다양한 변화에 대해 기술하고자 하였다고 서문에 밝히고 있다.[320]

라루스가 서문에 밝힌 대로 어원란에는 표제어에 대한 어원어 étymon와 어원어의 구성 요소까지 비교적 상세히 설명되어 있지만 최초로 프랑스어로서 사용된 세기나 연도에 대한 정보는 없다.

3.2.4. 뜻풀이와 용례

어원 정보에 뒤이어 뜻풀이가 있고 뜻풀이 뒤에는 용례가 뒤따른다. 다의어의 경우 각 뜻 바로 뒤에 관련된 용례가 제시된다. 용례는 구 용례와 문장 용례 그리고 인용문으로 구성되어 있다. 먼저 구 용

320 『19세기 보편대사전』 서문, 1866, p.LXVIII; Pierre Larousse, 1993, p.235.

례와 문장 용례가 나오고 그 다음에 인용문이 소개된다. 인용문에는 저자만 소개되고 텍스트에 관한 정보는 언급되어 있지 않다. 풍부한 용례와 인용문은 『19세기 보편대사전』의 특징 중의 하나이다. 항목 femme(여자)에서만도 70여 개의 인용문이 소개되어 있는데 이 인용문 가운데는 프랑스 작가들뿐만 아니라 괴테와 같은 외국 작가들까지도 포함되어 있다. 사전의 서문 뒤에 소개된 주요 인용 작가를 보면 그 수가 700여 명에 이르는데 이는 연대기 작가와 음유시인을 포함하여 16세기부터 18세기 작가들, 그리고 무엇보다도 당시의 작가들까지 두루 포함하고 있다.

리트레가 17세기와 18세기 작가들의 작품에서 인용하는 것을 선호하고 1820년 이후의 작품들에서는 인용하지 않은 것과는 달리, 19세기의 사전은 19세기 언어의 모습을 재현해야 한다고 생각한 라루스는 19세기 작가들의 작품들까지 인용함으로써 『19세기 보편대사전』이 현대 언어를 기술하는 측면에서는 리트레의 『프랑스어 사전』을 능가한다는 평가를 받고 있다.

3.2.5. 백과 정보

인용문과 함께 표제어에 대한 언어적 기술이 끝나면 백과 정보가 시작된다. 이 백과 정보는 『19세기 보편대사전』을 다른 사전들과 구별시켜 주는 가장 큰 특징이다. 앞서 언급한 것처럼 프뤼보는 이 대사전의 약 30%가 언어에 관한 정보이고, 약 70%가 백과 정보라고 하였지만 femme(여자) 항목처럼 백과 정보가 90%가 넘는 경우도 있다.[321] 백과 정보 앞에는 **Encycl.**라는 표시가 있어 언어 정보와 백과

321 22쪽에 달하는 항목 중 언어 정보는 1쪽도 못되고 그 나머지는 모두 백과 정

정보가 확연히 구별된다. 라루스는 서문에서 뒤피네 드 보르피에르 Dupiney de Vorepierre의 『삽화가 곁들어진 프랑스어 사전과 보편 백과사전Dictionnaire français illustré et encyclopédie universelle』(1863)의 예를 따라 한 항목을 둘로 나누어 기술하였다고 하였다.[322] 1847년에 시작되어 1848년 2월 혁명으로 중단되었다가 1855년에 재개되어 1863년에 완성된 보르피에르의 사전은 항목을 둘로 나누어 앞부분에는 일반 언어 정보를 주고, 뒷부분에서는 인간 지식의 다양한 분야에 대한 개념들, 즉 백과 정보를 제공하였다고 한다. 라루스는 보르피에르의 이 '합리적인 소개'[323] 방식을 높이 평가하여 자신도 이 방식을 채택하게 되었다고 하였다.

이처럼 차원이 서로 다른 정보를 분리하여 한 항목에 제시함으로써 사전 이용자들은 언어 정보만을 찾는 것으로 만족할 수도 있고, 표제어가 지시하는 지시물에 대한 광범위한 지식을 구할 수도 있게 되었다. 몇몇 항목에서는 백과 정보가 엄청나 한 항목만 떼어내 별도의 책으로 만들 정도다. 예를 들어, 독자는 femme 항목에서 여성의 해부나 생리, 기후에 따른 여성의 성격의 차이, 여성의 사회적 조건, 가족 제도, 여성의 권리 등과 같은 다양한 지식을 얻을 수 있는데 블루 오투르Bleu autour 출판사에서는 이 항목을 2007년에 별도의 책으로 출판하였다.[324] 라루스가 이처럼 항목에 따라 엄청난 양의 정보를 기술한 것은 "간략함은 보편성의 적일 뿐만 아니라 진리와 언어의 깊이도 훼손한다"[325]라고 생각하였기 때문이다. 그에게는 사

보이다.

322 『19세기 보편대사전』 서문, 1866, p.XLV; Pierre Larousse, 1993, p.155.

323 Jean Pruvost, 2002b, p.40.

324 Nègre(흑인) 항목도 같은 출판사에서 2007년 별도의 책으로 출판되었다.

325 Christophe Claro, 1993, p.12.

전 편찬으로 인한 경제적 이익보다도 언어와 사물에 대한 완전한 기술이 더 중요하였던 것이다.

4. 맺음말

라루스의 첫 번째 사전인 『신 프랑스어 사전』은 학생들을 위한 단권으로 된 학습용 소사전으로 공시적인 관점에서 어휘를 기술하였으며, 소사전임에도 불구하고 용례를 보이는 것이 특징이다. 무엇보다도 '한 권으로 된 네 개의 사전'으로 불릴 정도로 성격이 다른 4개의 부분, 〈프랑스어 사전〉, 〈어원, 과학, 역사 및 문학 주해〉, 〈라틴어 숙어 사전〉, 〈역사, 지리, 신화 및 문학 사전〉이 함께 기술되어 있는 것을 큰 특징으로 꼽을 수 있다.

이에 반해 『19세기 보편대사전』은 일반 대중을 상대로 모든 것에 대해 가르치기 위해 기획된 총 17권으로 된 대사전이다. 이 대사전은 일반인들이 생각하는 것과는 다르게 백과식 사전으로서 뿐만 아니라 언어사전으로서도 그 기능을 충분히 수행하고 있다. 이점이 디드로의 『백과전서』와 구별되는 가장 큰 특징이다. 문어, 구어, 속어, 은어, 지역어, 전문학술어 등 모든 종류의 낱말을 수용하였으며, 각 표제어에 대해 문법 정보와 발음, 어원 정보를 주고, 뜻풀이와 이를 입증하는 풍부한 용례를 보이고 있다. 특히 편찬 당시의 언어의 모습을 있는 그대로 재현하기 위해 노력하여 리트레와는 달리 출판 당시 작가들의 작품에서까지도 인용하였다. 그 결과 리트레의 사전에서 찾을 수 없는 언어 정보들까지도 라루스의 사전에서는 참조할 수 있다. 이처럼 이 대사전이 언어사전으로서의 역할을 충분히 잘 수행하고 있음에도 불구하고 이 사전을 특징짓는 것은 무엇보다도 언어 정보 뒤에 기술되어 있는 아주 상세한 백과 정보라 할 수 있다. 라루스는 자신의 작품에 당시까지의 모든 지식을 총체적으로 압축해 보여주고자 하였으며 70개가 넘는 전문분야를 다루고 있다.

『신 프랑스어 사전』과 『19세기 보편대사전』은 규모나 잠재적인 이용자, 사전의 유형 등에서 뿐만 아니라 항목의 구성이나 정보의 배치 등에서도 차이를 보인다. 서로 다른 네 개의 부분으로 나누어진 『신 프랑스어 사전』에서는 같은 항목이 정보의 내용에 따라 앞부분과 뒷부분에 따로 기술되기도 하였다. 즉 언어 정보와 백과 정보가 분리된 것이다. 그 결과 참고의 어려움을 야기할 수 있는데 라루스는 종이의 색깔을 달리하여 이 문제점을 보완하였다. 대사전에서는 한 항목 내에 언어 정보와 백과 정보를 함께 기술하였는데 이런 방식은 모든 정보를 함께 제공함으로써 참고를 편리하게 해 준다. 하지만 모든 항목을 알파벳순으로 배열하였기 때문에 의미·형태적으로 연관된 항목들이 서로 떨어져 있어 항목들 간의 상호 연관성을 보여줄 수 없다는 단점이 있다.

또한 소사전은 판을 새롭게 하면서 계속 출판되지만 『19세기 보편대사전』은 라루스의 후계자들에 의해 『삽화가 곁들어진 신 라루스』(1897-1904, 7권), 『20세기 라루스』(1927-1933, 6권), 『라루스 대백과사전』(1960-1964, 10권), 『라루스 백과식 대사전』(1982-1985, 10권) 등으로 계승 발전된다.

두 사전이 차이점만 보인 것은 아니다. 두 사전은 보이지 않는 공통점도 가지고 있다. 라루스 출판사의 사전 편찬의 토대 중의 하나가 된 언어에 관한 정보와 사물에 관한 정보를 분리해 소개한 것이 바로 그것이다. 『신 프랑스어 사전』에서는 두 정보를 별도로 나누어 기술하고, 『19세기 보편대사전』에서는 한 항목을 두 부분으로 나누어 앞부분에서는 언어에 관한 기술을 하고, 뒷부분에서는 기호가 표상하는 지시물에 대한 백과 정보를 기술하였다는 차이는 있지만 두 사전 모두 언어 정보와 백과 정보를 한 사전 내에 기술했다는 공통점이 있다. 또한 두 사전 모두 공시적 관점을 중요시 하였다는 점도 공통점으로 꼽을 수 있다.

라루스의 두 사전은 각각 19세기의 초등학생을 위한 학습 사전과 일반 대중을 위한 대사전을 대표하는 기념비적 작품으로 영원히 남아 있을 것이다.

VIII

로베르의 『프랑스어 알파벳순 유추 사전』의 탄생과 사전학적 특징

1. 로베르의 사전들

폴 로베르Paul Robert(1910-1980)에 의해 이루어진 경이적인 업적에 대한 고려 없이는 20세기 후반의 프랑스 사전학에 대해 검토했다고 말할 수 없을 정도로 그가 프랑스의 사전학계에 끼친 영향은 대단하다. 로베르는 1950년 사전 편찬 작업에 착수하여 1964년에 프랑스어 대사전, 『프랑스어 알파벳순 유추 사전Dictionnaire alphabétique et analogique de la langue française』(1953-1964)을 완성하였고, 1971년에는 그 부록을 발행하였다. 1967년에는 이 대사전을 축소한 『로베르 소사전Le Petit Robert』을 출판하였는데, 이 사전은 라루스 출판사에서 편찬한 백과사전적 성격을 띠는 『라루스 소사전』에 필적하는 언어사전이다. 그리고 1971에는 『로베르 소사전』을 축소하여 『로베르 극소사전Le Micro-Robert』을 편찬하였다. 이 사전들은 모두 언어사전에 속한다.

그렇다고 로베르가 언어사전만을 출판한 것은 아니다. 1968년에서 1974년까지 5권으로 된 『로베르 고유명사 대사전Le Grand Robert des noms propres』을 편찬하였고, 1974년에는 『로베르 소사전』과 짝을 이루는 고유명사 사전인 『로베르 소사전 2. 알파벳순 유추 고유명사 보편사전Dictionnaire universel des noms propres alphabétique et analogique. Le Petit Robert 2』을 출판하였다.

로베르는 『프랑스어 알파벳순 유추 사전』을 프랑스에 바침으로써 1870년 에밀 리트레의 『프랑스어 사전』 이후 반세기 동안 지속된 프랑스어 대사전의 공백을 메우면서 당당하게 리트레의 후계자가 될 수 있었다. 사실 20세기 전반 프랑스에서는 『옥스퍼드 영어사전』을 출판한 영국과는 달리 리트레 이후 이렇다 할 새로운 언어대사전을 출판하지 못한 상황이었다. 이런 상황에서 프랑스어에 대한 애정이 남달랐던 로베르는 새로운 유형의 언어대사전을 기획하고 편찬 작업에 착수하였다. 그는 사전이 완성되기도 전인 1950년 아카데미 프랑세즈로부터 생투르Saintour상을, 1959년 레지옹 도뇌르 훈장을 받았다. 그리고 사전이 출간된 이후에는 제네바 문법 클럽Club de la grammaire de Genève으로부터 프랑스어를 보호하는 데 기여한 작가에게 주는 보줄라상을 수상하였다. 그리고 그의 이름은 퓌르티에르, 리트레, 라루스 등과 함께 '사전'의 동의어로 사용되는 영예를 안게 된다.

로베르가 사망한 이후에도 로베르 출판사는 언어사전에서부터 전문사전까지, 그리고 종이사전뿐만 아니라 전자사전까지 각종 사전을 출판하고 있다. 로베르 출판사는 다양한 사전을 갖추어 프랑스인들이나 프랑스어를 배우는 외국인들이 프랑스어와 프랑스 문화 등에 대해서 가질 수 있는 모든 의문에 답을 제공해 주고 있다. 본 장에서는 로베르에 의해서 기획·출판되었고, 이후 로베르 출판사에 의해 편찬되는 다른 사전들의 출발점이 되는 『프랑스어 알파벳순 유추 사전』의 출판 과정과 사전학적 특징 등을 살펴보고자 한다.

2. 로베르 대사전의 출판 과정

2.1. 언어대사전의 부재

로베르는 『프랑스어 알파벳순 유추 사전』의 초판 서문에 리트레의 사전과 같은 프랑스어 대사전의 부재를 그의 사전 편찬 동기로 밝히고 있다. 1870년에 출판된 리트레의 『프랑스어 사전』은 20세기 중반까지도 로베르를 비롯한 지성인과 문인들에게 절대적인 권위를 가지고 있었다. 하지만 이 사전은 거의 한 세기 동안 새로운 낱말의 출현과 의미의 변화와 같은 프랑스어의 변화를 수용하지 못하고 있었다. 분명 이 사전은 소중하고 훌륭한 기념비적인 작품이었지만 이미 낡았고 업데이트를 필요로 하고 있었다.

> 훌륭한 기념비는 매일 더, 그 분명한 노후함을 나에게 보여준다.[326]

더군다나 이 사전에는 샤토브리앙 이후의 작가들의 작품이 인용문으로 실리지 않았다. 리트레는 19세기 초반의 몇몇 작가들만을 수용하고 프랑스 문학에서 가장 유명한 스탕달, 발자크, 플로베르 등의 작품은 수용하지 않았던 것이다.

> 리트레에 의해 허용된 인용문은 샤토브리앙 작품을 넘어서지 않는다. 그는 19세기 전반의 그 이름조차 망각된 몇몇 작가들만 수용하였고, 프랑스 문학에서 가장 유명한 작가들이 된 스탕달, 발자크, 플로베르, 비니 등과 같은 작가들은 배제하였다.[327]

물론 1900년에 아돌프 하츠펠드Adolphe Hatzfeld(1824-1900)와 아르센 다르메스트테르Arsène Darmesteter(1846-1888)가 『17세기 초부터 오늘날까지의 프랑스어 일반사전Dictionnaire général de la langue française du commencement du XVIIe à nos jours』(1890-1900)을 출판한 바 있다. 이 사전은 어원과 의미 정보에서는 뛰어난 훌륭한 사전으로 평가받았다. 하지만 선별형인 데다 리트레가 인용한 출처 이외에서는 자료를

326 Paul Robert, 1965, p.51.
327 『프랑스어 알파벳순 유추 사전』 초판 서문, 1950; 『로베르 대사전Le Grand Robert』, 2001, p.X.

사용하지 않았기 때문에 로베르가 그의 사전 서문을 쓴 1950년까지 프랑스에는 최근의 작가들까지 수용한 대사전이 존재하지 않았다.

2.2. 사전 구상의 계기

로베르는 리트레의 『프랑스어 사전』을 대체할만한 사전을 편찬하는 것을 편찬 의도로 내세우고 있지만 그가 처음부터 대사전을 편찬할 생각을 한 것은 아니었다. 게다가 그는 사전학자도 아니었고 프랑스 언어학에 대해 특별히 공부한 것도 아니었다.[328] 다만 그의 생애의 몇몇 사건들은 뛰어난 사전 편찬가에게 필요한 소질을 개발하는 데 도움을 주었을 것으로 추정된다. 다른 언어와 접촉하는 계기가 된 알제리에서의 어린 시절은 모국어 숙달의 중요성을 일깨워 주었다. 법률 공부는 디테일에 대한 관심을 갖게 해주었고, 이것은 나중에 그가 사전을 편찬할 때 정의를 명확히 하는 데 도움을 준다. 또한 그는 문학 활동을 하였는데 이것은 그에게 다양한 프랑스어 사전들을 참고하게 하였다. 비록 문학적 활동이 구체적인 결실을 보지는 못했지만 그 당시 사전들의 부족함을, 특히 단어들 간의 결합을 보여주는 사전이 부족하다는 인식을 하게 되었다. 그리고 이러한 인식을 바탕으로 로베르는 사전 프로젝트를 세우게 된다. 이때가 1936년경이다.

1939년 9월 1일에 내려진 총동원령은 로베르에게 사전 편찬과 익숙해지는 새로운 기회를 제공하였다. 그는 암호과service du chiffre에서 근무하였는데 그곳에서 암호 사전을 작성하고 교정하는 일에 협력하면서 실제로 사전 편찬의 경험을 축적할 수 있었다.[329] 그뿐만

328 Annie Galarneau, 2002, p.23.

아니라 영어에 관심이 많았던 그는 매일 미국인과 접촉하면서 그의 영어를 완벽하게 하는 계기로 삼았다. 이와 같은 일련의 경험, 언어에 관한 관심과 정열은 로베르를 프랑스 사전 편찬의 역사에서 리트레, 라루스와 같은 위대한 인물의 반열에 올려놓는다.[330]

로베르는 1945년에 『세계의 감귤Les agrumes dans le monde』이라는 논문으로 박사학위를 취득하였다. 그는 이 학위논문을 준비하면서 에밀 리트레의 『프랑스어 사전』, 클로드 오제의 『20세기 라루스Larousse du XXe siècle』, 폴 루애Paul Rouaix의 『낱말에 의해 연상되는 개념 사전Dictionnaire des idées suggérées par les mots』, 그리고 피에르 쉐페르Pierre Schéfer의 『유추에 의해 분류된 수식어 사전Dictionnaire des qualificatifs classés par analogie』 등을 참고하면서 이 사전들의 불충분성을 인식하였다.

> 논문의 집필은 항상 손닿는데 있는 사전들을 자주 참고하게 하였다. 그것들은 나에게 빈번히 보잘 것 없는 도움만을 주었다. 물론 그것들은 낱말이나 숙어의 올바른 용법에 관해 망설임을 제거하는 데는 도움을 주었지만, 나의 기억이나 지식을 벗어나는 정확한 용어들을 찾는 데는 전혀 기대하지 말아야 했다.[331]

또한 그는 학위논문을 쓰면서 많은 외국 자료들을 번역하였는데 외국어의 전문용어들에 대한 프랑스어의 적합한 등가어를 찾는 데 어려움에 봉착할 때가 많았다. 그리고 이때 단순한 개념으로부터 정확한 표현을 찾는 데 도움을 주는 사전이 없다는 것을 알게 되었다.

---

329 Paul Robert, 1965, p.22-23.

330 Annie Galarneau, 2002, p.23-24.

331 Paul Robert, 1965, p.26-27.

> 많은 외국 전문용어에 대해 정확한 등가어를 찾는 어려움은 그 어느 때보다도 더 단순한 개념으로부터 가장 적합하고 가장 정확한 표현을 찾게 해주는 프랑스어 사전의 부재를 느끼게 하였다.[332]

1945년 박사학위를 취득하고 파리에 거주하면서 로베르는 2년 후에 있을 교수자격 시험인 아그레가시옹을 준비하였다. 그는 이 시험을 준비하면서 아버지의 권유로 라틴가에 있는 한 서점의 경영에 참여하였다. 그리고 그해 여름 오트잘프Hautes-Alpes 지방에서 가족 휴가를 보내는 중 다시 영어 공부를 하고 싶은 의욕이 생겨났고, 이를 계기로 단일어 사전들을 참고하면서 개념들을 통하여 단어에 이르는 유추 사전의 필요성을 또다시 느끼게 되었다.[333]

2.3. 사전의 준비와 견본 작성

프뤼당스 부아시에르Prudence Boissière(1806-1885)가 영국에서 영어와 접촉하면서 그의 『프랑스어 유추 사전Dictionnaire analogique de la langue française』(1862)의 프로젝트를 세웠던 것처럼 로베르도 먼저 영어와 프랑스어 목록을 작성할 생각을 하였다. 하지만 곧 프랑스어를 먼저 분석하고 다음에 영어를 분석하기로 마음을 바꾸었다. 그는 동의어들 간의 뉘앙스 목록을 만들기로 작정하고 regarder(보다), voir(보이다), écouter(듣다), entendre(들리다)와 같이 서로 비슷한 단어들의 비교 난을 작성하여 보았다. 그러면서 그는 단어들의 실마리는 정의에 있으며 그렇기 때문에 유추의 방법론은 정의에 근거해야 한다고 생각하였다.[334]

---

332 Jean Pruvost, 2003, p.40.

333 Annie Galarneau, 2002, p.22.

그의 초기 목적은 알파벳 순서로 배열되고 정의를 포함하면서 필요한 낱말을 찾게 해주는 개인적 용도의 유추 사전이었다.[335] 그가 처음부터 언어대사전을 염두에 둔 것은 아니었다. 단지 편지나 보고서, 문학 작품 등을 쓰는 데 도움을 주는 개인적인 목적의 소 어휘집, 즉 자기의 생각을 표현하고 새로운 생각들을 생산하는 데 도움을 주는 작업 도구 같은 것을 소유하기를 원하였을 뿐이었다.[336] 하지만 당시에 그러한 사전이 전혀 없다는 것을 인식하고 점차적으로 개인적 목적의 사전에서 일반 대사전으로 방향을 선회하게 된다.[337]

로베르는 먼저 주요 사전에서 정의에 사용되는 단어들의 목록을 작성하기 시작하였다. 그가 주로 참고한 사전은 다음과 같다.

- 리트레의 『프랑스어 사전』 (4권, 1863-1873)
- 『삽화가 곁들어진 신 라루스』 (7권, 1897-1904)
- 『20세기 라루스』 (6권, 1927-1933)

단어들의 목록을 작성하는 작업은 혼자서 하기에는 벅찬 일이었다. 작업량이 과중한 것을 깨달은 로베르는 10명의 보조자들을 구하였고 이들과 통신으로 협력하면서 정의 안에 있는 단어들의 목록을 작성하였다. 작업 도중 리트레의 사전이 노후하다는 것을, 특히 선정된 용례들이 낡았다는 것을 느낀 그는 고전시대뿐만 아니라 현대의 작품들에서도 용례를 추출할 결심을 한다.[338]

334 Paul Robert, 1965, p.38.
335 Josette Rey-Debove, 2003, p.100.
336 Annie Galarneau, 2002, p.23.
337 Josette Rey-Debove, 2003, p.101.
338 Annie Galarneau, 2002, p.24.

1949년 가을 로베르는 사전 집필을 시작하였다.[339] 하지만 그는 제2차 세계대전 이후 종이의 위기 때문에 자신의 대사전을 출판해 줄 출판사를 찾는 것이 어렵다는 것을 알았다. 로베르는 자신이 계획하고 있는 사전 프로젝트의 필요성을 보여주기 위해 1949년 『낱말과 관념 연상 일반 사전Dictionnaire général des mots et des associations d'idées』이라는 제목으로 A로 시작되는 몇 항목을 포함한 12쪽짜리 견본을 만들었다. 그리고 이것을 아카데미 프랑세즈 회원들과 교수, 기자들에게 발송하였다.

견본은 효과가 있었다. 소설가인 조르주 뒤아멜Georges Duhamel이 제일 먼저 지원을 약속하였다. 그는 로베르의 사전이 "문인들의 서재에 영광의 자리를 차지할 가치가 있는 매력적인 책"[340]이라고 칭찬하였다. 그 뒤를 이어 프랑수아 모리악François Mauriac, 앙드레 모루아André Maurois 등이 지원을 약속하였다. 모루아는 로베르를 자신의 아파트로 초대하여 몇 년 뒤 그의 사전이 오래된 4권의 『리트레 사전』 곁에 꽂힐 수 있기를 바란다고 하였다.[341] 시인이자 1945년에 아카데미 프랑세즈 회원이 된 에밀 앙리오Emile Henriot는 아카데미 시상위원회에 소개할 수 있도록 1950년 4월 이전에 첫 분책을 출판할 것을 제안하기까지 하였다.[342] 이러한 약속은 로베르를 더욱 자극하였고, 동료들의 도움을 받아 그는 더욱 열심히 작업을 하였다. 그는 오트잘프 주의 주도인 갑Gap에 체류하면서 1950년 4월에 A에서 Africanisme까지 기술한 첫 분책을 발행하였다. 사전의 명칭은

339 Annie Galarneau, 2002, p.24.
340 Paul Robert, 1965, p.63.
341 Paul Robert, 1965, p.67.
342 Annie Galarneau, 2002, p.25.

『프랑스어 알파벳순 유추 사전Dictionnaire alphabétique et analogique de la langue française』이라고 하고, 부제는 『낱말과 관념 연상Les mots et les associations d'idées』이라 명명하였다. 그는 몇 백 권의 분책을 배포하고 앙리오의 응답을 기다렸다.

1950년 6월 16일 로베르는 『르 피가로』 신문에서 아카데미 프랑세즈가 바로 전날 자신에게 생투르상을 수여했다는 것을 알았다. 아카데미는 로베르를 리트레의 계승자로 인정하고 그의 새로운 작품에 동의하였다. 그리고 같은 해 8월, 로베르는 프랑스 대학 출판사와 2권의 약 1200 페이지(그 당시 로베르는 그의 사전이 그 정도의 분량이 될 것으로 추정함)의 사전을 출판하기로 계약을 맺었다.[343] 하지만 로베르는 곧 그의 사전 작업이 엄청난 재정적 지원이 있어야 가능하다는 것을 깨닫고 자금을 조달할 수 있는 회사를 설립하기로 결심한다.

2.4. 출판사의 설립과 집필진 구성, 그리고 사전의 완성

로베르는 친구와 가족, 그리고 그의 사전의 필요성을 믿는 다른 몇몇 사람들로부터 투자금을 모았는데 몇 주 만에 6백만 프랑의 자금을 모을 수 있었다. 그는 1951년 2월 카사불랑카에서 자본금 1,200만 프랑을 들여 회사를 설립하고 회사 이름을 '신 리트레 회사Société du Nouveau Littré'라 하였다. 그러자 전에 리트레의 사전을 출판했던 아쉐트Hachette 출판사가 반발하면서 이름을 바꾸지 않으면 법적 조치를 취하겠다고 경고하였다. 이에 로베르는 리트레의 『프랑스어 사전』은 10여 년 전부터 이미 공공영역이 되었기 때문에 어떤 제재

343 Annie Galarneau, 2002, p.25.

도 받지 않고 이 사전을 다시 찍어낼 수도 있다고 반박하였다. 로베르는 1965년 그의 저서에서 모든 프랑스인의 유산에 속하는 위대한 학자를 기념하기 위해 회사 이름에 '리트레'를 넣었다고 하였다.[344]

회사가 창립된 후 사전 집필 작업은 점진적으로 진척되었다. 한 달 평균 16 페이지씩 작업이 진행되었다. 예약 신청자 수도 꾸준히 증가하였다. 그러자 집필진 구성의 필요성이 제기되었다. 로베르는 신문에 채용 공고를 내고 경쟁시험을 통해 집필진을 채용하기로 하였다. 1952년 5월 15일 문자 A로 시작되는 항목들을 거의 끝마칠 무렵, 로베르는 알제리에서 당시 24세로 소르본 대학을 갓 졸업한 알렝 레Alain Rey(1928~)를 맞이하였다. 그리고 4번 째 분책이 끝나고, 같은 해 7월 5일 두 번째 집필자인 클로가 알제리에 도착하였다. 1953년 1월에는 10여 명이 모로코의 카사블랑카에 정착하여 작업을 진행하였다. 1953년 4월에는 조제트 레-드보브Josette Rey-Debove(1929-2005), 1954년에는 피에르 멜Pierre Meile(1911-1963)과 앙리 코테즈Henri Cottez(1913-1999)가 집필진에 합류하였다. 1955년 모로코의 국내 상황이 악화되자 로베르와 집필진은 10월 초 카사블랑카를 떠나 파리에 정착하였다. 1957년에는 로베르 르 비도스Robert Le Bidos가 채용되었다. 이들은 모두 로베르의 책임 하에 작업을 진행하였다.[345] 이들은 분책으로 발행하다 일정 양이 되면 권으로 출판하였다. 또한 사전을 만들어 가면서 계속 기부 신청자를 접수하였다. 1954년 1월 1일 기부 신청자가 만 명 이상이 되었다.[346] 집필 속도도 점차 증가하였다. 1957년 6월에 제3권이 완성되었다.

344 Paul Robert, 1965, p.84.

345 Jean Pruvost, 2003, p.58.

346 Paul Robert, 1965, p.100.

로베르의 사전은 아카데미 프랑세즈로부터 상까지 받고 언론과 대중이 칭찬을 아끼지 않았지만, 유독 대학교수들의 동의를 얻는 데는 어려움을 겪고 있었다. 그런 중에 1957년 스트라스부르의 로만어 문헌학 센터의 소장인 폴 엥브Paul Imbs(1908-1987)가 국제 학술대회에 로베르를 초대하여 '어휘와 사전의 의미론la sémantique lexicologique et lexicographique'에 대한 주제 발표를 요청하였다. 로베르는 학술대회에 참가하였고, 임스는 로베르에게 『프랑스어 보고』의 편찬 책임을 맡아줄 것을 제안하였다. 하지만 로베르는 자신의 사전이 완성될 때까지 어떤 것도 시도할 수 없다고 하면서 이 제안을 거절하였다.[347]

1958년 5월 로베르는 심카재단Fondation Simca에서 수여하는 '성공 가도상Route du succès'을, 1959년에는 레지옹 도뇌르 훈장을 수훈하였다. 1961년에는 제5권이 출판되었다. 그리고 1964년 6월 28일, 마침내 Zymotique 항목의 집필이 끝났다. 로베르는 큰 종이 위에 서둘러 다음과 같이 썼다.

> 오늘 1964년 6월 28일, 나는 나의 사전을 마쳤다.[348]

그의 사전 『프랑스어 알파벳순 유추 사전-낱말과 관념 연상Dictionnaire alphabétique et analogique de la langue française-Les mots et les associations d'idées』이 집필을 시작한지 15년 만에 마침내 완간되었다. 그로부터 6년 뒤인 1970년, 레와 레-드보브의 주도 아래 한 권의 부록이 발행되어 사전은 총 7권이 되었다. 그리고 로베르가 사망한 다음 해인 1981년에 수정판이 출판되었다. 1985년에는 레의 책임 하에

347 Paul Robert, 1965, p.117.
348 Paul Robert, 1965, p.130.

9권으로 된 신판이 출판되었다. 21세기의 벽두인 2001년에 알렝 레와 다니엘 모르방Danielle Morvan의 책임 하에 6권으로 된 새 증보판Nouvelle édition augmentée이 발행되었다. 로베르의 『프랑스어 알파벳순 유추 사전』은 1967년 『로베르 소사전Le Petit Robert』이 출판되고 이 사전이 인기를 얻으면서 1985년판부터는 『로베르 대사전Grand Robert de la langue française』이라는 명칭을 사용하고 있다.

3. 사전의 구성과 특징[349]

『프랑스어 알파벳순 유추 사전』의 항목은 다음과 같은 요소들로 구성되어 있다.

- 표제어
- 문법 정보
- 역사 정보
- 화용 정보
- 의미 정보(정의)
- 용례
- 반의어(CONTR.), 파생어(DER.), 합성어(COMP.)

로베르의 사전은 대문자로 표기된 표제어에 품사와 성·수 등과 같은 문법 정보가 따른다. 문법 정보에 대해 보충이 필요할 때는 별도의 주석(REM.) 란을 두어 설명하기도 한다. 발음 정보는 일반적으로 주어지지 않지만 LOTUS(연꽃), PALACE(호화로운 건물) 등과 같

349 사전의 구성과 특징은 1981년 수정판을 위주로 기술하였다.

은 차용어와 CHENIL(개집), CHENOPODE(명아주) 등과 같이 주의가 필요한 낱말에 대해서는 문법 정보 앞 괄호 속에 로마자 문자로 발음 정보가 주어진다.

문법 정보 뒤에는 역사 정보가 기술된다. 역사 정보는 어원과 출현 시기에 관한 것이다.[350] 어원은 프랑스어로 확인된 최초의 형태가 제시되는데, 최초의 형태가 라틴어나 그리스어 등에서 유래했을 때는 그 원어의 형태와 의미도 밝히고 있다. 원어가 불명확할 때는 '출처 모호; 아마도(orig. obscure; peut-être)' 등의 표현을 앞세우고 원어가 제시된다.

출현 시기는 표제어뿐만 아니라 의미와 숙어에도 표시된다. 그런데 이 시기라는 것이 그 낱말이나 의미의 실제적인 첫 사용 시기를 말하는 것이 아니라 문헌에서 실제로 확인된 첫 실례의 시기를 의미한다. 따라서 옛 원고 등과 같이 텍스트의 정확한 연도를 알 수 없는 경우에는 그 낱말이 출현한 시기도 부정확할 수밖에 없다. 그 결과 시기 표시는 연도로 표시되기도 하고, '20세기' 등과 같이 세기로 표시되기도 하며, '20세기 초반', '20세기 중반' 등과 같이 세기의 부분으로도 표시되기도 한다. 또 텍스트의 정확한 연도를 알 수 없을 때는 '무렵(vers)'이라는 표현이 시기 앞에 쓰이기도 한다. 한 낱말의 의미가 다양할 때는 어원 란에 주어진 시기는 첫 의미에 적용된다. 이와 같이 로베르 사전은 각 낱말과 의미 등에 그 출현 시기를 표시함으로써 현재 프랑스어 어휘를 구성하고 있는 다양한 층에 대한 정확한 정보를 제공한다.[351]

350 2001년 판에서는 어원의 시초 형태가 문헌에 의해서 입증된 것과 재구성된 것을 구별하여 후자에는 * 표시를 하였다.

351 『로베르 프랑스어 대사전』 서문, 2001, p.XXXVIII.

낱말이나 의미의 일부가 시간이나 공간, 화계에 따른 사용상의 제한이 있을 때는 이에 대한 정보가 용법 표지marques d'usage 형태로 정의 앞에 제시된다. 전문 영역 정보도 표지형태로 제공된다. 전문 영역과 관련하여 한 가지 조심해야 할 것은 표지가 용어가 지시하는 개념이나 사물에 관계된 것이 아니라 낱말의 사용과 관련된다는 것이다. 예를 들어, BALEINE(고래), CHAT(고양이), ECHINODERMES(극피동물)은 의미적으로 모두 동물의 개념에 속한다. 그런데 '고래', '고양이'라는 낱말은 일상의 언어에 속하기 때문에 무표의non-marqué 낱말로 처리되고, '극피동물'은 일상어가 아니라 자연과학의 담화에 고유한 전문어로 간주되어 '동물'이라는 표지가 붙여진다. 로베르는 전문어인가 일상어인가를 의미 기준에 의해 분류하는 것이 아니라 사회언어적 성격에 의해 분류했다. 즉 어떤 낱말을 전문가들이 특수한 상황에서 사용하는가 아니면 일반 대중들이 일상적으로 사용하는 가에 따라 일반어와 전문기술어로 분류한 것이다.

용법 정보 뒤에는 정의가 주어진다. 뜻풀이는 '유개념+종차'의 형식을 사용하여 짧고 간결한 것이 특징이다. 동의어에 의한 뜻풀이는 지양되었다. 뜻풀이가 끝나면 정의와 관련된 유추어mot analogique가 제시된다. 다양한 유추어의 제시는 이 사전의 가장 큰 특징이라 할 수 있다. 그런데 로베르의 사전이 일반적인 유추어 사전들과 특별히 차이나는 것은 뜻풀이에 근거하여 유추어를 제시한 다는 점이다. 일반적으로 유추어 사전은 천 개 또는 이천여 개의 중심 낱말을 선정하고 뜻풀이가 없이 중심 낱말 아래에 관련된 낱말들을 결집시켜놓는다. 이 경우 중심 낱말의 선정과 배열은 자의적일 수밖에 없다. 또한 이러한 유추어 사전은 항목들의 내포를 과도하게 확장하거나 중심 낱말과 연관성을 갖지 못하는 낱말들은 배제할 수밖에 없는 문제

점을 지니고 있다.[352]

이러한 단점을 극복하기 위하여 로베르는 유추어 체계를 일반 사전의 구조와 같게 하였다. 즉, 중심 낱말 대신에 모든 낱말을 알파벳 순으로 배열하고, 각 낱말들을 뜻풀이하고, 각 뜻에 관련된 낱말들을 제시하였다. 로베르는 이러한 방식이 이용자들에게 자신이 찾고자 하는 낱말이나 표현을 더 확실하게 찾게 해 줄 수 있을 것으로 믿었다.

> 알파벳 사전의 틀 속에서 항목별로 유추어들을 소개하는 것이 이용자에게 사고에 적합한 표현을 제공하는 데 더 확실해 보였다.[353]

이런 방식은 어휘 학습에 도움을 준다. 이용자는 자연스러운 방식으로, 즉 자신이 이미 잘 알고 있는 형태를 통하여 잊어버렸거나 알지 못하는 낱말을 찾을 수 있기 때문이다.

그런데 뜻풀이가 있는 유추어 사전의 부정적인 측면은 정의와 유추어의 경계가 불분명해질 수 있다는 점이다. 사전학자들은 동의어들을 등가어로 간주하는 경향이 있고, 동의어로 정의를 대신하기도 하기 때문이다. 로베르는 활자의 차이를 두어 뜻풀이에 속하는 것과 관념의 연상에 속하는 것을 구별하여 이 문제를 해결하였다. 뜻풀이가 끝나면 'V'(Voyez) 문자를 앞세우고 정의와 연관된 유추어들을 나열하고 이 낱말들은 진하게 표시하였다. 이러한 방식 덕분에 이용자는 뜻풀이에 속하는 것과 유추어를 쉽게 구별할 수 있게 된다. 한편

---

352 『프랑스어 알파벳순 유추 사전』 제1권 서문, 1953; 『로베르 프랑스어 대사전』 서문, 2001, p.XII.

353 『프랑스어 알파벳순 유추 사전』 제1권 서문, 1953; 『로베르 프랑스어 대사전』 서문, 2001, p.XII.

유추어들은 각자 자신의 위치에서 표제어로서 기술된다. 21세기의 독자들에게 이 유추어들은 사전의 다른 곳에서 기술된 정보에 접근하게 해주는 하이퍼텍스트의 기능을 한다.

제시된 유추어들은 표제어와 의미적으로 연관이 있는데, 이 관계는 동의 관계이기도 하고, 부분과 전체, 원인과 효과 등의 논리적 관계이기도 한다. 하지만 로베르는 반의어들에 대해서는 유추어 란에서 보여주지 않고 항목의 끝에 별도로 나열하는 방식을 택하였다. 반의어들을 의미 관계의 일반적 체계 속에 통합할 수도 있었지만 교육적 목적으로 분리하였다고 한다. 동의어와 반의어를 통합하여 보여줄 경우 독자가 잘 알지 못하는 낱말들을 접했을 때 이것이 동의 관계인지, 반의 관계인지 잘 알지 못할 수 있다는 이유 때문이었다.[354] 이러한 선택은 사전 기술의 일관성보다는 사전 참조의 편리성을 더 우선시 한 것으로 볼 수 있다.

유추어 뒤에는 용례가 따른다. 다양한 유추어가 언어의 계열 정보를 준다면 용례는 통합 정보를 제공한다. 레는 2001년 판 서문에서 『로베르 사전』이 아마도 이 두 유형의 정보에 동급의 중요성을 부여한 유일한 사전일 것이라고 조심스럽게 주장한다. 그만큼 이 사전이 용례를 중요하게 다루고 있다는 것이다.

용례는 크게 예문과 인용문으로 나뉜다. 예문은 문장 차원의 것도 있지만 대부분이 동사구나 명사구 등의 구 형태를 띠고 있다. 이 예문들은 표제어와 가장 잘 결합하는, 즉 가장 일상적이고 흔한 결합 관계를 보여준다. 예문들은 저자들에 의해 만들어지기도 했지만, 대부분은 실제로 문학 텍스트 등에서 관찰된observé 것들이며 관찰된

354 『로베르 프랑스어 대사전』 서문, 2001, p.LII.

문장들로부터 기술에 필요한 부분만 추출한 것이다.

로베르의 『프랑스어 알파벳순 유추 사전』은 『프랑스어 보고』와 함께 인용문이 가장 풍부한 사전이다. 그런데 『프랑스어 보고』의 인용문은 1790년에 시작하여 1960년에 멈추는데 반해 로베르의 사전은 19세기와 20세기 작가들뿐만 아니라 보쉬에, 코르네유, 페늘롱, 퐁트넬, 팔리시, 파레, 파스칼, 라신 등과 같은 16, 17, 18세기의 작가들까지도 인용하고 있다.[355] 이런 점에서 로베르의 사전이 프랑스 문학 작품의 전 세기를 보여주는 유일한 사전이라 할 수 있다.

인용문에는 작가, 작품명, 페이지 등 출전이 명시되어 있다. 하지만 인용한 텍스트의 출현 연도에 대한 정보는 없다. 아마도 제1권에 제시된 인용 작품 목록에 작품의 연도가 표시되어 있어 생략된 것 같다. 각 인용에는 1, 2, 3 등과 같은 번호가 매겨져 있는 게 특징이다.[356] 이런 번호 붙이기는 상호 활용을 가능하게 하여 한 곳에서만 인용하고 다른 곳에서는 참조표시만 해주면 되기 때문에 사전의 지면을 절약할 수 있는 장점이 있다. 예를 들어, 표제어 PLUIE(비)에는 15개의 인용문이 있지만 항목 내에서 참조표시를 통해 55개의 다른 항목의 인용문을 참조할 수 있다. 결과적으로 이 표제어는 총 70개의 인용문을 싣는 효과를 얻고 있다.

각 항목은 선택적으로 반의어와, 파생어, 합성어, 동형어와 같은 계열 정보로 끝을 맺는다. 각 정보 앞에는 ANT.(반의어), DER.(파생어), COMP.(합성어), HOM.(동음이의어)과 같은 약자가 앞선다. 파생

355 사전 제1권의 〈인용된 작가와 작품 목록liste des auteurs et ouvrages cités〉 참조. 이 목록에는 총 338명의 작가가 제시되어 있다.

356 2001년판에는 3.1, 3.2, 3.3 등과 같은 번호가 표시되기도 하는데, 이것은 1966년부터 2001년 사이에 수집하여 추가된 인용문이라는 것을 의미한다.

어나 합성어, 동형어 정보는 참고하는 데 어려움이 없으나 반의어의 경우, 특히 표제어가 다의어일 경우, 제시된 반의어가 어느 의미와 연관되는지 알기 어렵다는 문제점이 있다. 이것은 유의어 정보는 각 의미별로 주어진 반면에 반의어는 각 항목 끝에 일괄적으로 제시되기 때문에 파생되는 문제라 할 수 있다. 물론 이에 대한 해결책이 없는 것은 아니다. 표제어 BEAU-PERE의 처리는 좋은 예라 할 수 있다. 이 낱말은 크게 '시아버지, 장인'과 '의붓아버지'로 의미 구별이 되어 있는데 반의어 정보도 각 의미에 해당되는 반의어가 제시되어 있다. 하지만 로베르는 이러한 시도를 거의 모든 항목에 적용하지는 않았다.

4. 맺음말

『프랑스어 알파벳순 유추 사전』은 로베르의 개인적 필요성과 노하우 그리고 언어에 대한 열정이 결합된 결과물이다. 20세기 초반, 리트레의 『프랑스어 사전』과 같은 대사전의 부재가 대사전 편찬의 동기가 되었다면, 글을 쓰고 영어 텍스트를 번역하면서 개념으로부터 적절한 낱말이나 표현을 찾는 데 도움을 주는 사전이 없다는 인식이 유추 사전의 편찬 계기가 되었다. 이처럼 기존 사전의 부족한 점과 충족시켜주지 못하는 것에 대한 인식이 있었기 때문에 낱말과 관념이 결합된 독창적이고 유용한 사전을 만들 수 있었다.

로베르의 사전은 표제어들을 알파벳순으로 배열하고 각 표제어에 대하여 뜻풀이와 함께 의미별로 다양한 유추 낱말들을 제시한 것이 가장 큰 특징이라 할 수 있다. 이 사전은 기존의 유추, 유의어 사전과 달리 정의를 하고, 정의로부터 새로운 낱말을 찾아갈 수 있도록 하고 있다. 이러한 장치 덕분에 이용자는 낱말의 의미와 각 낱말에 대한 계열 정보와 의미망을 파악할 수 있게 된다. 결과적으로 『프랑스어 알파벳순 유추 사전』은 해독사전과 작문사전의 기능을 동시에 수행할 수 있다.

또한 로베르의 사전은 용례, 특히 인용문이 풍부한 것이 특징이다. 게다가 각 인용문에는 번호를 부여하여 표제어별로 상호 참조가 가능하게 하여 다양한 활용이 가능하게 한 것은 수작업으로 작업한 당시로서 혁신적인 방법이라 할 수 있을 것이다. 인용 대상도 16세기 작품부터 편찬 당시 가장 최신이라 할 수 있는 카뮈의 『페스트』(1947)까지 포함하고 있어 뒤에 편찬되는 『프랑스어 보고』보다도 그 범위가 넓다. 인용한 텍스트에 출판 연도 정보가 없다고 비판하는 학자도 있지만, 사전 제1권의 인용 작품의 참고문헌에 이에 대한 정보가 있기 때문에 사전 이용과 출처 확인에 큰 어려움이 없을 것으로 보인다.

로베르는 항목 끝에 반의어, 파생어, 합성어, 동형어 등도 제시하고 있다. 이러한 정보와 각 정의에 따른 유추어들을 종합하면 한 낱말에 대한 포괄적인 계열 정보가 드러난다고 할 수 있다. 한 낱말의 가치가 다른 낱말들과의 다양한 관계 속에서 결정된다면 『프랑스어 알파벳순 유추 사전』은 낱말들의 온전한 가치를 보여주는 단연 최고의 사전이라 할 수 있을 것이다.

Ⅸ

라루스 언어대사전의 사전학적 특징과 한계

1. 라루스의 사전들

피에르 라루스와 오귀스탱 부아이에에 의해 1852년에 설립된 라루스 출판사는 1856년에 그의 첫 사전인 『신 프랑스어 사전』을 출판한 이래 수많은 다양한 종류의 사전을 출판하고 있다. 19세기까지의 지식을 집대성한 『19세기 보편대사전』(1866-1876, 15권)과 이를 계승, 발전시킨 『삽화가 곁들어진 신 라루스』(1897-1904, 7권), 『20세기 라루스』(1927-1933, 6권), 『라루스 대백과사전』(1960-1964, 10권), 『라루스 백과식 대사전』(1982-1985, 10권) 등과 같은 대사전을 비롯하여 1905년에 초판이 출판된 이래 지금까지 100년이 넘는 기간 동안 출판되면서 해마다 수십만 부가 판매되고 있는 단권으로 된 『삽화가 곁들어진 라루스 소사전』 등이 라루스 출판사의 대표적인 사전으로 꼽힌다.[357] 이러한 사전들은 한 사전 내에 언어에 관한 정보와 사물에 관한 정보를 동시에 기술하는 것을 특징으로 하고 있다.

언어사전과 백과사전을 겸하는 라루스 사전의 오랜 전통에서 탈피한 사전이 장 뒤부아Jean Dubois(1920-2015)의 책임 하에 1966년에 출판된 『현대 프랑스어 사전Dictionnaire du français contemporain』이다. 현대 일상 프랑스어에 속하는 25,000개의 낱말만을 선정하여 기술한 이 사전은 언어를 구성하는 요소들이 상호 밀접한 관계를 맺으며 체계를 이루고 있다는 구조주의 언어학의 관점을 반영하고 있다. 그 결과 전통적인 사전 편찬의 관례에 따른다면 하나의 표제어로 처리되었을 낱말도 그것이 실현되는 문장 내의 분포적 특성을 고려하여 별개의 항목으로 분할배열dégroupement되었고, 표제어와 형태·의미

357 프뤼보(Pruvost, 2005)에 의하면 『라루스 소사전』은 일 년에 약 80만 부가 판매되는데, 2001년에는 백만 부 이상이 판매되었다고 한다.

적으로 밀접한 연관이 있는 파생어들은 한 항목 내에 모두 통합 재배열regroupement되었다. 또한 의미 자질에 대한 분석을 토대로 저자들이 직접 만든 용례들이 제시되었고, 각 용례의 의미에 따라서 동의어와 반의어가 제시되었다. 이러한 혁신적인 내용을 담고 있는 이 사전은 “사전학의 첨병”으로서 뒤에 출판되는 사전들에 많은 영향을 끼치게 된다.[358]

2. 라루스 언어대사전의 출판 배경과 사전의 성격

2.1. 출판 배경

『현대 프랑스어 사전』이 소사전으로서 라루스 출판사의 전통과 단절된 사전이라면, 대사전으로서 그러한 사전은 『라루스 프랑스어 대사전Grand Larousse de la langue française』을 들 수 있다. 이 사전은 1971년부터 1978년까지 파리 10대학 교수인 루이 길베르Louis Guilbert와 로베르 라간Robert Lagane 그리고 라루스 출판사의 사전 편집 사무국장인 조르주 니오베Georges Niobey의 책임 아래 30명 이상의 집필진에 의하여 제작된 7권으로 된 언어대사전이다.

라루스 출판사에서 기존의 전통에서 탈피한 언어대사전을 출판하게 된 배경에는 구조주의 언어학의 영향도 크지만 당시 프랑스에서 일고 있었던 언어사전의 부흥과도 밀접한 연관이 있다. 1960년에서 1980년에 이르는 시기는 프랑스에서 언어사전이 유행한 시기라 할 수 있다. 리트레의 『프랑스어 사전』(1863-1873) 이후 이렇다 할 언어

358 Jean Pruvost, 2002, p.73.

대사전을 내놓지 못한 프랑스에 리트레의 후임을 자처하는 로베르가 『프랑스어 알파벳순 유추 사전』(1953-1964, 6권)을 발간하여 언어사전에 대한 관심을 고취시켰다. 3년 뒤인 1967년에는 이 대사전을 축소한 『로베르 소사전』이 출간되면서 프랑스인들의 인식 속에 로베르의 두 사전은 언어사전의 대명사로 각인된다. 또한 국가 기관인 프랑스 국립과학연구원CNRS에 의해 19-20세기의 언어를 기술하는 대사전, 『프랑스어 보고』(1971-1994, 16권)가 준비 중에 있었다. 이러한 시대적 배경 속에서 백과사전 덕분에 사전 시장을 지배하고 있던[359] 라루스 출판사도 시대의 흐름에 뒤떨어지지 않기 위하여 언어대사전을 출판하지 않을 수 없었다.

2.2. 사전의 성격

사전의 제목은 사전의 성격을 파악하는 데 핵심적인 역할을 한다. 사전의 성격이 제목 속에 잘 드러나 있기 때문이다. 일반적으로 프랑스에서는 언어사전의 경우 '프랑스어langue française'가, 백과사전의 경우 '보편적universel', '백과식encyclopédique' 등이 이용된다. 『라루스 프랑스어 대사전』에는 '프랑스어langue française'가 사용되었다. '그랑 라루스Grand Larousse'에서 '라루스'는 고유명사이지만 '사전'을 의미하는 보통명사처럼 사용되고 있다고 볼 수 있기 때문에[360] 제목만으로도 이 사전이 언어사전임을 알 수 있다. 『라루스 프랑스어 대사전』은 사전의 제목이 의미하는 바와 같이 기본적으로 언어사전이다. 즉, 프랑스어에 호기심이 있는 모든 프랑스어권의 화자와 프랑스어

---

359 Laetitia Bonicel, 2005, p.40.

360 "사람들은 더 이상 사전이라 하지 않는다. 그냥 라루스라 한다."(Jean Pruvost, 2002b, p.38.)

낱말들의 사용과 내용에 대해 명확하고 상세한 정보를 찾고 싶어 하는 모든 외국인을 사전의 주 대상자로 삼고 있는 언어사전이다.[361] 따라서 이 사전도 여타의 언어사전들처럼 프랑스어에 관련되어 제기될 수 있는 문제에 답을 제시하는 것을 목적으로 한다.

하지만 『라루스 프랑스어 대사전』을 로베르가 편찬한 『프랑스어 알파벳순 유추 사전』과 같은 순수한 언어사전으로만 규정하기에는 약간의 문제가 있다. 왜냐하면 라루스의 언어대사전은 백과사전의 성격도 일정 부분 띠고 있기 때문이다. 이 사전 속에는 문법과 언어학에 관한 뛰어난 백과사전적인 항목들이 들어 있는데, 이 항목들은 이 사전을 다른 언어대사전들과 차별화시키면서 유일한 언어대사전으로 만들어 준다. 저자들도 서문에서 이 백과 정보를 사전의 "혁신"으로 강조하고 있다.[362]

별도의 항목으로 특별히 취급된 언어학과 문법의 중요한 용어들은 170개에 이른다.[363] 언어 항목에 대한 기술이 끝나고 그 바로 아래에 〈문법과 언어학GRAMMAIRE ET LINGUISTIQUE〉이라는 별도의 난에서 설명되는 이 특별항목들은 언어사전 항목의 틀 안에서 이미 다룬 언어학과 문법에 관련된 내용들을 더 심화시켜 주는 역할을 한다. 예를 들어 첫 번째 백과 항목인 '악상accent'을 보면, 언어사전의 항목에는 "모음의 가치를 명확히 하기 위해 모음 위에 놓인 표기 기호: 프랑스어에는 악상 테귀, 악상 그라브, 악상 시르콩플렉스와 같은 세 개의 표기 악상이 있다."라고만 기술되어 있고, 세 악상의 구체적인 기능, 용법과 역사에 대한 설명은 〈문법과 언어학〉 난에서 2

361 『라루스 프랑스어 대사전』 서문, 1971, p.I.
362 『라루스 프랑스어 대사전』 서문, 1971, p.VI.
363 첨부된 〈라루스 언어대사전에 기술된 백과사전적인 항목〉 참조.

페이지에 걸쳐 상세하게 설명되어 있다. 일반 언어학이나 프랑스 언어학의 연구자들에게 매우 유용한 이 특별항목들은 알파벳 순서에 따라 분산 배치되어 있는데, 이들을 하나로 모은다면 약 600 페이지에 해당될 정도로 그 분량이 방대하다.[364] 『르몽드Le Monde』의 시평 담당자인 쟈크 셀라르Jacques Cellard는 이 특별항목들을 "한 사전이 프랑스어의 이론적이고 실제적인 문제에 할애한 가장 중요한 집합체"[365]라고 높이 평가한 바 있다.

하지만 이 평가는 조금 과장된 면이 없지 않다. 선정된 항목들이 상세하게 설명된 것은 사실이지만 너무 많은 용어들이 배제되어 있기 때문이다. 같은 출판사에 의해 1973년에 출판된 『언어학 사전Dictionnaire de linguistique』과 비교해 보면 쉽게 그 사실을 확인할 수 있다. A에서 C 항목까지만 살펴보아도 acceptabilité(수용성), acception(말의 뜻), accoustique(음향의), allomorphe(이형), antonymie(반의관계), archilexème(원어휘소), archisémème(원의미소), cas(격), classème(분류소), componentiel(성분의), contenu(내용) 등과 같은 중요한 용어들이 빠져 있다. 더군다나 acceptabilité, allomorphe, archilexème, archisémème, classème, componentiel 등은 본문에조차 누락되어 있다. 이러한 사실로 미루어 볼 때 언어학과 문법의 특별항목들이 이 사전을 특별하고 유일한 사전으로 만든 것은 사실이지만, 이 항목들만으로 언어학의 전문 사전을 대신하기에는 한계가 있어 보인다.

문법과 언어학이라는 제한된 범위에서 한계마저 있지만 어찌 되었든 『라루스 프랑스어 대사전』은 언어사전이면서 백과사전의 역할을 맡고 있는 것은 사실이다. 그럼에도 불구하고 이 사전은 일반적

364 Laetitia Bonicel, 2005, p.45,

365 Jean Pruvost, 2002b, p.49에서 재인용.

으로 언어사전으로 간주된다. 프뤼보와 보니셀 같은 사전학자들도 이 사전을 언어사전의 범주에 넣는데 의견이 일치한다.[366] 이처럼 『라루스 프랑스어 대사전』이 다른 라루스 대사전들과는 달리 언어사전으로 간주되는 것은 기존의 대사전들이 거의 전 분야에 걸쳐 백과 정보를 제공한데 반해 이 사전에서는 백과 정보가 오직 언어와 관련된 항목으로 한정되어 있기 때문이다.

3. 거시구조

3.1. 표제어 규모와 선정 원칙

언어대사전인 『라루스 프랑스어 대사전』에는 몇 개의 항목이 기술되어 있을까? 저자들은 서문에서 이 사전보다 앞서 출판된 『라루스 대백과사전』에는 163,270개의 항목이 기술되어 있다는 것을 명시하고 있지만, 정작 자신들의 사전에는 총 몇 개의 항목이 들어있는지 밝히고 있지 않다. 제1권의 서문을 쓸 당시 사전이 완성된 것이 아니라 출판 중에 있었기 때문에 정확한 항목 수를 밝히지 못한 것으로 보인다. 하지만 『라루스 소사전』의 44,500개를 크게 능가할 것이라는 점은 분명히 하고 있다.

사전이 완성된 뒤에 이루어진 연구에 의하면 『라루스 프랑스어 대사전』에는 74,000여 개의 표제어가 등재되어 있다.[367] 이 수치는 9만여 개의 표제어를 등재한 『프랑스어 보고』에 비하면 그 규모가

366 Jean Pruvost, 2002b, p.48.; Laetitia Bonicel, 2005, p.46.

367 Jean Pruvost, 2002b, p.49.

작지만 프랑스어 대사전의 일반적인 규모에서 크게 벗어나지는 않는다. 사전학자이면서 로베르 출판사의 사전 출판 책임을 맡고 있는 알렝 레는 프랑스어의 어휘를 몇 개의 구역zone으로 구획했을 때 중심에는 가장 빈도가 높고 사용이 많은 약 3,000개의 단어가, 그 다음 구역에는 25,000에서 30,000개의 규범적인 표준 어휘가 있으며, 이들 어휘를 벗어나면 드물게 사용되는 말이거나 전문어 영역에 속한다고 하였다. 따라서 대사전들이 이 희귀어와 전문어까지 포함했을 때 그 규모는 선택사항에 따라 4만에서 7만에 이른다고 언급한 바 있다.[368] 레의 설명에 따른다면『라루스 프랑스어 대사전』은 프랑스어 대사전이 선택할 수 있는 최대치에 가까운 표제어를 등재하고 있는 셈이다.

그러면 이 사전은 어떤 기준에 의해 표제어들을 선정하였을까? 사전이 밝힌 일반적인 원칙은 다음과 같다.

> 목록의 어휘는 일반 어휘와 전문 어휘가 배합되어 있는 너무 전문적이지 않은 동시대의 정기간행물과, 드물기는 하지만 시 텍스트를 포함하여 19, 20세기 작가들의 작품들과 가장 최근의 작품들에 실린 모든 낱말들을 포함한다.[369]

근·현대 프랑스어의 모든 낱말을 조사, 기술하고자 한 라루스 대사전은 일반 어휘와 전문 어휘가 배합되어 있는, 너무 전문적이지 않은 동시대의 정기간행물과 시 텍스트를 포함하여 19, 20세기 작가들의 작품들에 실린 낱말들을 선정하였다고 밝히고 있다. 이렇게 선정되어 등재된 표제어에는 무표의non marqué 표준 낱말들 이외에도

---

368 Alain Rey, 2001, p.XXVI.

369『라루스 프랑스어 대사전』서문, 1971, p.II.

유표의marqué 고어, 구어, 속어, 비어, 은어와 차용어 그리고 다수의 전문용어 등이 포함되었다. 이들의 구체적인 선별 기준을 알아보자.

먼저 고어는 원칙적으로 배제되었다. 살아있는 어휘를 등재한다는 대원칙[370]으로 인해 현재 통용되지 않는 어휘의 등재를 제한하기로 결정한 것은 당연해 보인다. 하지만 고전 텍스트를 읽을 때 필요하거나, 연극과 라디오나 텔레비전 등에서 들을 수 있는 낱말들은 교육적 차원에서 등재하였다고 밝히고 있다.[371]

다음으로 속어나 비어, 은어들은 상대적으로 일반화되었을 때, 전문어는 단어의 형성이 언어학적으로 흥미를 유발하거나 일상적으로 통용될 때 선별하였다고 밝히고 있다.[372] 소위 비속어와 은어는 '일반성'을, 전문어는 '통용성'과 '언어학적 흥미'를 선별의 조건으로 내세우고 있다.

이러한 라루스의 표제어 선별 기준은 『프랑스어 보고』의 그것에 비해 너무 추상적이다. 『프랑스어 보고』는 1억 2천만 어절이 넘는 말뭉치를 구축하여 빈도 100 이상의 단어들은 자동적으로 선택하고, 빈도 100 이하의 단어들에 대해서는 IGLF[373] 목록에 있으면서 주요 4개의 프랑스어 사전[374] 가운데 한 사전에라도 등재되었으면 선정한다는 등의 표제어 선정에 객관적인 기준을 설정하였다.[375] 표제어 선

370 『라루스 프랑스어 대사전』 서문, 1971, p.II.

371 『라루스 프랑스어 대사전』 서문, 1971, p.II.

372 『라루스 프랑스어 대사전』 서문, 1971, p.II.

373 1936년 마리오 로크Mario Roques가 시작하여 1969년 펠릭스 르쿠아Félix Lecoy가 끝마친, 프랑스어 전 세기에 걸쳐 문학 텍스트와 전문 영역 텍스트를 조사, 분석하여 작가별 및 텍스트별로 어휘를 정리한 목록.

374 주요 프랑스어 사전은 리트레의 『프랑스어 사전』, 하츠펠드와 다르메스트테르의 『프랑스어 일반사전』, 로베르의 『프랑스어 알파벳순 유추 사전』, 라루스 출판사의 『렉시스』이다.

정은 그 선별 기준이 구체적이라 해도 자의성을 띠게 마련인데 『라루스 프랑스어 대사전』과 같이 그 기준이 추상적일 때는 더더욱 자의적인 선별에서 벗어나기가 어렵다. 사전의 저자들도 자신들의 선택이 불가피하게 자의적 일 수밖에 없다는 점을 인정하고 있다.[376]

한편 『라루스 프랑스어 대사전』은 라루스 출판사의 다른 대사전과는 달리 언어사전이기 때문에 인명이나 지명, 국명과 같은 고유명사는 등재하지 않았다. 다만 인물의 경우 '동쥐앙Don Juan'이나 '타르튀프Tartuffe'처럼 고유명사가 '호색한'과 '위선자'처럼 그 인물의 특정한 성질을 나타내는 보통명사로 사용될 때는 표제어로 등재하였다. 그리고 고유명사에서 파생된 단어들은 표제어로 선정하기도 하였다. 하지만 지명에서 파생된 alsacien(알사스 사람), normand(노르망디 사람), parisien(파리지앵), rouennais(루앙 사람) 등은 표제어로 등재한 반면, aixois(액스 사람), amiénois(아미앵 사람), calaisien(칼레 사람) 등은 표제어로 등재되지 않아 표제어 선별에 있어 일정 수준의 자의성을 띄고 있음을 알 수 있다.

3.2. 표제어 단위

표제어의 선정과 관련하여 고려해야 할 사항에는 표제어의 언어학적 단위의 문제가 있다. 하우스만과 비에강Hausmann / Wiegan(1989: 337)에 따르면 단어, 접사, 단어 형성 요소, 숙어, 속담 등 한 언어의 모든 단위가 이론적으로는 표제어를 구성할 수 있다. 하지만 실제로 표제어를 구성하는 것은 대부분 파생어와 합성어를 포함한 단어이다.

375 Gérard Gorcy, 1992, p.83.

376 『라루스 프랑스어 대사전』 서문, 1971, p.II.

『라루스 프랑스어 대사전』의 기본적인 표제어 단위는 단어이지만, 단어 이하의 단위인 접사와 합성어 요소éléments de composition도 표제어의 지위를 부여받고 있다. 하지만 접두사와 접미사의 처리 양상은 매우 판이하다. 접두사는 표제어로 등재된 반면 접미사는 표제어로 등재되지 못했다. 게다가 접두사 중에서도 일부만 표제어로 등재되어 그 선별 기준을 찾기가 어렵다. 표제어로 등재된 것과 그렇지 못한 것을 예로 들면 다음과 같다.

등재 : amphi-, anté-, arch-(archi-), avant-, cata-, chir(o)-, cis-, co-(col-, com-, con-, cor-), contre-, dé-(dés-), en-(em-) 등

미등재 : a-(an-), ab-, ad-, ana-, anté-(anti-), apo-, après-, bes-, circon-, circum-, contra-, dis- 등

어떤 기준에 의하여 avant-은 등재하고 après-는 등재하지 않았는지, 또 어떤 기준에 의하여 라틴어 어원의 anté-는 등재하고, 그리스어 어원의 anté-(anti-)는 배제하였는지 알 수 없다. 합성어의 형성소도 접사와 같이 처리의 일관성이 결여되어 있다. acét(o)-, acro-, aéro-, agro-, all(o)-, ambi-, ambly-, andro-, anthropo- bi-(bis-), brach(i)- 등은 표제어로 처리된 반면 acantho-, actin(o)-, adén(o)-, agri-, aleur(o)-, alg(o)-, ambi-, amylo-, api-, apici-, aqua-, arbori-, aréni-, auricul(o)- 등은 표제어로 처리되지 않았다. 또한 어기에 후치되어 합성어를 형성하는 요소들도 접미사와 마찬가지로 표제어로 등재되지 않았다. 하지만 -algie 요소는 표제어에 올라 있다. 다른 요소들은 배제되었는데 왜 이 요소는 표제어로 등재하였는지 그 이유도 알기 어렵다. 이러한 일관성의 결여는 구체적인 표제어의 등재 원칙이 부

재한 데에서 기인한다고 볼 수 있다.

표제어의 언어학적 단위와 관련한 거시구조 구성에서 가장 큰 문제를 제기하는 것은 합성어, 그중에서도 전치사를 매개로 형성된 합성어라 할 수 있다. 전통적으로 bienfaisant(자비로운), portefeuille(지갑) 등과 같이 두 요소 사이에 공백이 없거나, bateau-mouche(유람선), laisser-passer(통행허가증), savoir-faire(능력) 등과 같이 연결부호가 사용된 경우에는 표제어로 등재하는 데 별다른 어려움이 없었다. 하지만 chaise longue(야전용 침대의자), nerf optique(시신경) 등과 같이 두 요소 사이에 공백이 있거나, moulin à vent(풍차), sac à main(핸드백), anémone de mer(말미잘) 등과 같이 전치사를 매개로한 합성어는 표제어로 등재되지 못했다. 구조주의 언어학의 성과를 반영한 『라루스 프랑스어 대사전』이 이러한 합성어에 대해 어떤 입장을 취하고 있는지 알아보기 위해 로베르의 『프랑스 알파벳순 유추 사전』과 비교해 보았다. 이 비교를 통하여 우리는 다음과 같은 사실을 파악할 수 있었다.

첫째, 라루스 사전도 로베르 사전에서처럼 auditeur libre(청강생), chaise longue(야전용 침대의자), marais salant(염전), nerf optique(시신경) 등과 같이 두 요소 사이에 공백이 있는 합성어에는 표제어의 지위를 부여하지 않는다. 이들은 각각 auditeur(청중), chaise(의자), marais(늪), nerf(신경) 항목의 미시구조에서 처리되어 있다.

둘째, 전치사를 매개로 한 합성어를 표제어로 등재하는 데 있어 라루스 사전은 로베르 사전보다 더 개방적인 태도를 취하고 있다. 다음의 합성어들은 라루스에서만 표제어로 처리한 것들의 일부 예이다.

face-à-face(대담), moulin-à-vent(풍차), touche-à-tout(무엇에나 손 대는 사람), bain-de-mer(해수욕), bain-de-pieds(족욕조), cul-de-bouteille(짙은 녹색), cul-de-sac(막다른 길), eau-de-vie(증류주), fer-de-lance(박쥐), oeil-de-boeuf(둥근 창), oeil-de-chat(묘안석), oeil-de-perdrix(티눈), oeil-de-tigre(호안석), tête-de-clou(사각추), tête-de-moineau(조개탄) 등

셋째, 전치사를 매개로 한 합성어 중 위의 예들과 같이 이음줄로 연결된 것들은 표제어로 등재되었지만, 이음줄이 없는 경우에는 chemin de fer(철도), point de vue(관점), pomme de terre(감자), trait d'union(하이픈) 등과 같은 극히 일부의 합성어만 표제어로 등재될[377] 뿐 대부분은 anémone de mer(말미잘), moulin à vent(풍차) 등과 같이 미시구조에서 처리되었다.

단어 이상의 단위에서는 abordée(d')(무엇보다도 먼저), ab ovo(처음부터), abrupto (ex)(갑자기), ad hoc(적격인), c'est-à-dire(즉) 등과 같은 부사구, ad hominem(반박하는)과 같은 형용사구, à Dieu va(운은 하늘에 맞기자)와 같은 감탄사구, en contrebas de(보다 더 낮은 쪽으로)와 같은 전치사구 등이 표제어로 등재되어 있는데, 특이한 점은 ab ovo, abrupto (ex), ad hominem과 같이 라틴어에서 온 구들은 글자의 크기를 일반 표제어보다 더 작게 하여 차별화하고 있다는 점이다.

한편 구 표제어들은 구를 구성하는 요소 중 주요 낱말이 독립적으로 쓰일 수 있을 때 그 낱말 아래에 부표제어로 처리되는 것이 일반적 원칙이다. 부사구 à contre-biais(거꾸로), à contre-courant(흐름을 거슬러) 등은 이 원칙에 따라 각각 contre-biais(대각선으로 자르기)와

377 이들 중 로베르 사전은 chemin de fer(철도)와 pomme de terre(감자)만을 표제어로 등재하고 있다.

contre-courant(역류) 아래에 부표제어로 처리되어 있다. 그런데 contrebas (en)(아래 쪽으로), en contrebas de(보다 더 낮은 쪽으로)의 경우에는 구가 주표제어로 제시되고, contrebas(낮은 쪽)가 부표제어로 처리되어 있어 일반적 원칙에서 벗어나 있다.

3.3. 표제어 배열

『라루스 프랑스어 대사전』은 등재된 표제어들을 알파벳 순서대로 배열하는 단순 거시구조를 취하고 있다. 『현대 프랑스어 사전DFC』에서 혁신적인 방식으로 간주되었던 재배열 방식은 이용하지 않았다. 다만, abatture(털기) / abattures(남긴 흔적), accent(악센트) / accents (표현음), accessoire(부차적인 것) / accessoires(액세서리), accord(일치) / accords(약혼) 등처럼 단수형과 복수형의 뜻이 다른 경우에는 복수형을 단수형 아래에 부표제어로 처리하고 있다. 또한 en abondance(풍족하게)와 같은 부사구도 부표제어로 처리하였는데 이러한 처리 방식은 이 사전의 특징이라 할 수 있다.

구조어휘론의 성과를 반영한 사전에 재배열 방식이 아닌 전통적인 방식이 이용된 것은 어휘의 체계적 기술보다는 참조의 용이함을 더 우선시한 것 때문이다. 사실 재배열 방식은 그 교육적 효과에도 불구하고 1694년에 출판되었던 『아카데미 프랑세즈 사전』의 초판 때부터 참조가 어렵다는 이유로 비판받아 왔다. 게다가 사전 전체가 동시에 출판되지 않고 각 권이 순차적으로 출판될 경우 재배열 방식이 적합하지 않은 것도 『라루스 프랑스어 대사전』이 알파벳 배열 방식을 택할 수밖에 없었던 한 이유이다.

4. 미시구조

4.1. 발음

『라루스 프랑스어 대사전』은 주표제어에 대해 국제음성기호API를 이용하여 발음 정보를 제공한다. 20세기 후반 프랑스에서 출간된 세 개의 대사전 중에서 주표제어에 대해 발음 정보를 체계적으로 기술한 것은 이 사전이 유일하다. 『프랑스어 보고』는 〈발음과 철자 PRONONC. ET ORTH.〉 난에서 국제음성기호로 발음 정보를 주고 있지만 coalisé(동맹한), coloré(유색의) 등과 같은 과거분사형 형용사 표제어에는 발음 정보를 주지 않았다. 로베르의 『프랑스어 알파벳순 유추 사전』의 경우에는 oedème(수종), oedipe(오이디푸스), oeil(눈), oeuf(달걀) 등과 같은 극히 일부 표제어에 대해서만 알파벳 문자를 사용하여 발음 정보를 제공했을 뿐이다.

이처럼 오직 라루스만이 모든 주표제어에 발음 표기를 하고 있지만, 이 사전도 주표제어에 대해서만 발음 정보를 주기 때문에 chevaux 등과 같이 부표제어로 등재된 낱말들은 어떻게 발음되는지 알 수 없다. 또한, 복수형에 대한 발음 정보는 형용사에만 주어지기 때문에 사전 이용자는 animal(동물), arsenal(병기창), bocal(항아리), cheval(말)과 같은 명사의 복수형인 animaux, arsenaux, bocaux, chevaux 등이 어떻게 발음되는지 알 수 없다. 심지어 cieux(하늘), yeux(눈)처럼 복수형의 형태가 단수형으로부터 추론되기 어렵고, 발음도 완전히 다른 경우까지 음성 정보가 제공되지 않은 것은 아쉬운 점이라 할 수 있다.

4.2. 정의와 의미 배열

발음 표시 뒤에는 표제어의 품사와 품사의 하위 유형이 약자로 표시되고, 이 문법 정보 뒤에는 어원과 형태의 변화, 최초의 출현 연도나 시기 등과 같은 역사 정보가 이어진다. 역사 정보 뒤에는 의미 정보인 정의가 따른다.

뜻풀이는 일반적으로 논리·분석적 정의 방식이 이용되나, bavardage(수다), égalitairement(평등하게)과 같은 파생어의 경우에는 어기를 그대로 사용하고 접사 부분의 의미만을 풀이하는 형태·의미론적 정의 방식이 이용되고 있다. 표제어 graille(구어: 식사), grailler(구어: 먹다)와 같이 사회언어학적 관점에서 사용에 제약이 따르는 낱말들은 가치중립적인 표준 낱말을 제시하여 뜻풀이를 대신하고 있다.

위와 같은 정의 방식은 다른 사전의 그것과 크게 다르지 않다. 라루스의 언어사전도 정의에 있어 일정 부분 전통적 사전 편찬의 관례를 답습하고 있는 것이다. 하지만 어휘요소란 문장 내에서 다른 어휘요소와 맺는 통합적 관계에 의해 그 가치가 규정된다는 구조주의 언어학의 관점을 반영한 『라루스 프랑스어 대사전』이 일부 표제어, 특히 아래의 convenir(~에 맞다)의 예와 같이 동사 표제어에 대해서 표제어의 구문적인 속성과 분포 속성을 고려하여 정의를 한 것은 전통적인 사전과 차별되는 점이라 할 수 있다.

> **convenir** v. tr. ind. […]
> **«convenir à» : avoir de la convenance avec.**
>
> • I. AVEC UN SUJET DÉSIGNANT UNE CHOSE.
>
> 1. *Convenir à quelque chose* ou *à quelqu'un*, être adapté à cette chose, aller bien avec; être approprié à cette personne : […]

2. *Convenir à quelqu'un*, être conforme à sa commodité personnelle, correspondre à ses goûts, ses habitudes : […]
3. *Convenir à quelque chose*, être conforme à ce qu'exigent les règlements, les coutumes, les usages du monde, la morale, etc. : […]

- II. AVEC UN SUJET DÉSIGNANT UN ÊTRE ANIMÉ. *Convenir à quelque chose*, avoir les dispositions, les aptitudes voulues pour telle activité, telle situation : […]
- III. EMPLOYÉ IMPERSONNELLEMENT. *Il convient de* (et l'infinitif), *il convient que* (et le subjonctif), il est souhaitable, opportun de ou que ; la situation, les usages, etc., exigent de ou que : […]

«convenir de, que» : tomber d'accord sur, que.

- I. AVEC UN SUJET DÉSIGNANT UNE OU DES PERSONNES.

1. *Convenir de* (et l'infinitif ou un nom), *convenir que* (et l'indicatif), s'entendre avec une ou plusieurs personnes sur une décision à prendre, une chose à adopter, etc. : […]

- II. EMPLOYÉ IMPERSONNELLEMENT. *Il est* (*était*, etc.) *convenu que*, il est (était, etc.) décidé d'un commun accord que : […]

표제어 convenir가 전치사 à를 취할 때와 de나 que 구문을 취할 때로 구분되고, 그 안에서는 주어의 성격과 목적보어의 성격 등에 따라 세밀하게 의미가 명시되어 있다. 또한 표제어가 들어간 구나 문장을 먼저 제시하고 의미를 설명하는 방식을 이용하기도 하였는데, 이러한 방식은 낱말의 내재적 의미보다는 다른 낱말들과의 관계 속에서 의미가 나타나는 문맥적 의미를 더 중요시한 것이다. 이와 같이 문맥 속에서 통사적 정보를 우선적으로 고려하여 정의한 것은 전통적인 사전의 정의 방식과는 대조되는 점이라 할 수 있다.

정의된 개별의미acception들은 다양한 기준에 의해 배열되었다. 첫 번째 기준은 carte(판지, 카드)의 경우처럼 의미의 출현 순서를 무시하고 현재 가장 많이 쓰이는 뜻부터 순차적으로 배열하는, 즉 빈도에 의한 배열 방식이다.[378]

> **carte** n. f. (lat. *charta*, papier; 1398, *le Ménage de Paris*, au sens II; sens I, XVe s. ; sens III, 1636, Monet).
> I. 1. Carton mince, flexible, obtenu en collant plusieurs feuilles de papier l'une sur l'autre. (XVe s.)
> II. Petit carton rectangulaire, portant sur l'une de ses faces une figure et utilisé dans divers jeux : (1398)
> III. Représentation conventionnelle, sur une surface plane en papier ou en carton, [···] (1636)

위의 예문을 보면, 두 번째의 의미인 "카드"가 먼저 출현하였지만 빈도가 더 높은 "판지"의 의미가 그 앞에 제시되었다. 의미의 빈도는 정확하게 측정하기 어렵기 때문에 이 방식은 저자들의 주관에 의존해야 하는 단점이 있긴 하지만 원하는 뜻을 신속히 찾고 싶어 하는 이용자들을 만족시켜준다는 장점이 있다.

두 번째 기준은 carreau(타일, 포석)의 예가 보여주는 것처럼 의미의 출현 순서를 고려한, 즉 의미의 역사적 진화를 고려한 방식이다. 이 방식은 낱말의 역사에 대한 연구 성과를 반영한 것으로 볼 수 있다.

378 괄호 안에 제시된 의미의 출현연대는 저자가 어원 정보를 참조하여 적은 것이다.

carreau n. m. (lat. pop. **quadrellus*, de *quadrus*, carré; 1080, *Chanson de Roland*, écrit *quarel*, au sens I, 1; sens I. 2, 1659, Dorimon; …)
I. 1. Vx. Trait dont le fer avait quatre pans, […] (1080)
II. 1. Class. Carré d'un jardin potager : (1538)
III. 1. Dessin de forme quadrangulaire : (1690)

세 번째 기준은 주로 동사의 의미 배열에 적용된 것으로 구문적인 특성을 고려하여 배열한 방식이다.

croire v. tr.
- I. CROIRE QUELQUE CHOSE, CROIRE et l'infinitif, CROIRE QUE (et l'indicatif ou le subjonctif).
- II. CROIRE QUELQU'UN.
- III. CROIRE QUELQU'UN ou QUELQUE CHOSE

◆ v. tr. ind.
- I. CROIRE À.
- II. CROIRE EN.
- III. CROIRE À ou EN
- IV. CROIRE DE.

◆ v. intr.

◆ **se croire** v. pr.

위의 croire(믿다)의 예를 보면, 이 동사의 용법을 직접타동사, 간접타동사, 자동사와 대명동사로 구분하고, 직접타동사는 목적어의 성격에 따라, 간접타동사는 뒤따르는 전치사에 따라 의미가 배열되었다. 이러한 의미 배열 방식은 구조주의 언어학의 성과를 반영한 것으로 볼 수 있다.

4.3. 용법 표지

『라루스 프랑스어 대사전』과 같은 대사전은 사회·경제적 필요성 때문에 규범으로 인정된 가치중립적인 표준어뿐만 아니라 고어나 신조어, 지역어, 속어, 은어, 전문용어 등도 등재할 수밖에 없다. 사전의 등재는 이들의 어휘로서의 자격과 그 필요성을 인정하는 것이지만, 그렇다고 이들 낱말이 아무런 제약 없이 이용될 수 있다는 것을 의미하지는 않는다. 왜냐하면 사전 편찬가는 다양한 용법 표지를 이용하여 이들 낱말들을 표준어와 구분시키기 때문이다. 용법 표지는 언어 요소의 사용이 시간과 공간, 사회적으로 제약되어 있거나 특정 분야에서만 사용된다는 정보 등을 제공하기 때문에 언어 규범 확립의 제재 수단으로 이용된다. 라루스도 다른 사전들과 마찬가지로 낱말이나 의미가 그 사용에 제약이 따를 때는 다양한 용법 표지를 붙여 등재하고 있다. 이 사전에 사용된 용법 표지들을 시간, 공간, 화계/문체, 전문분야 등 4가지 기준에 의해 분류해 보면 다음과 같다.

기준	사용된 표지
시간	Auj., Class., Vieilli, Vx, Néol.
공간	Dialect.
화계/문체	Fam., Pop., Vulg., Triv., Arg., Péjor., Littér., Poét.
전문분야	Didact., Jurid., Linguist., Math., Médic., Métriq., Mil., Phonét., Scientif. 등

여기에서는 시간과 공간 관련 표지만을 살펴보고자 한다.

4.3.1. 시간 표지

라루스 사전은 고어에 Vx 표지와 vieilli 표지를 함께 사용하고 있는데[379] 이 두 표지는 소개되는 방식이 다르다. 전자는 낱말의 의미 앞에 위치하면서 이탤릭체인데 반해 후자는 의미 뒤에 위치하면서 고딕체이고 괄호 안에 표시된다.

> **cabaret** n.m. 1. Débit de boissons modeste, où l'on peut également manger. (vieilli) : 3. *Vx*. Table ou plateau pour servir le thé, le café, les liqeurs ; [···]

> **cabaretier, ère** n. *Vx*. Personne qui tient un cabaret, un petit café : [···]

그렇다면 이 둘의 용법은 어떻게 구별될까? 『라루스 프랑스어 대사전』에는 표지들의 용법에 대한 별도의 설명이 없기 때문에 사전 본문을 참조하여 그 실마리를 찾을 수밖에 없다.[380]

> **vieilli, e** adj. 5. Qui est devenu désuet, qui a perdu son caractère d'actualité et tend à disparaître : [···] **Spécialem. Se dit des termes et des expressions de la langue qui, sans être complètement sortis de l'usage, sont employés de plus en plus rarement** : Mot vieilli. Locution vieillie.

> **vieux** ou **vieil, vieille** adj. II. 10 [···] Se dit de ce qui n'est plus en usage : [···] **Spécialem. Marque, dans un dictionnaire, qu'un emploi, un terme, une locution sont sentis par la majortié des locuteurs comme n'appartenant plus à leur usage courant.**

---

379 『라루스 프랑스어 대사전』은 고전 텍스트에 실린 낱말들에는 Class. 표지를 붙여 고어와 구별하고 있다.

380 진한 부분은 저자가 강조한 것이다.

두 낱말의 특별한 의미에 따르면, vieilli는 "용법에서 완전히 벗어나지는 않았지만 점점 희귀하게 사용되는 용어나 표현들"을, vieux는 "대부분의 사용자들에 의해 더 이상 일상 용법에 속하지 않는다고 느껴지는 낱말이나 숙어"를 나타낸다. 이 정의를 근거로 더 이상 일상의 용법에 속하지 않을 때에는 Vx 표지가, 용법에서 완전히 벗어나지는 않았지만 점점 드물게 사용되는 경우에는 vieilli 표지가 이용된다는 것을 알 수 있다. 하지만 낱말이나 의미가 완전히 일상의 용법에서 벗어났는지, 벗어나지 않았는지를 판단하는 것은 쉬운 일이 아니다. 이러한 판단에 어느 정도 편찬가의 주관성이 개입될 수밖에 없다. 로베르의 사전과 비교해 보면 이러한 사실은 더 명확해진다.[381]

	라루스 대사전	로베르 대사전
cabanon	1. Vx	2. -
cabaret	1. vieilli /3. Vx	1. - / 2. -
cabaretier	Vx	-
caboteur	1. Vx	-
cabotin	1. Vx	1. Vx
cache-poussière	Vx	-
cachet	II.1. Vx	4. -
cadet	1. Vx	2. -
cagne	Vx et péjor.	2. -
calorifère	Vx	2. -

두 사전에 동시에 등재된 10개의 낱말 중에서 단 한 낱말, cabotin (뜨내기 배우)에서만 사전 편찬가들의 의견이 일치하고 있다. 나머지

381 표시 "-"는 어떤 표지도 붙어있지 않음을 나타낸다.

9개에 대해서 라루스는 고어로 처리한데 반해 로베르는 일상어로 간주하고 있다.[382] 이처럼 고어와 일상어의 경계조차 판단하는 것이 쉽지 않고 사전마다 다른데, 고어를 둘로 나누어 기술하는 것이 이용자에게 어떤 도움을 줄 수 있을지 의문이 든다.

서문의 '약어표Table des abréviations'에 표지 Néol.은 Néologisme(신어)를 나타낸다고 되어 있어 최근 신조어에는 Néol. 표지가 붙었을 것으로 추정해 볼 수 있다. 하지만 사전 편찬 10여 년 전에 확인된 낱말뿐만 아니라 심지어는 사전의 출판이 시작된 1971년에 확인된 낱말까지도 Néol. 표지가 붙어있지 않다.[383]

> **néo-nazi**, **e** adj. et n. (··· **1968**, Larousse)
> **néo-nazisme** n.m. (··· **1971**) Doctrine ···
> **néo-plasticien**, **enne** n. (··· **1970**, Robert)

위의 예로 보아 신조어에 Néol. 표지가 실제로는 사용되지 않은 것으로 추정된다. 한편 사전이 문헌 따위에서 그 사용이 실제로 확인된 단어나 의미의 연도를 기재하고 있어 굳이 신조어 표지가 없어도 이용자는 낱말이나 의미가 최근에 출현했다는 것을 알 수 있기 때문에 이 표지는 붙이지 않아도 된다고 본다.

용법 표지는 사전 편찬가들이 표준으로 삼는 용법으로부터 벗어난 낱말이나 의미 등을 표시하기 때문에 시간적으로 표준이 되는 오늘날의 용법에는 표지를 붙이지 않는 것이 일반적이다. 하지만 앞에 제시된 과거의 의미나 용법과 대비하여 오늘날의 의미나 용법을 강

382 이것으로만 본다면 두 사전 중 『라루스 프랑스어 대사전』이 규범에 더 엄격하다고 판단해 볼 수 있다.

383 연도는 저자가 진하게 표시하여 강조하였다.

조할 필요가 있을 때 Auj.라는 표지가 사용되기도 하였다.

4.3.2. 공간 표지

『라루스 프랑스어 대사전』은 단어나 의미의 사용이 특정 공간에 한정되는 경우 크게 세 가지 방식을 이용하여 이를 표시하고 있다. 먼저 뜻풀이 앞에 Dialect. 표지를 붙이는 방식이다.

> **ch'timi** adj. et n. *Dialect.* Originaire du nord de la France :
>
> **coqueleur, euse** ou **coqueleux, euse** n. *Dialect.* Personne qui élève des coqs de combat (coutume du nord de la France).

이 방식은 표제어가 방언임을 명확히 나타낼 수 있지만 어느 지방에서 통용되는지는 알기 어려운 문제점이 있다. 물론 위의 두 예처럼 사용 지역을 추론할 수 있는 단서가 제공된 경우도 있다.

두 번째는 정의항 안에서 의미 제시에 앞서 한정되는 지역을 나타내는 방식이다.[384]

> **cabanon** n.m. 2. En Provence, petite maison de campagne ou pied-à-terre au bord de la mer :
>
> **cagnard** n.m. 3. Dans le Midi, lieu exposé au soleil et à l'abri du vent.

이 방식은 첫 번째 방식과는 달리 표제어의 사용 지역을 명확히 알 수 있는 장점이 있다. 하지만 이 방식은 사전의 독자들에게 이 낱말들이 방언인지 아니면 그 지역의 특수한 지시대상을 표상하는 표

384 밑줄은 저자가 강조한 것이다.

준어인지 판단하는 데 어려움을 준다. 일반적으로 명확한 방언 표지가 없으면 표준어로 간주된다. 만약 이 두 낱말이 방언이라면[385] 사전의 일관성 있는 기술을 위해 그리고 이용자들이 잘못 판단할 수 있는 여지를 없애기 위해 Dialect. 표지를 붙여주어야 할 것이다.

세 번째는 정의의 일부로 지역 정보를 주는 방식이다.

> **clovisse** n.f. Nom donné, dans les régions méditerranéennes, à un mollusque lamellibranche, […]

> **cougourdette** n.f. Nom provençal de la courgette.

이용자는 정의를 통해 표제어 clovisse와 cougourdette가 각각 "mollusque(연체동물)"와 "courgette(호박)"의 지역적 용법임을 알 수 있다. 『프랑스어 보고』도 clovisse에 Région.(Provence) 표지를 붙여 이 단어가 방언임을 명시하고 있다.[386] 따라서 clovisse, cougourdette처럼 명백히 방언에 속하는 낱말들에는 Dialect. 표지를 붙여주는 것이 사전의 일관성 있는 기술을 위해 더 좋을 것으로 보인다.

라루스 사전은 프랑스 내의 방언들에는 Dialect. 표지를 붙이지만, 프랑스 외의 지역에서 사용되는 낱말이나 의미들에 대해서는 어떤 표지도 붙이지 않고 정의항 안에서 의미 제시에 앞서 대륙이나 국가의 이름을 밝히고 있다.

> **cabri** n.m. […] 2. En Afrique noire, variété de chèvre à poil ras et sans cornes.

---

385 『프랑스어 보고』는 두 표제어에 각각 Région.(Provence)와 Région.(Provence et Languedoc)표지를 붙여 이 두 낱말이 방언임을 명시하고 있다.

386 표제어 cougourdette는 『프랑스어 보고』에 등재되어 있지 않다.

poudrerie n.f. [⋯] 2. Au Canada, neige fraîche que le vent fait tourbillonner.

이러한 기술 방식은 앞의 cabanon(작은 별장), cagnard(양지)에서처럼 표제어가 특정지역에만 있는 지시대상을 표상하는 표준어인지 아니면 그 단어의 사용이 지역에 한정되는 방언인지 구별하기가 쉽지 않다. 따라서 프랑스 외에서 사용되는 단어라도 그것이 지역어라면 Dialect.와 같은 표지를 붙여 모호성을 피하게 해주는 것이 더 바람직할 것으로 생각된다.

4.4. 용례 및 계열 정보

정의는 용례에 의해 뒷받침 된다. 용례는 뜻풀이를 보충해줄 뿐만 아니라 해당 표제어의 의미 선택 제약이나 다른 낱말과의 결합 관계 등 표제어의 실질적 쓰임을 보증해 준다.

『라루스 프랑스어 대사전』에서 용례는 대부분 해당 의미에 대한 뜻풀이가 끝난 다음 용례의 시작을 알리는 기호(:) 다음에 제시된다. 용례들은 대부분 유명 작가들의 작품에서 인용되었으나 집필자들의 언어 능력에 입각하여 입말로부터 추출되기도 하였다.[387] 전자가 문학적 인용례라면, 후자는 사전 집필자가 표제어의 어법에 맞게 집필한 비문학적 작성례라 할 수 있다. 이런 비문학적 용례는 『라루스 프랑스어 대사전』을 로베르의 『프랑스어 알파벳순 유추 사전』과 구별 짓는다.[388]

작성례는 구 용례가 대부분이지만 문장 차원의 용례도 가끔 보인다.

387 『라루스 프랑스어 대사전』 서문, 1971, p.V.

388 Jean Pruvost, 2002b, p.49.

반대로 인용례는 대부분 문장 용례인데 구 용례를 들기도 하였다. 인용례는 주로 발자크, 모파상, 공쿠르, 도데, 프루스트, 카뮈, 말로 등과 같은 19, 20세기 작가의 작품들에서 인용되었다. 하지만 17, 18세기의 사라진 용법이나 또는 그때부터 현재까지 지속적으로 사용되는 용법들을 예증하기 위해서는 몰리에르나 라 퐁텐, 파스칼 등과 같은 당시 작가들의 작품들에서 인용되기도 하였다.

문학 텍스트에서 발췌한 인용례에는 서지정보로 작가의 이름만이 제시되었다. 이는 작가의 이름과 책 이름 및 페이지까지 서지정보를 준 로베르의 사전과 구별된다. 작품의 제목이나 페이지 등과 같은 서지정보의 부재는 정확한 출처에 대한 의문이 제기되어 사전이 제공하는 정보의 신뢰성에 손상을 줄 수도 있지만,[389] 사전 편찬가들은 항목 기술을 너무 복잡하게 하지 않음으로써 한편으로는 출판비용을 절감하고, 또 다른 한편으로는 참고의 편리성을 도모한 것으로 보인다.

한 의미에 여러 용례를 보일 때의 배열 순서를 보면, 긴밀하게 결합하는 짧은 구 용례를 먼저 제시하고 문장 용례를 배열하였으며, 출전이 있는 인용례의 경우 시기적으로 앞선 것부터 배열하였다.

사전의 항목은 표제어와 의미적으로 관련된 낱말들을 제시하는 것으로 끝을 맺는다. 용례가 표제어의 통사적 정보를 제공한다면, 이 관련어 정보는 표제어와 계열 관계를 맺는 낱말들에 대한 정보를 제공한다. 『라루스 프랑스어 대사전』은 계열 정보로 동의어와 반의어만 제시하고 상위어와 하위어는 제시하지 않는다. 이 관련 어휘들은 로베르의 사전처럼 각각의 의미 바로 뒤에 열거되지 않고, 항목

389 표제어 cabinet의 용례로 제시된 퓌르티에르의 인용례의 경우, 출처가 퓌르티에르가 편집한 사전인지 아니면 그가 쓴 작품인지 알기 어렵다.

의 끝에 별도의 〈SYN.〉(동의) 난이나 〈CONTR.〉(반의) 난에서 일괄적으로 제시된다.

그런데 이러한 일괄처리 방식은 표제어가 다의어의 경우에 제시된 동의어나 반의어가 어떤 개별의미와 연관되는지 쉽게 파악할 수 없다는 문제가 있다. 라루스 사전은 관련 어휘 앞에 표제어의 해당 뜻풀이 번호를 붙여 이러한 문제를 해결하였다. 하지만 표제어의 해당 뜻풀이 번호만 붙이고 관련 어휘의 뜻풀이에는 번호를 붙이지 않아 주어진 관련 어휘가 다의어일 경우 상호참조에 어려움을 야기하는 문제점은 여전히 남아 있다.

5. 맺음말

『라루스 프랑스어 대사전』은 74,000개의 표제어에 대해 발음과 어원, 낱말의 형태와 의미의 출현 연도, 정의, 화계, 용례, 동의어와 반의어 등을 기술한 언어대사전이다. 또한 언어학과 문법에 관한 백과사전의 성격도 지니고 있다. 170개에 이르는 문법과 언어학에 관련된 용어들을 자세하게 다룬 특별항목은 이 사전을 다른 사전들과 구별 짓는 가장 큰 특징이라 할 수 있다. 결과적으로 『라루스 프랑스어 대사전』은 라루스 사전의 전통을 따라 언어사전과 백과사전으로서 기능을 하고 있지만, 백과사전의 내용이 언어에 관련된 사항으로만 한정됨으로써 일반적으로 언어대사전으로 분류된다.

이 사전은 모든 표제어에 대한 발음 정보의 제공, 구조주의 언어학의 성과를 반영한 어휘 의미 기술, 입말로부터 추출한 용례와 유명 작가들의 작품에서 인용한 용례의 배합, 표제어와 계열 관계를 맺는 동의어와 반의어 제시 등과 같은 방법들을 도입하였으나 시장에서는 그다지 성공을 거두지 못했다. 그 주된 이유는 라루스의 대사전이 리트레의 사전에 이어 일반 대중들에게 언어사전의 동의어처럼 간주될 정도로 명성을 누리고 있는 로베르의 대사전을 대체할 만한 강력한 수단을 갖고 있지 못했기 때문이다. 이미 로베르의 『프랑스어 알파벳순 유추 사전』이 풍부한 계열 정보와 인용문을 앞세워 독자들에게서 많은 사랑을 받고 있는 상황에서 위에 언급된 것들만으로는 독자들의 마음을 사로잡기에는 역부족이었던 것이다. 이것은 보통의 혁신으로는 이용자들의 인식을 바꾸는 것이 얼마나 어려운 것인가를 잘 보여준다.

『라루스 프랑스어 대사전』이 성공하지 못한 또 다른 이유로 컴퓨터가 출현하기 시작한 시기에 전통적인 활판인쇄로 사전을 출판한 것을 들 수 있다. 게다가 페이지를 각 권마다 이어서 붙이는 방식을 택했는데, 이러한 출판 방식은 어휘목록과 항목의 수정 그리고 전산화를 어렵게 만들었다. 라루스 출판사는 막대한 비용 때문에 이 사전의 개정판을 내는 것도 포기한 상태다. 결과적으로 라루스의 사전은 "노후한 기술의 희생자"가 된 셈이다.

사전은 제때에 언어의 변화를 수용할 수 있어야 한다. 처음에 좋았던 사전도 언어의 변화를 담아내지 못한다면 한 시대의 언어 상태를 보여주는 문화유산으로 남을 뿐이다. 비슷한 시기에 출판되었어도 전산화되어 21세기에도 계속 살아 있는 『로베르 대사전』이나 『프랑스어 보고』와 달리 20세기의 유물로 남겨진 『라루스 프랑스어 대사전』은 출판에 막대한 비용이 들어가는 대사전이 시장에서 살아남기 위해서는 사전 텍스트의 내용뿐만 아니라 편집에 이용되는 기술력도 중요하게 고려되어야 한다는 점을 교훈으로 준다.

[부록] 『라루스 프랑스어 대사전』에 기술된 백과사전적인 항목

권	백과 항목
1	accents, accord, actualisation, ajdectif, adverbe, agent, alphabet, amalgame, anacoluthe, analogie, apophonie, apostrophe, apposition, archaïsme, archiphonème, argot, article, aspect, aspiration, assibilation, assimilation, asyndète, attribut, attribution (le complément d'), auxiliaires, but (le complément de), C (la lettre), caractérisation, catégories, cause (l'expression de la), champ sémantique
2	circonstanciel (le complément), commutation, comparaison, complément, complémentarité, concession (l'expression de), concordance des temps, condition (l'expression de), conditionnel, conjonction, conjugaison, connotation, conséquence (les compléments de), consonnes, contraires, coordination, degré, démonstratifs (les mots), détachement, détermination, dialectes, diérèse, diphtongues, discours, dissimilation distribution, E (la lettre), élision, ellopse, emprunt, épithète
3	euphonie, fonction, futur, G (la lettre), générative (la grammaire), genre, gérondif, grammaire, H(la lettre), hiatus, homonymes, I (la lettre), imparfait, impératif
4	indéfinis (les mots), indicatif, infinitif, information, interjection, interrogation, intonation, J (la lettre), langage, langue, lexique, liaison, lieu (l'expression du), linguistique, majuscule, manière (l'expression de la), métaphore, mètre, modalités, mode, monème, morphologie, mot, moyen (l'expression du), nasalité, négation, néologie, neutre, nom, nombre, numéraux (les mots)
5	objet, onomatopée, ordre des mots, orthographe, palatalisation, paradigme, parlé (le français), parole, participe, parties du discours, passés passif, personne et les pronoms personnels, phonétique et la phonologie, phrase, poème, polysémie, ponctuation, possession et les mots possessifs, prédication, préposition, présent, pronom, pronominaux (les verbes), proposition
6	psychisme et langage, qualité, quantité, affixe R-, RE, ou RÉ, rection et régime, relativité et les relatifs, rhétorique, rime, rythme, sémantique, sémiologie, sémiotique, sociolinguistique, statistique linguistique, strophe, structuralisme, stylistique, subjonctif, subordination, sujet
7	syllabe, synonymes, syntaxe, temps (l'expression du), texte, traduction, trait d'union, transtivité, tréma, U (la lettre), unipersonnels (les verbes et les constructions), verbe, vers, la voix, voyelles, X (la lettre), Y (la lettre)

X

19-20세기 언어대사전, 『프랑스어 보고』의 특징과 사전학적 의의

1. 『프랑스어 보고』의 탄생 배경

프랑스 사전 편찬의 역사에서 20세기 초반 반세기는 백과식 사전의 발달로 특징지을 수 있다. 라루스 출판사에서는 『삽화가 곁들어진 신 라루스』(7권, 1897-1904), 『삽화가 곁들어진 월간 라루스』(14권, 1907-1957), 『20세기 라루스』(6권, 1927-1933)를 출판하였다. 키에Quillet는 백과사전 전문 출판사를 설립하여 『키에 백과식 사전Dictionnaire encyclopédique Quillet』(6권, 1934-3195)을 출판하였다.

반면, 이런 백과식 사전에 견줄만한 언어사전은 당시 부재한 상태였다. 하츠펠드와 다르메스트테르가 『17세기 초부터 오늘날까지의 프랑스어 일반사전』(2권, 1890-1900)을 편찬한 바 있지만 그 규모가 너무 작았고, 1946년에 출판된 『키에 프랑스어 사전Dictionnaire Quillet de la langue française』(3권)도 전문용어에 삽화를 삽입하고 주제별 도표를 제시하는 등 나름의 독창성을 가지고 있었지만 규모 면에서 리트레의 사전에 견줄 수는 없었다. 이런 이유로 19세기에 출판된 리트레의 『프랑스어 사전』이 17-18세기 언어를 기술하고 있고 개정도 되지 않은 상태였음에도 불구하고, 20세기에도 절대적 권위를 지키면서 주요 참고문헌으로 이용되고 있었다. 실증주의 사전 편찬가가 만든 이 사전은 분명 훌륭한 작품이지만 20세기까지 좋은 도구로 사용되기에는 부족한 점이 많았다. 일각에선 차츰 20세기 프랑스 사전 출판물에 언어대사전이 결여되어 있다는 생각을 갖게 되었다.

언어학자들과 아카데미 프랑세즈 회원들은 리트레 이후 생긴 공백이 시간이 흐르고 언어와 문학이 발달함에 따라 점점 더 커져간다는 데 인식을 같이 했다. 아카데미 프랑세즈 회원들은 그들의 사전이 문학 용례들로 풍부한 리트레의 『프랑스어 사전』과 경쟁할 수 없음도 잘 알고 있었다. 따라서 그들이 생각한 이상적인 방법은 리트레의 사전을 개정하여 19-20세기 문학을 수록하는 것이었다. 그들은 1949년 폴 로베르가 이런 취지에서 미래의 『프랑스어 알파벳순 유추 사전』이 될 팸플릿을 소개했을 때 열광했고, 로베르의 프로젝트를 격려했으며, 그에게 1950년 생투르상을 수여하기까지 했다. 로베르는 1951년 출판사를 설립하고 사전 프로젝트를 추진하여 1953년에 제1권을 출판하고, 1964년에는 6권으로 된 대사전을 완간하였다.

한편, 언어학자들도 언어학자가 아닌 로베르와는 별도로 반세기 전부터 축적된 언어학적 성과를[390] 반영할 수 있는 야심 찬 대형 프로젝트를 추진할 시기가 왔다고 생각했다. 특히 그들은 언어학의 새로운 관점에서 새로운 방법론을 채택하고 싶었다. 스트라스부르의 로만어 문헌학 센터Centre de philologie romane의 책임자인 폴 엥브Paul Imbs(1908-1987)가 이 프로젝트를 추진하는 데 주도적인 역할을 맡았다.

2. 출판 과정

프랑스 국립과학연구원CNRS(Centre National de la Recherche Scientifique)은 1957년 11월 12일부터 16일까지 스트라스부르에서 〈프랑스어와 로만어의 어휘론 및 사전 편찬, 진로와 현실적 요구〉라는 주제로 국제학술대회를 개최하였다. 여기에서 참가자들은 리트레의 사전을

390 어원론 분야의 예를 들면 바르트부르크W. v. Wartburg의 연구 성과에 힘입어 리트레의 사전에 기술된 어원의 반 이상이 잘못되었음이 밝혀졌다.

그대로 다시 찍을 것인가, 대폭적인 수정을 할 것인가, 아니면 완전히 새로운 사전으로 대체할 것인가라는 문제를 놓고 토론을 벌렸다. 그 결과 세 번째 안을 채택하고, 폐회 때 기원부터 20세기까지 모든 프랑스어 낱말의 역사를 다루는 '프랑스어 보고'[391] 대프로젝트의 계획을 발표하였다.[392]

기획 단계에 불과했던 사전 프로젝트는 1959년 권력에 복귀한 드골 대통령이 국가적 차원의 대형 프로젝트로 추진하면서 구체화되기 시작하였다. 1960년 엥브는 프랑스어보고연구센터CRTLF(Centre de Recherche pour un trésor de la langue française)를 낭시에 설립하고 사전 편찬 작업에 착수하였다.

무엇보다도 우선 사전의 윤곽을 명확히 확정할 필요가 있었다. 프로젝트의 초기 단계에서는 영어의 모든 역사를 포괄한 『옥스퍼드 영어사전』을 모델로 삼았다. 하지만 약 10세기에 걸친 모든 프랑스어 텍스트를 조사하고 자료를 수집하는 일이 현실적으로 실현 불가능하다는 것을 깨달은 편찬 팀은 1967년 사전을 프랑스어가 상대적으로 동질성을 띠는 다음과 같은 5개의 시대로 나누어 출판하기로 결정하였다.[393]

1) 19-20세기(1789-1960)
2) 고전주의 시대(1650-1789)
3) 전기 고전주의 시대(1500-1650)

---

391 『프랑스어 보고Trésor de la langue française』라는 명칭은 이탈리아의 부르노 미그리오리니Bruno Migliorini 교수가 제안했다고 한다.(Paul Imbs, 1971, p.XV.)

392 Paul Imbs, 1971, p.XIV; Actes de Colloque, 1961, p.285-286.

393 이러한 시대별 사전은 이미 1957년 스트라스부르에서 개최된 국제학술대회에서 제안된 바 있었다.(Actes de Colloque, 1961, p.288.)

4) 중세(1330-1500)

5) 고대

그리고 19-20세기 사전을 우선적으로 발간하기로 하고 나머지 사전들은 시대를 거슬러 올라가면서 출판하기로 하였다.

한편, 베르나르 크마다Bernard Quemada(1926-2018)의 도움으로 1964년, 그 당시 가장 큰 용량의 Gamma 60 Bull 컴퓨터가 낭시의 문과대학에 설치되었다. 이곳에서 편찬 팀은 1964년에서 1970년까지 19세기 문학작품 416권, 20세기 문학작품 586권, 그리고 전체 텍스트의 약 20%를 차지하는 비문학 텍스트를 분석하여 9천만 어절 이상의 말뭉치를 구축하였다.

약 10여 년간의 준비과정 끝에 1971년 마침내 『프랑스어 보고』 제1권이 출판되었다. 언어학자와 기자들에게서 사전의 풍부함과 편찬의 현대성에 대한 찬사가 쏟아졌다. 하지만 사전의 양에 대한 문제도 제기되었다. 엥브는 사전 제2권 서문에서 1권과 같은 방식으로 계속 작업한다면 놀라운 크기의 사전이 될 것이기 때문에 제3권부터는 수정이 이루어질 것이라고 예고하였다. 그리고 실제로 제3권부터 새로운 지침이 적용되었다. 등재어 수는 80,000개로 한정하고 그중 20,000개는 부표제어로 처리하여 주표제어에 딸려서 기술하며 용례의 수와 길이를 줄이기로 하였다. 철자와 발음의 변화, 동의어와 반의어 정보, 문법 설명 등도 축소하기로 하였다. 하지만 이 지침에도 불구하고 3권에서야 겨우 A 항목의 기술을 마치고 B 항목을 다룰 수 있었다. 총 14권을 예상했으나 이런 비율로 계속된다면 사전은 50여 권에 이를 것으로 예상되었다. 결국 용례의 수를 더 줄이기로 한 5권부터 균형 잡힌 비율로 출판할 수 있었다. 엥브의 책임

아래 제7권(1979)까지 출판되었다.

베르나르 크마다는 1977년 프랑스 국립과학연구원의 요청에 의하여 프랑스어보고연구센터를 국립프랑스어연구원INaLF에 통합하였다. 그리고 1979년, 그는 엥브의 후임으로 사전 편찬의 책임을 맡게 되었다. 그는 전임자의 편찬 원칙을 그대로 계승했으나 사전의 전체 틀이 변화지 않는 범위에서 몇 가지를 수정하였다. 그리고 마침내 1994년 마지막 제16권이 출판되었다. 이로써 1961년 사전 편찬에 착수한지 33년 만에 마침내 대역사의 마침표가 찍혔다. 그동안의 편찬 작업에는 연구, 집필 인원만도 100명 이상이 동원되었고, 총 소요경비는 산출하기도 힘들 정도였다. 이런 대사전은 소요되는 시간에 개의치 않고 장기적인 재정 지원을 해준 정부와 소신과 열성을 가진 사전 편찬가들이 있었기에 가능했다.

한편, 국립프랑스어연구원은 1984년부터 사전의 전산화 작업을 시작하여 2000년에 마무리하고 2001년부터 인터넷에 서비스를 제공하고 있다. 손쉽게 수정과 증보가 가능한 전자사전을 통하여 『프랑스어 보고』는 종이로 출판된 대사전의 한계를 극복하고 시대에 따라 변하는 말을 지속적으로 반영할 수 있게 되었다. 이것은 이 사전이 단순히 19-20세기 사전으로만 머무르지 않고 영원한 프랑스어의 보전으로 남을 수 있게 해 줄 것이다. 전자사전과 관련하여 특이할 만한 것은 국립프랑스어연구원이 이것을 인터넷상에서 프랑스 인뿐만 아니라 프랑스어에 관심을 갖고 있는 전 세계 모든 사람들에게 무료로 서비스를 제공한다는 점이다. 이러한 언어 정보의 무료 개방은 프랑스어의 보급과 연구에 크게 기여할 수 있을 것이다.

3. 사전 유형과 편찬 체제

3.1. 사전의 유형

『프랑스어 보고』는 다음과 같은 유형론적 특징을 지닌다. 첫째, 아카데미 프랑세즈의 사전과 함께 국가 기관이 직접 편찬한 제도권 사전dictionnaire institutionnel이다. 일반적으로 제도권 사전은 시장의 요구나 필요에 의해서가 아니라 문화적 혹은 학문적 필요성에 의해 편찬된다. 사설 출판소와는 달리 국가 기관은 영리를 목적으로 사전을 편찬한 것이 아니기 때문에 광고를 통하여 판매를 촉진하는 데 별 관심을 두지 않는다. 이런 이유로 이 사전은 사전의 품질에 비해 일반대중들에게는 그 명성이 잘 알려져 있지 않다. 하지만 언어 전문가들과 사전 편찬가들에게는 참고서와 권위 있는 자료 출처로서 많은 존경을 받고 있다.

둘째, 등재어 10만의 확장형 기술사전이다. 이 사전은 모든 프랑스어권 화자들이 공통으로 사용하는 단어들을 중심으로 고어, 신어, 방언, 전문·학술용어 및 빈도 1의 낱말, 즉 아팍스hapax까지 총망라한다. 또한, 이 사전은 처방적 판단 없이 말뭉치에서 추출한 언어 정보를 기반으로 사전의 항목을 객관적으로 기술한다. 바그너는 『프랑스어 보고』 제1권이 출판되었을 때 사전의 집필자들은 한순간도 참고 자료가 제공하는 정보들을 우회하지 않았다고 하면서 그들의 천부적인 정직성을 특별히 강조한 바 있다.[394]

셋째, 새로운 유형의 역사사전이다. 이것은 사전의 유형론적 입장

394 R.-L. Wagner, 1973, *Bulletin de la société de linguistique de Paris*, p.68; Jean Pruvost, 2002a, p.10에서 재인용.

에서 이 사전의 가장 큰 특징이기도 하다. 『옥스퍼드 영어사전』이 영어 단어의 모든 역사를 밝혀주는 '진정한' 역사사전이라면, 『프랑스어 보고』는 시대별 역사사전이라 할 수 있다. 이 사전의 전체 16권은 1967년 계획대로라면 『프랑스어 보고』를 구성하는 한 부분, 즉 프랑스어 전체 역사 사전의 1/5에 불과하다. 따라서 〈19-20세기 사전〉만을 『프랑스어 보고』로 명명하는 것은 신중하지 못하다고 할 수도 있을 것이다.[395] 하지만 사전의 엄청난 규모와 기술하는 정보의 정확성에 비추어 볼 때, 19-20 두 세기의 언어만을 기술한 이 사전을 『프랑스어 보고』로 간주하는 데 이의를 제기할 사람은 아무도 없어 보인다.

한편, 나머지 4개의 시대 사전 중 로베르 마르탱Robert Martin이 편찬 책임을 맡은 『중세 프랑스어 사전Dictionnaire du Moyen français』은 1984년 편찬 작업을 시작하여 2003년 전자사전 형태로 완성되었다. '진화하는 사전'을 표방하고 있는 이 사전은 초판에 약 3만 2천 개의 표제어가, 2012년 제5판에는 약 6만 2천 개의 표제어가 등재되었다. 2016년 2월 1일 현재에는 65,720개의 표제어에 대해 검색 서비스가 제공되고 있다.[396] 프랑스어 전산분석 및 처리 연구소ATILF에서는 이 사전의 영속화를 위하여 2015년 두 질을 종이사전 형태로 출판하여 한 질은 이 연구소에 다른 한 질은 프랑스 학사원 도서관에 보관하고 있다. 전체 분량이 16,800쪽에 이르는 종이 『중세 프랑스어 사전』은 총 28권으로 구성되어 있다. 이는 『프랑스어 보고』 12권의 분량에 해당한다.

---

395 Gérard Gorcy, 1992, p.76.

396 중세 프랑스어 사전 홈페이지 참조. 이 사이트의 주소는 www.atilf.fr/dmf이다.

3.2. 편찬 체제

『프랑스어 보고』는 주요 어휘 항목들에 대하여 다음과 같은 정보들을 명시하는 방식으로 그 편찬 체제를 갖추고 있다.

1) 표제어, 품사, 성
2) 뜻풀이
3) 용례
4) 주석란(REM.)
5) 발음과 철자란(PRONONC. ET ORTH.)
6) 어원과 역사란(ÉTYMOL. ET HIST.)
7) 통계란(STAT.)
8) 파생어란(DÉR.)
9) 참고문헌란(BBG.)

표제어로 처리된 명사 항목 중 여성형이나 복수형이 불규칙인 경우 표제항에 그 형태 정보를 제시한다. 동사 항목은 자동사와 타동사, 대명동사를 구별하여 표제어와 같은 줄에 표시하되 한 동사가 자동사와 타동사의 용법으로 동시에 사용될 때는 동사로만 표시하고 자·타동사의 용법의 구별은 뜻풀이항에서 한다.

주석란과 파생어란은 둘 다 표제어의 파생어들을 제시하나 주석란에는 주로 희귀어들만을 보여준다는 점에서 파생어란과 구별된다.

발음과 철자란에서는 표준 발음을 표시하며, 발음의 변이형이 있으면 간단한 설명을 곁들인다. 동사 항목의 경우, 인칭대명사와 활용 형태의 발음까지 표시하는데, 이것은 이 사전의 특징이라 할 수 있다. 발음 정보 뒤에는 표제어의 변이형을 출처와 함께 보여준다. 예를 들어 café(커피) 항목의 경우, 속어 또는 은어적으로 사용되는

caf, cafieu, cafiot, caf(e)mar, cafemon, cafoin, cafeton, cafetiau와 같은 변이형태를 보여준다.

어원과 역사란은 단어들의 형태나 의미 변천의 주요 단계를 출처 문헌과 함께 기술한다. 지금까지 살아있는 의미 각각에 대해서는 가장 오래된 증거를 제시하고, 사라진 의미에 대해서는 가장 최근의 문헌만을 적시하는 것을 원칙으로 하고 있다. 이 난에서는 뜻풀이와 용례 및 문법 정보는 최소화 하고, 긴 인용문은 축약하였으며, 공시 기술과 중복되는 부분은 삭제하였다고 한다.[397] 또, 이 난에서는 언어의 변천과정에 대한 정보뿐만 아니라 언어외적인 사실도 밝히고 있어 이용자는 프랑스의 언어뿐만 아니라 역사나 문화에 관해서도 유용한 정보를 얻을 수 있다. 예를 들어 café 항목을 보면, 이용자는 이 단어가 터키어의 quhave나 아랍어 qahwa에서 차용되었으며, 1592년에 라틴어 caoua가 "커피나무의 열매, 음료"라는 뜻으로 사용되었고, 1665년 오늘날의 표준 형태인 café가 문헌에 처음으로 나타났으며, 1654년에 마르세유에 최초의 카페가 문을 열었고, 1798년에 "식사 후에 커피를 마시는 시간"의 의미로도 사용되기 시작했다는 등등의 것을 알 수 있다.

통계란에는 표제어의 빈도를 표시한다.[398] 빈도 정보는 컴퓨터로 처리된 19-20세기 텍스트, 더 정확히 말하면 1789년에서 1964년까지의 문학 텍스트에서 추출한 71,415개의 표제어만을 대상으로 한다. 빈도는 절대빈도와 상대빈도로 나뉘어 있는데, 절대빈도는 총 70,317,234어절에 대하여 19-20세기 문학 텍스트에서 출연한 총 횟

397 Paul Imbs, 1974.

398 크마다의 책임아래 출판된 제8권부터는 절대빈도 10이하의 단어에 대해서는 통계란을 설정하지 않았다.

수이고, 상대빈도는 총 1억 어절에 대하여 각 세기를 50년씩 분할하여 반세기별로 출연한 횟수를 표시한 것이다. 빈도정보는 두 세기의 모든 텍스트를 포함하지 못했다는 약점이 있지만 문학적 용법에서 특정 단어가 어느 시기에 집중적으로 사용되었는가를 가늠해 볼 수 있게 해주는 유용한 정보이다. 예를 들어 café(커피)의 절대빈도는 5,839이며, 19세기와 20세기 전·후반의 상대빈도는 각각 5,307, 9,486, 9,167, 9,708이다. 이에 반해 vin(와인)의 절대빈도는 8,183이며, 상대빈도는 19세기 전반이 10,729, 후반이 15,686이고, 20세기 전반은 13,697, 후반은 9,006이다. 이 정보에 의하면 '포도주'가 '커피'보다 19-20세기 문학 작품 전체에 더 많이 인용되었지만, 20세기 후반부터는 '커피'가 '포도주'보다 더 많이 인용되고 있다는 것을 알 수 있다. 이를 통하여 독자는 현대 프랑스 사회에서 커피가 포도주보다 더 문학적 영감을 주고 있지 않나 추정해 볼 수도 있을 것이다.

참고문헌란은 각 항목을 기술할 때 참조한 문헌들을 보여준다. 이 난은 정보의 출처를 밝힘으로써 사전에 기술된 정보에 대한 신뢰를 주면서 필요한 경우 이용자가 직접 문헌을 참조하여 추가적인 정보를 얻을 수 있도록 해준다.

편찬 체제상 『프랑스어 보고』의 중요한 특징은 이 사전이 시대별 역사사전의 한 부분을 이루면서 주요 항목의 기술에 있어서는 공시적 기술뿐만 아니라 통시적 기술도 함께 하고 있다는 것이다. 주요 표제항에 대해 품사와 문법 정보, 뜻풀이, 발음 및 철자 정보와 같은 공시적 기술이 끝나면, 어원 및 형태와 의미의 변천을 밝혀주는 통시적 기술이 뒤따른다. 통시적 기술은 이 사전의 부제인 〈19-20세기 언어사전Dictionnaire de la langue du XIXe et du XXe siècle〉과 상충되니 이 부분을 삭제하자는 연구진의 의견도 있었으나, 단어의 과거에 대한 개관은 비록 그것이 짧더라도 그 단어의 현재의 기능을 밝혀주는 데 도움이 된다고 굳게 믿은 편찬 책임자 폴 엥브 덕분에 이 통시 정보 기술이 가능했다. 이는 결국 『프랑스어 보고』가 구조주의 언어학의 성과를 반영하면서 어휘의 역사를 밝혀주는 역사사전으로서의 기능도 하게 해준다.

또한, 베르나르 크마다의 책임아래 출판된 제8권부터는 각 권의 뒤에 주요 항목의 집필자와 교정자 이름을 명시하고 있는데, 이러한 항목 기술의 실명제는 정보의 신뢰도를 높이면서 더 구체적인 참고자료로 기능하게 해준다. 이런 점에서 『프랑스어 보고』는 공시적이고 역사적이며 참고자료적인 사전이라 할 수 있다.

4. 거시구조

4.1. 표제어 선정 원칙

표제어 선정에는 사전 편찬의 목적, 사전의 유형, 독자층, 시대 구분, 참고한 자료 등과 같은 요소가 영향을 미친다. 『프랑스어 보고』는 19세기에 출판된 리트레의 『프랑스어 사전』이 안고 있는 결점들을 보완하기 위해 편찬된 인문주의 소양을 위한 언어사전을 지향한다. 이것이 자료 수집에서 문학 텍스트에 우선권을 둔 이유이다. 하지만 현대의 교양인은 필수적으로 전문·학술 개념 및 용어를 이해해야 한다는 논거에서 일반적인 어휘뿐만 아니라 전문용어도 등재되었다. 전문용어는 최초로 사용된 분야를 넘어 널리 보급된 경우에만 등재한다는 원칙을 준수했다. 시대적으로는 1789년에서 1964년까지의 언어를 기술하는 것을 원칙으로 했지만 이 경계는 잘 지켜지지 않았다. 크마다는 사전 제16권의 〈후기Postface〉에서 1994년에 완간된 사전에서 이용자들에게 불이익을 주지 않기 위해서 처음 설정한 1789-1964년의 경계를 엄격히 지킬 수 없었다는 점을 시인하고 있다.

『프랑스어 보고』는 프랑스어와 사전 편찬 전문가를 포함하여 모든 유형의 작가와 교육자 그리고 현대 삶의 주요 분야를 이끌어 가는 사회의 고위 또는 중간 간부를 그 주요 이용자로 설정하고 있다.[399] 이는 일반인보다는 전문가 그룹을 중시한 사전이라 할 수 있다.

표제어 선정은 주로 사전의 목적에 부합하도록 구축한 말뭉치에 근거하였다.[400] 말뭉치는 80%의 문학 텍스트와 20%의 비문학 텍스트로 구성되어 있다. 비문학 텍스트는 주로 전문·학술 텍스트이다. 그런데 말뭉치에만 근거하여 표제어를 선정할 경우 다음과 같은 두 가지 문제점이 제기될 수 있다.

1) 일반 언어사전에 등재되어 있는 단어가 말뭉치에 없을 경우 선택되지 않을 수 있다.
2) 작가들이 유희적 목적으로 만든 일시적인 단어를 많이 등재할 수 있다.

이러한 문제점들을 해결하기 위하여 편찬 팀은 다음과 같은 표제어 선정 원칙을 정했다.[401]

---

399 Paul Imbs, 1971, p.XVIII.

400 말뭉치의 규모는 집필 초기에는 9,000만 어절이었으나 편찬 작업이 진행되는 동안에도 꾸준히 텍스트 분석이 이루어져 그 규모는 계속 증가하였다. 고르시(Gorcy, 1992: 80)는 2,330개의 텍스트를 분석, 구축한 약 1억 2천만 어절을 토대로 사전 기술이 이루어지고 있다고 했다.

401 Gérard Gorcy, 1992, p.83.

1) 말뭉치 자료에서 최소한 빈도 100 이상의 단어는 자동적으로 선택한다.
2) 빈도 100 이하의 단어들은 IGLF[402] 목록에 있으면서 동시에 리트레의 『프랑스어 사전』, 하츠펠드와 다르메스트테르의 『프랑스어 일반사전』, 로베르의 『프랑스어 알파벳순 유추 사전』, 라루스 출판사의 『렉시스』 중 하나에라도 등재되었을 때 등재한다.
3) 위의 (1), (2)의 조건을 충족시키지 못하는 단어들은 개별적으로 사용 가능한 용례들의 질을 고려하여 선별적으로 추가한다.
4) 고유명사 파생어처럼 민족명이 단지 한정적déterminatif 용법뿐만 아니라 특징적caractérisant일 때 등재한다.
5) 작가가 독창적으로 창조한 단어들은 이미 어휘목록으로 인정된 단어와 형태적인 연관관계가 있을 때 등재한다.

이러한 자동 선택과 조건적 추가의 원칙을 적용하여 선정된 표제어는 91,534개이다. 선정된 표제어에는 모든 프랑스어권 화자에게 공통된 단어를 중심으로 넓게 보급된 전문·학술용어, 신어, 구어, 속어, 은어, 프랑스 내의 방언과 프랑스어권에 독특한 어휘 중 해당 지방이나 국가에서 일반적으로 사용되는 방언 및 고유명사 파생어 등이 두루 망라되었다. 그럼에도 『프랑스어 보고』는 다른 언어의 대사전에 비하여 월등히 적은 수의 표제어를 등재하고 있다. 예를 들면 한국어의 『표준국어대사전』과 영어의 『옥스퍼드 영어사전』은 각각 50만 개, 일본어의 『대사전』은 70만 개의 어휘를 등재하고 있다.[403]

---

402 1936년 마리오 로크Mario Roques가 시작하여 1969년 펠릭스 르쿠아Félix Lecoy가 끝마친, 프랑스어 전 세기에 걸쳐 문학 텍스트와 전문 영역 텍스트를 조사, 분석하여 작가별 및 텍스트별로 어휘를 정리한 목록.

403 등재된 어휘가 모두 표제어로 처리되는 것은 아니다. 권혁승(2003: 247)에 따르면 『옥스퍼드 영어사전』 초판의 총 수록어휘 수는 414,825개이지만, 표제어의 수는 240,165개이다. 대사전의 등재 어휘 수는 김광해(1993)을 참조함.

그렇다면 『프랑스어 보고』의 표제어 수가 다른 언어의 대사전에 비해 월등히 적은 이유는 무엇일까? 먼저 『프랑스어 보고』는 19-20세기 사전으로서 이 두 시기의 텍스트에 실린 어휘만을 싣고 있다는 점을 들 수 있다. 그리고 프랑스의 언어사전은 인명이나 지명, 국명 등과 같은 고유명사는 표제어로 등재하지 않는 전통과도 연관된다 할 수 있다.[404] 더욱이 프랑스어 대사전들은 고유명사는 싣지 않아도 고유명사에서 파생된 단어들은 등재하는 경향이 있는데, 이 사전은 이 경우에도 특징적일 때만 등재한다고 하였다. 이 원칙에 따라 '알사스 사람'과 '게르만어식 사투리'라는 의미를 지니는 '알사시앵alsacien'과 '파리 사람'과 '파리풍의' 뜻을 지니는 '파리지앵parisien' 등은 선별되었으나 단순히 '칼레 사람'을 지칭하는 '칼레지앵calaisien' 등은 선별되지 못했다.[405] 또한 『프랑스어 보고』는 단어와 접사, 어말음, 형성소 같은 단어 이하의 단위 및 280여 개의 성구만을 표제어로 인정하고, 표제어의 지위를 인정할 수도 있는 구나 관용표현을 표제어로 인정하지 않았다. 마지막으로 이 사전의 편찬가들이 용례가 없이 사전 속에서만 존재하는 단어, 즉 용례로 뒷받침되지 못하는 단어는 사전에 오를 자격이 없다고 보는 용례주의, 실증주의, 문헌학적 원칙을 고수하고 있다는 점을 들 수 있다.

표제어 수로만 본다면 『프랑스어 보고』는 대사전보다는 중사전이라 할 수 있을 것이다.[406] 하지만 어느 누구도 16권의 이 사전을 대

404 『프랑스어 보고』도 다른 프랑스어 대사전처럼 고유명사 중 '아르파공harpagon'(구두쇠: 몰리에르의 작품 *L'Avare*의 주인공)이나 '타르튀프tartuffe'(위선자: 몰리에르의 희곡 *Tartuffe*의 주인공)처럼 특정한 대상을 지시했던 이름이 본래의 대상이 지녔던 속성을 지닌 사람을 의미하는 일반 단어로 사용될 때는 표제어로 등재한다. 이 경우 고유명사의 표지인 대문자는 소문자로 바뀐다.

405 Paul Imbs, 1974.

사전이라 하는 데 이의를 제기하지 않을 것이다. 김광해는 세계 여러 나라에서 실제 사용되고 있는 개별 어휘의 양은 5만 내지 6만 개 정도이며, 40만, 50만에 달하는 대사전의 등재 어휘들은 그 총수의 90 퍼센트 정도가 실제로 사용되지 않는 유령 어휘라며 실제로 사용되는 어휘를 바탕으로 해서 질적으로 우수한 사전을 편찬하는 일이 단순히 규모가 큰 사전을 만드는 것보다 더 큰 의미가 있다고 지적한 바 있다.[407] 따라서 사전 내용의 양과 질이 아니라 단순히 표제어 수에만 근거하여 사전을 대사전, 중사전, 소사전이라 구별하는 것은 재고될 필요가 있다.

4.2. 다의어와 동형어의 구별

『프랑스어 보고』의 편찬가들은 뜻풀이를 할 때 기본적으로 성분 분석analyse componentielle에 근거한다. 이들은 먼저 낱말들의 분포를 분석하고, 분포가 같은 단어들은 성분 분석을 통하여 공통의 의소sème가 발견되면 다의어로, 그렇지 못하면 동형어로 처리한다.[408] 그 결과 전통적으로 다의어로 처리된 낱말들이 이 사전에서는 동형어로 처리되기도 하였다. 예를 들어 affranchir un esclave(노예를 해방하다)와 affranchir une lettre(편지에 우표를 붙이다)는 같은 분포를 띤다. 하지만 의소를 분석해 보면 '노예'와 함께 쓰인 affranchir는 "의존이나 예속에서 풀어주다"(libérer d'un sujétion, d'une dépendance)라는

406 도원영(2003: 89)은 정규 대사전의 기준은 적어도 40만 단어 이상으로 보며, 175,000개의 표제어를 등재한 『금성판 테스크 국어사전』이 중사전에 속한다고 본다.

407 김광해, 1993, p.344.

408 Paul Imbs, 1971, p.XXXV.

의미인 반면에 '편지'와 함께 쓰인 affranchir는 "편지나 소포를 부치는 데 부과된 요금을 내다"(payer la taxe postale imposée pour l'envoi d'une lettre, d'un colis)라는 뜻으로 쓰여 이 둘 사이에는 어떤 공통의 의소도 찾기 힘들다. 따라서 이 낱말은 동형어로 처리되어 두 개의 표제항을 구성한다.

4.3. 표제어 배열과 문제점

『프랑스어 보고』는 등재된 표제어 91,534개 중 54,280개는 주표제어로 처리하여 알파벳순으로 배열하고, 37,254개는 부표제어로 주석란(REM.)이나 파생어란(DÉR.)에, 또는 주요 접두사나 접미사 항목에 딸려서 처리하였다. 주로 파생어가 부표제어로 처리되는데, 그렇다고 모든 파생어가 부표제어로 처리된 것은 아니다. 뜻과 기능의 폭이 좁은 파생어들은 부표제어로 처리되고, 파생어 중 다의어이거나 그 사용의 역사가 오래되었거나 또다시 파생될 가능성이 있는 단어들은 독립된 표제어로 처리되었다. 표제어와 첫음절이 같아 알파벳 배열에서 찾기 어렵지 않은 파생어들만 부표제어로 처리되었다. 그리고 그 중 희귀한 단어들은 주석란에, 그렇지 않은 것은 파생어란에 기술되었다. 이 점에서 『프랑스어 보고』는 어기mot de base 아래 모든 파생어를 재배열한 라루스 출판사의 『렉시스』 사전과 뚜렷하게 구별된다.

주석란이나 파생어란에 처리된 파생어들은 주표제어의 첫음절과 철자가 같아 찾는데 별로 어려움이 없으나, 주요 접사 아래에 처리된 파생어들은 매우 다양하게 분포되어 있어 때로는 찾기가 어렵다. 이런 문제점을 해결하기 위해 제4권부터는 각 권 뒤에 색인을 두어 알파벳 배열을 따르지 않는 단어들과 이들이 위치한 곳을 지시해주었다. 하지만 이러한 조치에도 불구하고 문제점이 완전히 해결된 것은 아니다. 예를 들면 alcoolo, apéro, blanco, garno, mono, projo, proprio, véto 등은 〈어말음 -O〉 항목에서 부표제어로 처리되어 있는데, 이중 이 표제어가 등재된 제12권의 수록 범위(Natation-Pénétrer) 안에 있거나 그 뒤에 오는 projo, proprio, véto 등은 색인에서 찾을 곳을 지시해주었기 때문에 이용자가 이 단어들을 찾는데 어려움이 없다. 반면 제12권보다 앞선 권의 색인에 표시되어야 했던 alcoolo, apéro, blanco, garno, mono 등은 그 어느 권의 색인에도 포함되어 있지 않아 이용자가 이 단어들을 쉽게 찾을 수 없다. 이는 오랜 기간을 두고 여러 권으로 편찬된 사전이 필연적으로 안게 되는 문제점이라고 할 수 있다. 하지만 이러한 종이사전의 문제점은 다양한 방법으로 검색이 가능한 『전산화된 프랑스어 보고TLFi』에서는 완전히 해결되었다.

5. 미시구조

5.1. 의미 배열 문제

다의어의 경우 어떤 기준에 의하여 의미를 나누고 배열할 것인가 하는 것은 중요하면서도 어려운 문제다. 엥브가 제5권 서문에서 의미 배열의 일관성 문제를 "끈질기게 괴롭히는 문제"라고 표현한 걸로 보아 프랑스어 보고의 편찬가들도 이 문제로 많은 고심을 했던 것 같다. 결국 이들은 한 형태의 낱말이 여러 관련된 의미를 갖는 다의어들에 대해서는 의미들 사이의 상관관계를 잘 보여줄 수 있도록 아래와 같이 구조화하여 배열하는 방식을 택했다.

1er Section
  I.
    A.
    B.
      1.
        a)
        b)
      2.
      3.
  II.
  III.

2e section.
  I.
  II.
      ……

그런데 사전 서문에는 위의 의미 배열 구조에서 I, A. 1, a) 항을 어떻게 조직해야 하는 가에 대한 구체적인 언급은 없다. 다만 뜻을 배열할 때 그 빈도fréquence나 연령âge을 고려하지 않았다는 점은 명확히 밝히고 있다.[409] 이것은 단어에 통합되고 용법에서 입증된 뜻은 무의식적으로, 그리고 언어의 체계에 기재된 규칙에 따라 자연적으로 배열된 것으로 간주되기 때문이다. 이 관점에 따르면 "단어의 의미 내용은 조직된 총체ensemble organisé이지 우연히 나누어지거나 교육적인 명료성을 위하여 진열한 집적물이 아니다."[410] 다만 사전은 이용자를 고려해야 하는 일종의 작품이기 때문에 의사소통의 목

409 Paul Imbs, 1977, p.X.

410 Paul Imbs, 1977, p.X.

적에 관심을 갖지 않을 수 없으며, 이 목적을 위하여 오랜 사전학적 전통에 의하여 검증된 방법들이 의미 배열에 이용된다는 것뿐이다.

하지만 무엇보다도 중요한 것은 사전학자는 그의 연구가 어떤 관점에서 대상을 고찰하고 있는가를 이용자가 지각할 수 있도록 해주어야 한다는 것이다. 그 방안으로 『프랑스어 보고』의 편찬가들은 가장 구체적인 뜻으로부터 가장 추상적인 뜻으로 배열한다는 원칙을 준수하였다고 한다. 이 원칙을 준수하면 의미들은 때로는 외연이 확장되는 방향으로 배열되기도 하고, 또는 그 반대로 특수화하는 방향으로 배열되기도 한다. 표제어 café(커피) 항목의 예를 보자.

CAFE, subst. masc.
I. Graine du caféier.
- *P. méton.*, *rare.* Caféier.
II. - A. - *Spéc.* et *cour.*
1. Cette graine après torréfaction.
2. Boisson aux propriétés stimulantes et toniques obtenue par l'infusion des graines
◆ *P. ext.* Boisson obtenue par l'infusion d'un succédané de café.
B. - *P. méton.*
1. a) Vieilli. Réunion mondaine où on boit du café et d'autres boissons.
b) [A la fin d'un repas] Le moment où l'on prend le café.
2. Etablissement où l'on consomme des boissons.
- *P. méton.*, *fam.* Les clients d'un café.

먼저 의미를 크게 두 갈래(I, II)로 나누어 I에는 다른 의미의 근거가 되는 기본 의미 "커피나무의 씨앗"을 싣고, 그 의미로부터 환유에 의해서 파생된 "커피나무"는 기본 의미 바로 아래에 싣고 있다. 그러면서 이 파생된 의미로 사용되는 경우는 드물다는 정보도 주고 있다. II에는 기본 의미 I에서 파생된 의미들을 배열하고 있는데, 먼저 A에는 특별히 그리고 일반적 용법으로 사용되는 의미들을, B에는 A에서 환유에 의해 파생된 의미들을 배열하고 있다. A의 1, 2는 의미 내포가 확장되는 방향으로(볶은 후의 커피 씨앗 → 이 볶은 씨앗을 우려내서 얻어지는 음료), B의 1, 2는 외연이 확장되는 방향으로(커피를 마시는 사교모임, 커피타임 → 음료들을 마시는 건물), B. 1의 a), b)는 특수화 방향으로(커피나 다른 음료를 마시는 사교모임 → 식후 커피타임) 그 의미가 배열되어 있다. 그리고 A, B의 2에는 확장과 환유에 의해 파생된 의미가 본 의미 아래에 각각 배열되어 있다.

위와 같이 café 항목의 의미 배열은 뜻들이 빈도순으로 배열되지 않았다는 것을 보여준다. 빈도순이라면 기본뜻으로 잡은 I의 "커피나무의 씨"보다는 II.A.2.의 "음료로서의 커피"나 II.B.2.의 "음료를 마시는 상점"이 제일 앞에 배열되었을 것이다. 그렇다고 뜻이 출현한 연대순으로 배열된 것도 아니다. 어원 및 역사 정보에 의하면 II.B.1.b)의 "커피를 마시는 시간"은 그 뜻이 1798년에 출현하였고, II.B.2.의 의미는 1654년에 출현하였다. 그런데도 의미의 배열은 그 역으로 되어 있기 때문이다. 이처럼 『프랑스어 보고』의 편찬가들은 의미를 배열할 때 빈도나 연대순으로 하지 않고, 의미들 사이의 상관관계를 잘 보여줄 수 있는 방식으로 하였다.

그런데 상세한 뜻풀이를 하는 항목의 경우 이러한 선형구조식 배열은 너무 복잡하여 이용자가 찾고자 하는 뜻을 쉽게 찾을 수 없다는 문제점이 있다. 이런 참고의 어려움을 해결하기 위해 편찬가들은 의미 구조가 너무 복잡한 표제어들에 대해서는 해당 표제어의 기술에 앞서 뜻풀이 체계를 일목요연하게 보여주는 도면을 제시하고 있다. 이 노변은 지도와 같은 역할을 한다. 사전 이용자들은 이 도면을 통하여 찾고자 하는 뜻의 위치를 파악하고 해당 부분을 쉽게 찾아갈 수 있다.

5.2. 용례

용례는 표제어의 풀이된 뜻을 분명히 밝혀 주면서 이 뜻이 구체적으로 어떠한 환경에서 쓰이는 지에 대한 정보를 제공한다. 볼테르는 1760년 뒤클로에게 보낸 편지에서 "용례 없는 사전은 해골과 같다"라며 사전에서 용례의 중요함을 지적한 바 있다.

풍부한 용례는 『프랑스어 보고』의 가장 큰 특징이라 할 수 있다. 용례의 풍부함은 이 사전을 다른 사전들과 구별하게 해준다. 용례는 IGLF의 600만 용례와 자체 구축한 말뭉치에서[411] 뜻풀이를 보완하거나 표제어의 사용 조건을 명확히 해주는 문체적, 사회언어학적, 백과사전적 요소들을 고려하여 선별하였다. 특히 표제어와 계열 관계를 맺는 단어들이 들어있는 문장이 우선적으로 용례로 선정되었다.

이 사전에는 두 종류의 용례가 있다. 첫 번째는 이진 그룹groupes binaires이다. 이것은 표제어의 해당 의미와 가장 빈번하게 결합하는 단어들을 보여주는 구syntagme 형태의 용례이다. 이러한 용례는 그 수가 적을 때는 해당 의미 바로 뒤에 제시되나 그 수가 많을 때는 SYNT.라는 별도의 난을 두어 그곳에 일괄적으로 제시된다. 표제어 séance(회의) 항목의 예를 보자.

411 말뭉치의 규모는 제1권을 출판할 당시에는 9천만 어절이었으나 사전 집필을 끝낼 때쯤에는 약 1억 2천만 어절로 증가하였으며, 현재 프랑텍스트FRANTEXT의 총 규모는 1억 8천만 어절 이상이다.

SEANCE, subst. masc.

> B. - 1. Réunion des membres d'une assemblée délibérante …
> **SYNT**. Séance de l'Assemblée, de la Chambre, du Parlement; séance du conseil d'Etat, du conseil municipal; séance de l'Institut; séance d'un tribunal; séance extraordinaire, habituelle, inaugurale, plénière, préparatoire, solennelle; séance privée, publique; séance agitée, mouvementée, orageuse; séance de nuit, d'ouverture, de clôture; ouverture, suspension, clôture de séance; entrer, être en séance; clore, ouvrir, suspendre la séance; ordre du jour, compte rendu, procès-verbal d'une séance; président, secrétaire de séance.

뜻풀이를 하고 줄을 바꿔 SYNT. 표시를 하고 그 아래에 B.1의 뜻인 '회의'와 관련된 Séance de l'Assemblée(하원회의), séance extraordinaire(임시회의), séance publique(공개회의), séance de nuit(야간회의), ouverture de séance(개회), clôture de séance(폐회), être en séance(개회 중이다) 등과 같은 총 35개의 구 용례가 제시되어 있다. 이러한 이진 그룹의 용례에는 출처가 표시되어 있지 않으나 텍스트에서 실제적으로 확인된 것이며 집필자들이 만들거나 가공한 것은 아니다.

이러한 이진 그룹은 컴퓨터로 텍스트를 전산처리할 때 제공된 것인데, 용례로 제시되기에 앞서 집필자들에게 의미를 구별하는 유용한 정보로 활용되었다. 다의어가 사용된 언술은 그 단어 자체가 선택할 의미를 지시하지 않고 담화의 일반적 환경, 특히 다의어 바로 곁에 있는 단어가 의미의 중의성을 제거하는 데 도움을 주기 때문이다. 그리고 용례로 제시된 이진 그룹 예들은 이용자에게 어휘의 제약적 선택과 같은 연어 정보를 제공한다. 예를 들어 프랑스어에서는 '문을 열다'와 '문을 닫다'를 ouvrir[fermer] la porte라 하여 ouvrir와

fermer가 대립적으로 사용된다. 하지만 비유적 의미로 '개회하다'는 ouvrir la séance라 하나 '폐회하다'는 fermer la séance라 하지 않고 clore la séance라 한다. 따라서 '개회'는 ouverture de séance가 되고 '폐회'는 clôture de séance가 된다. 사전 이용자는 이러한 연어 정보를 이진 그룹 용례를 통하여 얻을 수 있다.

두 번째는 문장 형태의 용례인데 약 43만 개가 제시되어 있다. 표제어 당 평균 4.7개의 문장 형태의 용례가 제시된 셈이다. 하지만 이것은 어디까지나 평균적인 수치이고 빈도가 높은 단어들에 대해서는 100개 이상의 용례를 보인 경우도 있다. 예를 들어 amour(사랑), amitié(우정) 항목에는 각각 159, 137개의 용례가 있다. 엥브는 제1권의 서문에서 『프랑스어 보고』는 빈도가 높은 단어들에 많은 용례를 제시하는 것을 원칙으로 하고 있다고 밝히고 있다. 용례의 수도 수이지만 긴 인용문을 용례로 채택한 것도 특징이다. 물론 짧은 예문도 있지만 대부분 완전한 문장 형태로 용례를 들고 있으며, 긴 용례는 네다섯 개의 문장으로 된 것도 있다. 문장 용례 뒤에는 저자와 작품명, 출판년도, 페이지 등의 정보가 제시되어 있다. 이러한 서지정보는 『프랑스어 보고』가 인용문 사전의 기능도 할 수 있도록 해준다.

그러면 『프랑스어 보고』가 사전 전체의 양을 증가시키고 그럼으로써 막대한 출판 비용이 들어가게 하는 많은 용례 및 긴 용례를 제시한 이유는 무엇일까? 그것은 세 가지로 요약해 볼 수 있다.

첫째, 언어 분석의 타당성과 사실성을 증거 하기 위해서다.[412] 용례는 무엇보다도 뜻풀이를 뒷받침한다고 할 수 있는데 한 두 개의 용례만으로는 뜻풀이가 올바르게 되었는지 입증하기 어렵다. 따라

412 Paul Imbs, 1971, p.XV.

서 뜻풀이가 실제로 사용된 용례에 근거하여 올바르게 되었다는 것을 증명하기 위해서는 사전 편찬가가 많은 용례를 보여줄 필요가 있다는 것이다.

둘째, 의미의 지속성을 예증하기 위해서이다. 『프랑스어 보고』는 두 세기에 걸친 언어를 기술하고 있는데 이 기간 동안 점진적인 의미 변화가 감지되기도 하여 이 두 세기 동안 한 의미의 항구성 내지는 연속성을 증명하기 위해서는 많은 용례가 필요하다는 것이다.

셋째, 글쓰기의 모델을 제시하기 위해서이다. 이것은 이 사전의 주요 독자들이 어떤 분야에서건 글쓰기를 할 사람들이기 때문에 많은 용례와 긴 용례는 이들에게 작가들의 정성들인 글이 어떤 것이라는 것에 대한 생각을 제공하고, 독자들은 이러한 용례들을 읽고 개인적인 표현을 하고 싶은 적극적인 창조성을 자극 받으며 용례로 제시된 문장을 모델로 새로운 글을 써낼 수 있다는 것이다.[413]

용례를 풍부하게 들었다고 하지만 집필자들이 보유하고 참고한 자료의 극히 일부분 만 용례로 이용되었을 뿐이다. 전체적인 사전 규모 때문에 제5권부터는 제시할 용례의 수를 크게 줄일 수밖에 없었고, 집필진에서는 이점을 매우 아쉬워했다고 한다. 하지만 용례가 충분하지 못하다고 생각하는 사람들은 1997년부터 인터넷에서 검색이 가능한 '프랑텍스트FRANTEXT'를 참고하여 보완할 수 있게 되었다.

6. 맺음말

『프랑스어 보고』는 시대별 역사사전의 한 부분이면서 공시적 관

413 Paul Imbs, 1971, p.XVIII.

점에서 언어의 기능과 통시적 관점에서 언어의 역사를 동시에 기술한 새로운 유형의 사전이다. 총 23,000쪽에 9만여 개의 표제어와 약 43만 개의 용례를 제시한, 실로 기술하는 정보의 양이 풍부하고 그 정확성 또한 뛰어난 대사전이라 할 수 있다.

독일의 사전학자 하우스만은 견줄 만한 사전이 이 세상에 없다 하여 『프랑스어 보고』를 "사전의 숲에 우뚝 솟아있는 외로운 거대한 떡갈나무"에 비유한 바 있다. 하지만 이것은 칭찬이면서 비판이기도 하다. 『프랑스어 보고』가 외로운 것은 비단 함께할 만한 동반자가 없어서 만은 아닐 것이다. 이 사전은 실로 방대한 양과 뛰어난 질에 비해 일반 이용자들에게는 그리 잘 알려져 있지 않다. 이는 국가 기관에서 편찬한 사전으로 일반 상업적 목적으로 편찬된 사전과는 달리 광고가 부족했기 때문이기도 하지만, 사전을 편찬할 때 언어나 사전의 전문가를 주 이용대상자로 삼았기 때문이기도 하다. 이들은 대개 경제적으로 여유가 있고 지적 문화생활을 즐기며 그래서 비싼 대사전에도 막대한 돈을 투자할 수 있는 계층이다. 반면에 일반인들이 16권의 대사전에 관심을 갖고 구입하기는 힘들다. 더군다나 프랑스에는 단권으로 된 『로베르 소사전』이나 『라루스 소사전』과 같이 이용하기 편한 질 좋은 사전들이 시장에 저렴한 가격으로 제공되어 있기 때문에 더더욱 그렇다. 하지만 이점을 너무 비판적으로만 볼 것은 아니다. 프뤼보는 『프랑스어 보고』가 풍부하고 정확한 정보들을 제공하여 프랑스어 사전 전체가 진보하였다며 이 사전의 가치를 높이 평가하였다.[414] 결국 한 나라의 잘 만들어진 대사전은 그 나라 전체 사전 편찬에 영향을 주어 일반 이용자들도 간접적으로 그 혜택

414 Jean Pruvost, 2002, p.19.

을 받는다는 것이다.

『프랑스어 보고』의 전산화와 무료 개방은 일반 대중이 직접적으로 그 혜택을 받을 수 있는 길을 열어 주었다. 국립프랑스어연구원이 사전을 전산화하여 종이사전의 한계를 극복하고 대사전의 미래를 보장하면서 사전 이용자들이 인터넷에서 무료로 이용할 수 있도록 한 것은 높이 평가받아야 할 것이다. 이러한 무료 개방으로 정보가 자본과 권력의 전유물이 될 수 없는 시대에 자국민들뿐만 아니라 전 세계의 프랑스어에 관심을 갖고 있는 사람들도 자유롭게 프랑스어에 관한 최상의 언어 정보를 참조·공유할 수 있게 되었고, 이것은 결과적으로 자국민들의 언어 향상에 기여할 뿐만 아니라 전 세계에 프랑스어를 보급하는 데도 지대한 영향을 끼칠 것이기 때문이다.

에필로그

사전의 미래와 미래의 사전

2050년에도 사전이 존재할까? 존재한다면 어떤 형태로 존재할까? 그 사전의 제작은 누가 하고 또 이용자는 누구일까? 사전의 구조와 내용은 지금과 같이 거시구조와 미시구조로 나뉘어 표제어에 대한 발음과 문법 정보와 의미 정보를 기술하고 그에 대한 용례를 보이는 방식일까? 아니면 지금과는 전혀 다른 방식으로 달라져 있을까? 사전의 미래와 미래의 사전에 대한 의문이 꼬리에 꼬리를 물고 이어진다.

현재 인류는 그 진전 속도가 빠른 소위 '제4차 산업혁명'시대를 맞고 있다. 그만큼 미래를 내다보는 일은 어렵게 되었다. 유발 하라리는 그의 저서 『호모데우스』에서 1017년에 1050년의 유럽이 어떤 모습일지 예측하는 것은 비교적 쉬웠지만, 2017년에 2050년의 유럽의 모습을 예측하는 것은 알 수 없다고 하였다. 이를 차용하여 사전에 적용해 보면 프랑스어 단일어 사전이 처음 출간된 1690년에 170여 년 후에 출판될 리트레 사전의 모습을 예측하는 것은 비교적 쉬웠지만, 2020년 오늘 30년 뒤의 사전 모습을 예측하는 것은 결코 쉽지 않다. 예측한다 해도 그 예측은 누구도 실증할 수 없고 빗나갈 가능성도 크다.

그럼에도 우리가 사전의 미래와 미래의 사전을 예측해 보려는 것은 크게 두 가지 이유에서이다. 첫째는 모든 미래의 예측은 과거 또는 현재의 상황을 바탕으로 하기 때문에 이런 미래를 예측하는 행위

자체가 최소한 현재의 상태를 더 잘 이해하게 해준다고 생각하기 때문이다. 둘째는 미래는 미지의 영역이지만 과학적 추론과 합리적 해석 등을 통하여 발전의 방향성을 어느 정도 가늠할 수 있고, 그럼으로써 우리는 미래의 변화에 능동적으로 미리 대처할 수 있기 때문이다. 자신에게 닥쳐오는 변화를 예측하고 미래를 제어하고자 하는 것은 신석기 시대부터 발전시켜온 인간의 고유한 성향이기도 하다.[1]

1. 미래에도 여전히 사전이 존재할까?

이 질문에 답하기 위해서는 우선 사전의 본질에 대해 살펴볼 필요가 있다. 사전은 한 언어에 대한 역사적 또는 공시적 기록이자 낱말에 관한 참고서이다. 인간은 문자를 발명하고 기록하기 시작하였다. 문자 발명전에도 그림이나 진흙 물표, 기하학적 기호 등을 이용하여 기록을 하였으나 이들의 쓰임은 문자에 비할 바가 못 되었다. 문자가 있음으로써 인류는 더 정확하고, 더 상세하게 정보를 기록하고 전달할 수 있게 되었다. 발명 초기 사제나 궁정 관료 등 소수에 의해서만 독점되었던 문자는 점점 다수가 이용하는 보편화되는 방향으로 발전하였고, 기록하는 내용도 천문 관측이나 종교적 예언, 왕들의 연대기록 따위에서 점점 세분화되고 다양화되었다. 문자를 쓰고 해독할 수 있는 사람의 수가 늘고 기록되는 내용도 다양해지면서 소통에 어려움을 야기하는 낱말들이 생겨났고, 이들 어휘를 '쉽게' 설명해 줄 필요성이 제기되었다. 이것이 사전이 탄생하고 존재하는 이유이다.

일반적으로 사전 이용자는 모국어이든, 외국어이든 언어에 관한 의문이 생겼을 때 그 해답을 찾기 위해, 또는 말과 글을 올바르게

1 베르나르 베르베르, 『상상력사전』, 이세욱·임호경 옮김, 2011, p.353.

사용하고 있는지 검증하기 위해 사전을 찾는다. 사전은 낱말을 정확히 어떻게 표기할 것이며, 발음은 어떻게 할 것이며, 또 그 낱말의 뜻은 무엇이며, 어떤 상황에서 사용할 수 있는지에 대한 준거를 제시해준다.

미래에 과학이 발달하고 기술혁신이 이루어진다 해도 인간은 지금과 같이 문자를 이용하여 기록하고 언어를 사용하여 의사소통을 할 것이다. 현재 뇌파를 증폭하고 해석하는 기술이 진전을 이루고 있어 언젠가는 텔레파시가 가능할 지도 모르겠지만. 인간이 언어와 문자를 통하여 인류의 문화와 지식을 기록하고 전달하는 한 언어에 관한 의문점은 끊임없이 생길 것이고 사전은 이에 대한 답을 제시해주는 참고서로 그 역할을 지속할 것이다. 따라서 미래에도 사전은 여전히 존재할 것이다.

2. 사전은 누구를 위해 존재할까? 인간 그리고/또는 기계?

미래에도 사전이 존재한다면 그 이용자는 지금과 같이 주로 인간일까? 당분간은 인간이 사전의 주이용자로 남아있을 것이다. 인간은 끊임없이 새로운 것들을 창조할 것이며 새로운 사물을 지칭할 낱말도 함께 만들어 낼 것이다. 지적 호기심을 가진 인간은 새로운 창조물과 새로운 낱말이나 의미에 대한 정보를 여러 경로를 통하여 찾아 구할 것이며, 사전은 여전히 신뢰할 수 있는 정보처 역할을 할 것이다. 하지만 인간 못지않게 미래에는 기계가 사전의 주이용자가 될 가능성도 크다고 생각한다.

우리는 2016년 알파고와 이세돌의 바둑 대결에서 인공지능의 위력을 실감한 바 있다. 인간만의 전유물로 여겨지던 창조적 사고의 산물인 바둑에서 인간이 인공지능에게 패배했다는 사실에 많은 사람들이 충격을 받았고 인공지능의 기술발전에 기대와 우려를 표시했다. 현재 인공지능의 진화는 거스를 수 없는 대세가 되었고, 딥러닝이 가능한 인공지능은 우리생활 속 어디에서나 쉽게 찾아볼 수 있고 우리의 삶을 바꾸고 있다. 자동차를 자율 주행으로 운전하고, 음성인식이 가능한 가상 비서는 인간과 소통하며 원하는 정보를 주고, 로봇은 인간과 정서적으로 교감한다. 심지어 인간만의 고유 능력이라 여겨지던 창작의 영역에도 도전하여 그림을 그리고, 작곡을 하며, 소설을 쓰고, 기사를 작성한다. 2020년대 중반이 되면 90 퍼센트의 뉴스는 알고리즘을 통해 작성되고, 그중 대부분은 인간의 개입이 전혀 필요 없을 것이라는 예측도 있다.[2] 인공 신경망을 활용한 기계번역도 비약적으로 발전하고 있다. 데이터가 축적될수록 번역 정확도는 더 높아질 것이고 점점 더 인간의 번역에 근접해 갈 것이다. 하지만 데이터에 기반하고 있는 현재의 기계번역은 여전히 인간의 개입을 필요로 한다. 기계학습에 필요한 데이터가 인간으로부터 나오기 때문이다. 인공지능은 학습한 데이터를 기반으로 언어와 언어를 확률적으로 매칭할 뿐 글쓴이의 의도와 전후맥락과 언어외적 상황을 이해하는 단계에는 이르지 못했다. 아직은 인간의 언어를 완전히 이해한 단계가 아니다.

하지만 미래에는 기계가 인간의 언어를 완전히 이해하는 단계에 이를 수 있을 것이다. 데이터에 기반 하는 것이 아니라 인간의 자연언어를 스스로 학습하고 이해하여 의사소통하고, 글을 쓰고, 번역할 단계에 이를 수 있다. 이런 모든 일이 가능하기 위해서는 기계를 사

2 클라우드 슈밥, 『제4차산업혁명』, 송경진 옮김, 2016, p.72.

용자로 하는 정교한 기계참조형 사전, 즉 컴퓨터가 사용하는 언어사전이 필요하다. 컴퓨터를 사용자로 하는 대규모의 언어 정보를 정밀하고 체계적으로 기술한 전자사전이 구축될 것이고, 이 프로그램을 통하여 기계와 인간이 의사소통을 하고 두 언어 또는 다언어간의 자동기계번역이나 통역도 이루어질 것이다.

3. 사전은 어떤 형태로 존재하고, 참고(이용)는 어떤 형식으로 이루어질까?

1990년대까지만 하더라도 종이사전이 대세였다. 1980년대 후반에 들어서 시디롬과 디지털이라는 개념이 들어오기 시작하면서 시디롬 사전이 출간되기 시작하였다. 1986년에 『로베르 대사전』이, 1992년에는 『옥스퍼드 영어사전』이 시디롬으로 나왔다. 1996년에는 『로베르 소사전』까지 전자사전으로 나왔다. 전자사전은 공간부족이라는 종이사전의 한계를 극복하였을 뿐만 아니라 다양한 방식의 참고를 가능하게 했다. 이때가지만 해도 사전 참조를 위해서는 컴퓨터와 사전을 수록한 시디가 필요하였다. 1995년부터 네비게이터와 같은 브라우저가 대중화되면서 온라인 시대가 도래하였고, 사전도 웹사전으로 변모하면서 더 이상 시디가 필요 없게 되었다.

『옥스퍼드 영어사전』은 2000년대부터 온라인 시대를 열었고, 『프랑스어 보고』는 2001년부터 온라인 서비스를 시작하였다. 거의 동시에 온라인 서비스를 시작하였지만 사설 기관에서 만든 영어 사전은 유료이고[3] 국가 기관에서 만든 프랑스어 사전은 무료로 누구나

---

3 1년 이용료는 200파운드가 조금 넘는다. 2018년에는 사전 초판 출판 90주년을 맞이하여 특별히 90파운드에 이용할 수 있었다.

이용할 수 있다. 이때까지만 해도 전자사전은 종이사전을 토대로 하였다. 즉 종이사전을 전산화한 것이었다. 하지만 최근에는 애초부터 전자사전 형태로만 서비스를 제공하는 사전들도 출현하고 있다. 대표적인 사전 중의 하나가 『중세 프랑스어 사전』이다. 이 중세 대사전은 전자사전 형태로만 온라인에서 검색 서비스를 제공하고 있다. 그런데 이 사전은 2015년 종이사전 형태로 두 질이 출간되었다. 앞의 두 사전과는 달리 이 사전은 전자사전을 바탕으로 종이사전이 출간된 것이다. 사전의 영속화를 위한 방편이었다. 이러한 조치는 아직까지는 인간이 아날로그의 최대 장점인 물질성을 포기할 수 없는 것을 잘 보여준다. 사전뿐만 아니라 다른 분야에서도 이러한 아날로그의 부활이 감지되고 있다. LP 수요가 증가하고 있고, 종이 잡지가 선전하고 있고, 전자수첩 대신에 종이수첩에 메모하는 사람들이 여전히 존재한다. 아날로그 세대에게는 디지털에서는 맛볼 수 없는 그 무언가가 있기 때문이다.

이러한 아날로그의 부활은 인구분포 상 이해되는 부분이 있다. 아직은 인구분포 상으로 후천적으로 디지털 환경을 익힌 '초기 디지털 세대'나 디지털을 아예 멀리하는 아날로그 세대가 다수이기 때문이다. 그렇다면 아날로그 세대가 멸하고 디지털 환경과 문화 속에서 태어나고 자란 '포스트 디지털 세대'가 도래하면 종이사전은 완전히 사라질까? 주요 대사전들은 디지털 형태로만 존재할 가능성이 높다고 생각한다. 출판비용이나 취급할 정보의 양이나 내용 등을 고려하면 종이사전보다는 전자사전이 훨씬 유리하고 효율적이기 때문이다. 반면에 『로베르 소사전』이나 『라루스 소사전』처럼 대표적인 언어 소사전은 여전히 종이사전으로 출간되지 않을까 생각한다. 이때 종이사전은 참조의 기능보다는 컬렉션의 대상으로 기능하지 않을까 추측해 본다. 시대가 바뀌면서 디지털 예술이 발달하고 있지만 모든 예술 작품이 디지털화되지 않고 다양한 유형의 작품이 생산되고 컬렉션의 대상이 되는 것 것처럼, 사전도 전자사전이 주를 이루겠지만 언어 수집가나 사전 수집가들을 위해 종이사전은 끊임없이 출간될 것으로 예측된다. 출판부수는 지금보다는 현저히 줄어들겠지만 희귀성으로 인해 소장가치는 그만큼 증가할 것이다.

4. 미래에는 누가 어떤 방식으로 사전을 만들까?

새뮤얼 존슨은 1755년 『영어사전』 서문에서 사전 편찬가를 "세상의 낮은 업에서 노역하는 (…) 칭찬받을 가망 없이 비판에 노출되고, 착오에 의해 망신을 사거나 태만에 의해 벌을 받고, 성공해봤자 박수갈채는 받지 못하고, 성실함에 보답 받지 못하는 불행한 필멸자"[4]로 묘사하고 있다. 존슨은 8년간 작업하여 사전을 완성했다. 리트레는 사전의 계획부터 최종 출판까지 약 30년이 걸렸다. 지금까지는 "수도승처럼 속세를 등지고 전적으로 언어에만 헌신"[5]하는 이런 노역자들이 있어서 언어사전이 존재하고 진화해왔다고 해도 과언이 아닐 것이다. 그러면 미래에도 리숄레, 존슨, 리트레, 라루스, 로베르와 같은 전문적인 사전 편찬가가 존재할까?

일반적으로 사전은 대표 편집자나 저자가 있다하더라도 공동 작업으로 이루어지는 집단적 저술이다. 작업에 참여하는 사람은 각 분야의 전문가들이다. 스탬퍼에 따르면 1961년에 출간된 『웹스터 신(新) 국제영어사전』 제3판 작업에 편집자 100명과 외부 자문 202명이 집

4 코리 스탬퍼, 2018, 『매일, 단어를 만들고 있습니다』, 박다솜 옮김, 윌북, p.39쪽에서 재인용.

5 코리 스탬퍼, 2018, 같은 책, p.37.

필에 참여하였지만, 2010년에 시작한 제4판 작업에는 편집자의 인원이 25명으로 감축되어 사전이 언제 완성될지 모르는 상황이라고 한다. 그래도 이런 사정은 나은 편이다. 국내의 상황은 더 열악하다. 인터넷 검색 기술이 발전하고 종이사전을 찾는 사람들이 거의 사라지면서 사전 출판사들이 문을 닫았고, 편찬가들도 그 맥이 끊기고 있다. 편찬가들이 멸종위기종이라는 말이 나올 정도다. 그 결과 국내의 거의 모든 종이사전들은 오랜 시간 동안 개정되고 있지 않다.

미래에는 사전 제작 주체가 대중화될 가능성이 크다. 어쩌면 사전 제작의 대중화는 현재진행형이라 할 수 있을 것이다. 기성 사전 출판사들 중 일부는 이미 전문가와 대중이 함께 협업하여 사전을 제작하는 것을 도입하였다. 『메리엄 웹스터 오픈 사전』, 『맥릴런 오픈 사전』은 신어나 지역어, 외래어와 같은 어휘 항목에 대해 일반 사용자의 참여를 적극적으로 반영하고 있다.[6] "함께 만들고 모두 누리는 우리말 사전"을 표방하는 국립국어원의 『우리말샘』도 시민이 사전 편찬가로 참여하는 대표적인 오픈형 국어사전이다. 하지만 아직까지는 시민의 몫은 뜻풀이와 용례 추가 정도로 한정되어 있다. 뜻풀이도 전문가의 감수 과정을 거쳐 등재된다. 일반인들의 뜻풀이는 독창적인 면이 있지만 뜻풀이의 기본 규칙을 무시하는 경우가 있기 때문이다. 오픈소스 사전은 전문가와 일반인이 협업하는 사전이라 할 수 있다. 이런 협업 사전에서는 사전 편찬가의 영역이 축소되기는 하였지만 그래도 여전히 편찬가의 영향력이 위력을 발휘한다.

이에 반해 『위키피디아』는 사용자들이 스스로 만드는 온라인 백과사전이라 할 수 있다. 위키피디아는 누구든지 인터넷 사이트에 접

---

6 배연경, 2016, p.48.

속해서 직접 자유롭게 지식과 정보를 올릴 수 있으며 기존에 등록된 지식과 정보도 수정·보완할 수 있는 새로운 형식의 백과사전이다. 2001년 1월 미국에서 지미 웨일스와 래리 생어에 의해 시작된 위키피디아는 같은 해 3월에 독일어판이, 그리고 연이어 프랑스어, 스페인어, 히브리어, 이탈리아어, 일본어판이 나오면서 세계화되었다. 우리나라에서는 2002년 10월부터 한국어로 된 위키피디아를 운영하고 있다. 영어판 위키피디아에 따르면 2014년 현재 301개 언어의 위키피디아가 운영되고 있으며, 영어로 기술된 570여만 개의 항목을 포함하여 전체 항목수도 4,000만 개가 넘는다고 한다. 매월 5억 명의 방문객이 있고 180억 페이지뷰pageviews를 기록했다고 한다. 2018년 현재 등록된 이용자 수는 7,500만 명이 넘는다.

오늘날 가장 대중적인 백과사전인 위키피디아는 과거의 백과사전처럼 각 분야의 전문가와 백과사전 편찬가들이 편집, 저술한 것을 독자들이 구입해 읽는 방식을 독자들이 직접 인터넷 사이트를 통해 자유롭게 저술, 편집하고 수정, 보완해 나가는 방식으로 혁신하였다.

하지만 미래에는 이마저도 인간의 개입 없이 사전 편찬이 기계에 의해 자동화될 가능성이 높다. 1960년대 사전 편찬에 컴퓨터를 도입한 이후 이 분야에서 컴퓨터의 활용은 계속 확장되어 왔다. 초기에는 교차항목 확인이나 조판의 일관성 유지 등 제한적 용도로 활용되었으나 현재는 표제어 추출, 특정 표제어에 대한 코퍼스 자료 인출, 신어의 추출, 형태소와 품사 추출, 연어의 추출 등이 자동화되었다. 용례 작성도 자동화가 많이 진척되었다. 의미 및 결합 자질 분류, 뜻풀이, 화용정보 작성 등은 여전히 인간의 영역으로 남아있으나 이 영역도 곧 자동화가 가능할 것으로 보인다. 사전 편찬에서 가장 인간적인 영역이라 할 수 있는 뜻풀이마저 이미 어느 정도 자동화 단계에 접어들었다. 『워드니크』와 같은 일부 인터넷 사전은 웹 코퍼스에서 정의문의 구조를 띠고 있는 문장 등을 찾아내어 표제어의 뜻풀이를 대신하려는 시도를 하고 있다.[7] 현재는 인간이 정의한 것을 컴퓨터가 찾아내어 뜻풀이를 대신하는 정도이지만 앞으로는 인공지능이 엄청난 양의 데이터에 대한 딥 러닝을 통하여 뜻풀이까지도 작성할 가능성이 크다.

5. 사전의 구조와 내용은 어떻게 변할까?

앞으로 세상은 지금보다 더 빠르게 변화하고 인터넷을 기반으로 사람과 사물, 사물과 사물이 연결되는 초연결사회가 될 것이다. 사물인터넷 인프라가 확대되면서 모든 개체가 인터넷에 연결될 것이며, 사물인터넷은 인간 주변의 모든 사물을 서로 연결하여 인간과 상호 소통할 수 있도록 만들 것이다. 사전도 마찬가지로 사전 간의 연결과 통합 현상이 광범위하게 진행될 것이다. 그렇게 되면 종이사전 시대에는 출판비용과 참고의 편리성 등을 고려하여 사전을 유형별로 출간할 수밖에 없었으나 디지털 시대에는 모든 정보를 하나로 통합 기술하는 것이 가능하기 때문에 언어사전과 백과사전, 고어사전과 신어사전, 방언사전 등의 구별이 무의미해 질 것이다. 모국어-외국어/외국어-모국어와 같은 이개어 사전의 구별도 사라질 지도 모른다. 정교하게 구축된 이중 언어 병렬 코퍼스 덕분에 사전에 의존하지 않고도 모국어를 외국어로, 외국어를 모국어로 번역하거나 통역해주는 응용프로그램이 보편화될 것이기 때문이다. 어쩌면 칩 하나만 신체에 심으면 모국어는 외국어로, 외국어는 모국어로 자동

7 배연경, 2016, p.46.

으로 통역이 되고 외국어 텍스트를 눈으로 읽기만 해도 뇌에서 모국어로 자동 번역되는 시대가 도래할 지도 모르겠다.

사전의 내용에 있어서도 혁신이 일어날 것이다. 우선 모든 언어 단위가 주표제어의 지위를 얻을 수 있고 표제어의 배열을 신경 쓸 필요가 없어진다. 의미 배열도 무의미해 질 것이다. 텍스트를 읽거나 듣다 모르는 단어가 나오면 인간의 뇌가 그것을 스스로 감지하여 컴퓨터에 신호를 보내면 컴퓨터가 문맥을 파악해서 가장 적합한 의미를 보여주거나 들려줄 수 있을 것이다. 표제어뿐만 아니라 정의나 용례까지도 음성 정보가 제공될 것이다. 검색 방향도 양방향이 다 가능할 것이다. 즉 기호에서 의미를 찾는 방향뿐만 아니라 의미에서 관련 단어를 찾는 방향도 가능할 것이다. 발달된 가상현실 덕분에 사전 이용자는 정의나 이미지만을 통하여 의미를 파악하는 것이 아니라 가상세계에 접속해서 시각뿐만 아니라 청각, 후각, 촉각 등 모든 감각기관을 동원하여 경험하고 체험하면서 의미를 파악하고 기호가 지시하는 세상의 지식을 습득할 것이다.

미래에 사전은 단순히 언어나 세상에 대한 지식을 제공하는 것을 넘어서서 새로운 경험을 제공하는 공간이 될 것이다.

출처

Ⅰ 「프랑스어 초기 사전 연구 -에티엔의 DFL(1539)과 니코의 Thresor (1606)를 중심으로-」, 『한국프랑스학논집』, 제92집, 2015.

Ⅱ 「리슐레의 Dictionnaire françois 연구」, 『한국프랑스학논집』, 제87집, 2014.

Ⅲ 「퓌르티에르의 Dictionnaire Universel 연구」, 『한국프랑스학논집』, 제68집, 2009.

Ⅳ 「『프랑스어 아카데미 사전』 초판의 편찬 과정과 그 특징 연구」, 『한국프랑스학논집』, 제56집, 2006.

Ⅴ 「18세기 프랑스어 사전 연구」, 『용봉인문논총』, 제49집, 2016.

Ⅵ 「리트레의 『프랑스어 사전Dictionnaire de la langue française』 연구」, 『한국프랑스학논집』, 제70집, 2010.

Ⅶ 「피에르 라루스의 사전 연구」, 『한국프랑스학논집』, 제73집, 2011.

Ⅷ 「로베르의 언어대사전, 『프랑스어 알파벳순 유추 사전』의 탄생과 사전학적 특징 연구」, 『용봉인문논총』, 제50집, 2017.

Ⅸ 「라루스 언어대사전, GLLF의 사전학적 특징과 한계」, 『한국프랑스학논집』, 제80집, 2012.

Ⅹ 「프랑스 언어대사전 TLF의 특징과 사전학적 의의」, 『한국사전학』, 제4호, 2004.

참고문헌

1. 사전

Dictionnaire alphabétique et analogique de la langue française(1953-1964), Société du nouveau Littré Le Robert, Paris, 1981(Edition corrigée).

Dictionnaire de l'Académie française, neuvième édition, Tome 1(A-Enz), Edition Julliard, 1994.

Dictionnaire de l'Académie française, neuvième édition, Tome 2(Eoc-Map), Arthème Fayard, 2000.

Dictionnaire de l'Académie française, neuvième édition, Tome 3(Maq-Quo), Arthème Fayard, 2011.

Dictionnaire de l'Académie française, version CD-ROM PC, Redon, 2002-2003.

Dictionnaire du français contemporain, Librairie Larousse, 1971.

Grand Dictionnaire universel du XIXe siècle, 15 vol., 1866-1877.

Grand Larousse de la langue française, 7 vol., Librairie Larousse, 1971-1978.

Le Dictionnaire Universel d'Antoine Furetière, Paris, SNL-Le Robert, 1978.

Le Grand Robert de la langue française(Nouvelle édition augmentée), Dictionnaires Le Robert, Paris, 2001.

Le Robert, Dictionnaire alphabétique et analogique de la langue française, 6 vol. + Supplément, Dictionnaire Le Robert, 1981.

Littré Dictionnaire de la langue française, Paris, Gallimard/Hachette, 1965.

Nouveau Dictionnaire de la langue française, 1856.

Trésor de la langue française, Dictionnaire de la langue du XIXe et du XXe siècle(1789-1960), 16 vol., ED du CNRS / Gallimard, 1971-1994.

2. 저서 및 논문

권혁승,「영국사전학의 전통과 최근 학습자사전의 혁신」,『한국사전학』, 1호, 2003, pp.233-280.

김광해,『국어 어휘론 개설』, 집문당, 1993.

김동섭,「아카데미 프랑세즈의 어학적 작업에 대한 연구 -사전 편찬을 중심으로-」,『프랑스문화예술연구』, 제21집, 2007, pp.25-46.

도원영,「『민연국어사전』(가칭)의 특징」,『한국사전학』 2호, 2003, pp.85-109.

디드로,「*Encyclopédie*」, 이충훈 옮김,『백과사전』, 도서출판b, 2014.

배연경,「사전의 진화와 미래」,『새국어생활』, 26권, 4호, 2016, pp.43-63.

부길만,『출판기획물의 세계사』, 커뮤니케이션북스, 2014.

사이먼 윈체스터,『영어의 탄생, 옥스퍼드 영어사전 만들기 70년의 역사』, 이종인 역, 책과함께, 2005.

서정복,「18세기 프랑스의 아카데미 프랑세즈에 대한 소고」,『서양사학연구』, 2집, 1999, pp.5-22.

송길룡 외,「『표준국어대사전』의 표제어 구성」,『한국사전학』 2호, 2003, pp.9-43.

Actes de Colloque, *Lexicologie et lexicographie françaises et romanes*, Strasbourg, 12-16 novembre, 1957, CNRS, 1961.

BADDELEY Susan et BIEDERMANN-PASQUES, Liselotte, "Troisième édition 1740 Préface : Introduction et Notes", In Bernard Quemada, 1997, pp.145-176.

BADIOU-MONFERRAN Claire, "Le *Dictionnaire Universel* de Furetière : des éditions connues aux éditions inconnues", *Cahier de Lexicologie*, 88, 2006-1, pp.9-26.

BELTRAMI, Pietro G. & FORNARA Simone, "Italian historical dictionaries: from the Accademia della Crusca to the web", *IJL*, 17-4, 2004, pp.357-384.

BENHAMOU Simone et al., "Préface de la première édition-1694-introduction", In Bernard Quemada, 1997, pp.9-22.

BENHAMOU Simone et al., "Première édition 1694 Épitre, Préface, Privilège, Pièces annexes : Introduction et Notes", In Bernard Quemada, 1997, pp.9-104.

BIERBACH Mechtild, "Le dictionnaire d'Antoine Furetière face au Dictionnaire de l'Académie 1694, lexicographe et histoire des idées", In Bernard Quemada & Jean Pruvost, 1998, pp.139-151.

BIERBACH Mechtild, "Caractères et fonctions du discours lexicologique dans les dictionnaires de Robert Estienne", *Cahier de Lexicologie*, 76, 2000-1, pp.151-166.

BLASSELLE Bruno, *Histoire du livre*, Gallimard, 2008.

BLOIS Julie de, "Le dictionnaire Petit Larousse d'hier à aujourd'hui : 《Toujours le même, toujours différent》 ou l'évolution d'un produit dictionnairique", In Jean PRUVOST et Micheline GUILPAIN-GIRAUD, 2002, pp.161-204.

BONICEL, Laetia, "Le *Grand Larousse de la langue française* (1971-1978) : de l'innovation lexicographique à l'echec dictionnairique", *ELA*, janvier-mars, 2005, pp.39-49.

BOULANGER Jean-Claude, "Le *Petit Larousse au Québec* : brève histoire et influence", In Jean PRUVOST et Micheline GUILPAIN-GIRAUD, 2002, pp.205-222.

BOULANGER Jean-Claude, *Les inventeurs de dictionnaires, De l'eduba des scribes mésopotamines au scriptorium des moines médiévaux*, Les Presses de l'Université d'Ottawa, 2003.

BOULANGER, Jean-Claude, "Quelques figures du panthéon des dictionnaires scolaires modernes (1856-2005)", In Monique C. CORMIER et Aline FRANCOEUR, 2005, pp.91-128.

BRAY Laurent, "Les marques d'usage dans le *Dictionnaire françois* (1680) de César-Pierre Richelet", *Lexique*, 9, Presse Universitaire de Lille, 1990, pp.43-59.

CAPUT Jean-Pol, L'Académie française, 〈Que sais-je ?〉, PUF, 1986.

CATACH Nina, "Histoire et importance de la première édition du dictionnaire de l'académie", In Bernard Quemada & Jean Pruvost, 1998, pp.69-88.

CHARON-PARENT Annie, "Le monde de l'imprimerie humaniste : Paris", In Roger Chartier et Henri-Jean Martin, 1989, pp.280-302.

CHARTIER Roger et MARTIN Henri-Jean, *Histoire de l'édition française, Le livre conquérant du Moyen Âge au milieu du XVIIe siècle*, Fayard, 1989.

CHEVALIER Jean-Claude, 1998, "Le Dictionnaire de l'Académie (Ac 1694) et la grammaire", In Bernard Quemada et Jean Pruvost, 1998, pp.295-307.

CLARO Chrisophe, "Présentation. Cet infatigable travailleur···" In Pierre Larousse, 1993, pp.7-17.

COLLINOT André & MAZIERE Francine, "Les définitions finalisées dans le *Dictionnaire Universel* de Furetière et dans le *Dictionnaire de l'Académie*", In *La définition*, Larousse, 1990, pp.237-250.

CONNESSON Robert, *César-Pierre RICHELET(1626-1698) auteur du premier Dictionnaire français (1680), un enfant de Cheminon (Marne), témoin du grand siècle*, Les Presses des impressions Dohr-Nancy, 1985.

COQ Dominique, "Les incunables : textes anciens, textes nouveaux", In Roger Chartier et Henri-Jean Martin, 1989, pp.203-227.

CORMIER Monique C. et al, *Les dictionnaires Le Robert Genèse et évolution*, Les Presses de l'Université de Montréal, 2003.

CORMIER Monique C. et FRANCOEUR Aline, *Les dictionnaires Larousse genèse et évolution*, Les Presses de l'Université de Montréal, 2005.

DAMADE Jacques, *Petite archéologie des dictionnaires*, Paris, Editions La

Bibliothèque, 1997.
DARNTON Robert, *L'aventure de l'Encyclopédie 1775-1800*, 2013, Points.
DESSAINT Michel, "Quatrième édition 1762 Épitre, Préface, Privilège : Introduction et Notes", In Bernard Qemada, 1997, pp.179-214.
DIDEROT Denis, *Prospectus*, 1750. (출처: wikisource.org)
DIDEROT Denis, *L'Encyclopédie 50 articles fondamentaux*, 2013, Mille et une nuits.
DIDEROT Denis, "*Encyclopédie*", 이충훈 옮김, 『백과사전』, 도서출판b, 2014.
DIDEROT Denis et al., *Encyclopédie ou dictionnaire raisonné des sciences, des arts et des métiers*, Paris, Chez Braison et al., 1751-1772.
DUBOIS Jean et al., *Dictionnaire de linguistique*, Larousse, 1973.
GALARNEAU Annie, "D'un grand lexicographe, Paul Robert, à une grande maison d'édition : les Dictionnaires Le Robert", *International Journal of Lexicography*, vol. 15-1, 2002, pp.22-37.
GARNIER, "*Le Nouveau Littré*, Histoire d'un dictionnaire entre continuité et mutations", In Garnier, 2005, pp.5-12.
GARNIER Yves, "Le *Petit Larousse* : jalons historiques", In Monique C. CORMIER et Aline FRANCOEUR, 2005, pp.83-89.
GEMMINGEN, B. von, "Le «dictionnaire à part» de l'Académie française : le dictionnaire des arts et des sciences de Thomas Corneille (1694)", In Bernard Quemada & Jean. Pruvost, 1998, pp.153-164.
GOOSSE André, "L'Académie greffier de l'usage", In Bernard Quemada & Jean Pruvost, 1998, pp.229-235.
GORCY Gérard, "Le trésor de la langue française (TLF), trente ans après; bilan et perspectives", *Etudes de linguistique appliquée*, 1992, 85/86, pp.75-88.
GORCY G. et al., "Le traitement des 《groupes binaires》", *Cahiers de lexicologie*, vol. XVII-2, 1970, pp.15-46.
GRIMALDI Elisabeth, "Intéraction entre fonction encyclopédique et fonction

linguistique : Les réponses des "Grands Dictionnaires" du XIXe siècle", In Jean PRUVOST et Micheline GUILPAIN-GIRAUD, 2002, pp.77-113.

HAUSMANN F.H., *Les dictionnaires en France et en Allemagne*, CTL, Université de Lausanne, 1989.

HAUSMANN Franz Josef, "La réception de la première édition: grandeurs et misères", In Bernard Quemada & Jean Pruvost, 1998, pp.133-138.

HAUSMANN Franz Josef, "Beaucoup de splendeurs, peu de misères : bilan sur les dictionnaires le Robert", In Monique 2003, pp.246-262

HAUSMANN Franz Josef et WIEGAND, H.E., "Component parts and structure of general monolingual dictionaries : a survey", In Franz Josef Hausmann et al., *Dictionnaires, Encyclopédie internationale de lexicographie*, Walter de Gruyter, Berlin, New York, 1989, pp. 328-360.

IMBS Paul, "Préface" du *Trésor de la langue française*, t. 1, Paris, CNRS, 1971, pp.XI-XLVII.

IMBS Paul, "Au lecteur" du *Trésor de la langue française*, t. 3, Paris, CNRS, 1974, pp.VII-X.

IMBS Paul, "A l'étape" du *Trésor de la langue française*, t. 5, Paris, CNRS, 1977, pp.XVII-XII.

IMBS Paul, "Préface" du *Trésor de la langue française*, t. 7, Paris, CNRS, 1979, pp.VII-XII.

LAROUSSE Pierre, *Nouveau dictionnaire de la langue française*, AUG. BOYER ET Cie, LIBRAIRES-ÉDITEURS, 1870(제30판), [초판: 1856].

LAROUSSE Pierre, *Préface au Grand dictionnaire universel du XIXe siècle*, arléa, 1993.

LAROUSSE Pierre, *Femme*, Extrait du *Grand Dictionnaire universel du XIXe siècle*, Bleu autour, 2006.

LAROUSSE Pierre, *Nègre Négrier - Traite des nègres,* Extrait du *Grand*

Dictionnaire universel du XIXe siècle, Bleu autour, 2007.

LEHAMANN Alise, "Exemplification et métalangue: le traitement de la phraséologie dans la première édition du dictionnaire de l'Académie", In Bernard Quemada & Jean Pruvost, 1998, pp.165-184.

LEPINETTE Brigitte, "Trois dictionnaires du XVIIe siècles, trois traitements différents de l'étymologie: *Richelet* (1680), *Furetière* (1690), *Académie* (1694)", *Lexique*, 9, Presse Universitaire de Lille, 1990, pp.61-79.

LITTRE Emile, *Dictionnaire de la langue française*, Paris, Gallimard/Hachette, 1965.

LITTRE Emile, *Comment j'ai fait mon dictionnaire*, Editions Philippe Picquier, 1995[초판: 1880].

LYONS Martyn, *Books : A living history*, 서지원 옮김, 『책, 그 살아있는 역사』, 파주, 21세기북스, 2011.

MARTIN Henri-Jean, 1989, "Le temps de Robert Estienne", In Roger Chartier et Henri-Jean Martin, 1989, pp.275-279.

MARTIN Robert, "Le trésor de la langue française et la méthode lexicographique", *Langue française*, 2, 1969, pp.44-55.

MARTIN R., "Les travaux de l'institut national de la langue française, INaLF", In Bernard Quemada, Le Dictionnaire de l'Académie française et la lexicographie institutionnelle européenne, Paris, H. Champion, 1998, pp.475-480.

MATORE George, *Histoire des dictionnaires français*, Larousse, 1968.

MAZIERE FRANCINE, "Les marques de fabrique. Marquage et marques de domaine dans les dictionnaires classiques", du Furetière(1690) aux Trévoux(1771), *Lexique*, 9, 1990, pp.89-111.

MITTERAND Henri, "Zola et le *Grand Dictionnaire Universel du XIXe siècle* de Pierre Larousse", In Jean PRUVOST et Micheline GUILPAIN-GIRAUD, 2002, pp.115-125.

MOLLER Jean-Yves, "L'oeuvre de Pierre Larousse", In Jean PRUVOST et

Micheline GUILPAIN-GIRAUD, 2002, pp.37-47.

MORIN Robert, “Diderot, l’*Encyclopédie* et le *Dictionnaire de Trévoux*”, *Recherche sur Diderot et sur l’Encyclopédie*, 7, 1989, pp.71-122.

MORNET Daniel, *Les origines intellectuelles de la Révolution Française 1715-1789*, Éditions Tallandier, 2010(초판: 1933, Armand Colin).

MORTIER Roland, “Diderot et l’*Encyclopédie*”, *Recherche sur Diderot et sur l’Encyclopédie*, 18-19, 1995, pp.123-131.

OST François, *Furetière La démocratisation de la langue*, Michalon, 2008.

PERRET Michèle, *Introduction à l’histoire de la langue française*, Armand Colin, 2016[초판: 1998].

PETREQUIN Gilles, *Le Dictionnaire françois de P. Richelet (Genève, 1679/1680) Etude de métalexicographie historique*, Peeters, 2009.

PINAULT Madeleine, *L’Encyclopédie*, 〈Que sais-je ?〉, Presse Universitaire de France, 1993.

PONS Alain, *Encyclopédie I ou dictionnaire raisonné des sciences, des arts et des métiers(articles choisis)*, GF Flammarion, 1986a.

PONS Alain, *Encyclopédie II ou dictionnaire raisonné des sciences, des arts et des métiers*, GF Flammarion, 1986b.

PROUST Jacques, *L’Encyclopédie*, Librairie Armand Colin, 1965.

PRUVOST Jean, “Septième édition 1878 Préface, Introduction et Notes”, In Bernard Quemada, 1997, pp.379-427.

PRUVOST Jean, *Dictionnaires et nouvelles technologies*, PUF, 2000.

PRUVOST Jean, *Les dictionnaires de langue française*, 〈Que sais-je ?〉, PUF, 2002.

PRUVOST Jean, “Le trésor de la langue française: du 〈grand chêne〉 au cyberspace”, *International Journal of Lexicography*, 15-1, 2002a, pp.1-21.

PRUVOST Jean, “Du lexicographe Pierre Larousse (XIXe s.) à la maison Larousse (XXe-XXIe s.)”, *International Journal of Lexicography*, 15-1,

2002b, pp.38-54.

PRUVOST Jean, "Larousse : un linguiste, une oeuvre, d'heureux successeurs et prosélytes", In Jean PRUVOST et Micheline GUILPAIN-GIRAUD, 2002, 2002c, pp.11-27.

PRUVOST Jean, "*Du Nouveau Dictionnaire de la Langue Française* (1856) au *Grand Dictionnaire Universel du XIXe siècle* (1866-1876) : D'un moment à l'autre", In Jean PRUVOST et Micheline GUILPAIN-GIRAUD, 2002, 2002d, pp.49-73.

PRUVOST Jean, "Paul Robert : De la passion des mots au grand architecte de la lexicographie", 2003, dans Monique 2003, pp.14-87.

PRUVOST Jean, *La dent-de-lion, la semeuse et le Petit Larousse*, Larousse, 2004.

PRUVOST Jean, "Pierre Larousse, genèse et épanouissement d'un lexicographe et éditeur hors du commun", In Monique C. CORMIER et Aline FRANCOEUR, 2005, pp.13-40.

PRUVOST Jean, "De Diderot à Pierre Larousse : un paysage lexicographique prémonitoire", In Monique C. CORMIER et Aline FRANCOEUR, 2005, 2005a, pp.41-62.

PRUVOST Jean, *Les Dictionnaires français, outils d'une langue et d'une culture*, Ophrys, 2006.

PRUVOST Jean et GUILPAIN-GIRAUD Micheline, *Pierre Larousse Du Grand Dictionnaire au Petit Larousse*, Honoré Champion, 2002.

QUEMADA, Bernard, *Les dictionnaires du français moderne 1539-1863*, Paris, Didier, 1967.

QUEMADA Bernard, "Postface" du *TLF*, 1994, pp.VII-IX.

QUEMADA Bernard, *Les préfaces du Dictionnaire de l'Académie française 1964-1992*, Paris, H. Champion, 1997.

QUEMADA Bernard, "La lexicographie du français au XVIIe siècle", In Bernard Quemada & Jean Pruvost, 1998, 1998a, pp.41-68.

QUEMADA Bernard, "Le Trésor de la langue française (TLF), Dictionnaire de la langue du XIXe et du XXe siècle", In Bernard Quemada & Jean. Pruvost, 1998, 1998b, pp. 463-473.

QUEMADA Bernard & PRUVOST Jean, (éds), *Le dictionnaire de l'Académie française et la lexicographie institutionnelle européenne*, Paris, H. Champion, 1998.

QUEMADA Gabrielle, "Neuvième édition 1986-1992 Préface et Avertissement : Introduction et Notes", In Bernard Quemada, 1997, pp.455-508.

RENAN Ernest, «Discours de M. Renan à l'Académie française», In *Dictionnaire de la langue française*, Gallimard/Hachette, 1965, pp.57-72.

RETIF André, *Pierre Larousse et son oeuvre (1817-1875)*, Librairie Larousse, 1975.

REY Alain, "Antoine Furetière imagier de la culture classique", In *Le Dictionnaire Universel d'Antoine Furetière*, Paris, SNL-Le Robert, 1978, pp.5-95.

REY Alain, "Le français et les dictionnaires, aujourd'hui", *Le français dans le monde, numéro spécial, lexiques*, 1989, pp.6-17.

REY Alain, "Les marques d'usage et leur mise en place dans les dictionnaires du XVIIe siècle : le cas Furetière", *Lexique*, 9, 1990, pp.17-30.

REY Alain, "Préface du Grand Robert de la langue française", In *Le Grand Robert de la langue française*, 2001, pp.XIX-LV.

REY Alain, "La renaissance du dictionnaire de la langue française au milieu du XXe siècle : une révolution tranquille", dans Monique 2003, pp.88-99.

REY Alain, *Antoine Furetière Un précurseur des Lumières sous Louis XIV*, Fayard, 2006.

REY Alain, *Littré l'humaniste et les mots*, Gallimard, 2008.

REY Alain, *Dictionnaire amoureux des Dictionnaires*, Plon, 2011.

REY-DEBOVE Josette, "La philosophie des dictionnaires Le Robert ou les chemins de l'intelligence", In Monique C. Cormier et al., 2003, pp.100-109.

REZEAU Pierre, "L'Académie et les variétés populaires et géographiques du français", In Bernard Quemada & Jean Pruvost, 1998, pp.253-269.

RICHELET Pierre, *Dictionnaire françois contenant les mots et les choses, plusieurs nouvelles remarques sur la langue françoise : /./*, Genève, Jean Herman Widerhold, 1680.

RICHELET Pierre, *Dictionnaire françois contenant généralement tous les mots tant vieux que nouveaux (Éd. 1706),* Amsterdam, Chez Jean Elzevir, 1706.

RICHELET Pierre, *Dictionnaire de la langue françoise, ancienne et moderne*, Lyon, Chez Pierre Bruyset-Ponthus, 1759.

ROBERT Paul, *Aventures et mésaventures d'un dictionnaire*, Le Robert, 1965.

ROBERT Paul, "Introduction, Préface et Postface du *Dictionnaire alphabétique et analogique de la langue française*(1950-1964), In *Le Grand Robert de la langue française*, 2001, pp.IX-XVIII.

ROUCHER Eugénia, "Deuxième édition 1718 Épitre, Préface, Privilège : Introduction et Notes", In Bernard Quemada, 1997, pp.107-141.

ROULEAU Anne et al., "Les termes des arts et des sciences dans le *Dictionnaire de l'Académie française* : le discours des préfaces et sa réalisation dans le *Dictionnaire*", In Danielle Candel et François Gaudin, *Aspects diachroniques du vocabulaire*, Publications des Universités de Rouen et du Havre, 2006, pp.185-208.

ROUSE Mary A. et ROUSE Richard H., 1989, "La naissance des index", In Roger Chartier et Henri-Jean Martin, 1989, pp.95-108.

SAINTE-BEUVE, Charles-Augustin, "Notice sur M. Littré sa vie et ses travaux", In *Dictionnaire de la langue française*, Gallimard/Hachette, 1965, pp.13-48.

SAINT-GERARD Jacques-Philippe, "Le statut des exemples In le dictionnaire de l'Académie et ses entours : transition du XVIIIe au XIXe siècle", In Bernard Quemada et Jean Pruvost, 1998, pp.271-294.

TASKER Liliane, "Cinquième édition 1798 Discours préliminaire et Pièces annexes : Introduction et Notes", In Bernard Quemada, 1997, pp.219-307.

VAULCHIER Henri, "Sixième édition 1835 Préface : Introduction et Notes", In Bernard Quemada, 1997, pp.311-378.

WALTER Henriette, "La prononciation In le Dictionnaire de l'Académie", In Bernard Quemada et Jean Pruvost, 1998, pp.351-356.

WOOLDRIDGE Terence Russon, *Les débuts de la lexicographie française, Estienne, Nicot et le Thresor de la langue françoyse*, Uviversity of Toronto Press, 1977.

WOOLDRIDGE Terence Russon, "La lexicographie assistée par ordinateur", 2003.

ZOLA Emile, "Hugo et Littré", In *Dictionnaire de la langue française*, Gallimard/Hachette, 1965, pp.49-56.

3. 참고사이트

http://www.chass.utoronto.ca/~wulfric/articles/

https://fr.wikisource.org/wiki/Page:Diderot_-_Encyclopedie_1ere_edition

https://fr.wikisource.org/wiki/Prospectus_(Diderot)

http://francois.gannaz.free.fr/Littre/accueil.php

http://gallica.bnf.fr/

http://gallica.bnf.fr/ark:/12148/bpt6k205356p.r=Grand+dictionnaire+universel.langFR

http://gallica.bnf.fr/ark:/12148/bpt6k50533b

http://gallica.bnf.fr/ark:/12148/bpt6k505878
http://gallica.bnf.fr/ark:/12148/bpt6k50808z/
http://gallica.bnf.fr/ark:/12148/bpt6k509323.r=dictionnaire+francais+contenant+les+mots+et+les+choses.langFR
http://homes.chass.utoronto.ca/~wulfric/dico_tactweb/tiden.htm
http://www.atilf.fr/dmf
http://www.chass.utoronto.ca/~wulfric/academie/
http://www.chass.utoronto.ca/~wulfric/academie/acadXIX/35nindex.htm
http://www.lexilogos.com/nicot.htm
http://www.u-cergy.fr/dictionnaires
http://www.u-cergy.fr/dictionnaires/auteurs/Antoine-FURETIERE/
http://www.u-cergy.fr/dictionnaires/auteurs/Pierre_LAROUSSE/Titre1/couverture.htm

부록 시대별 주요 프랑스어 사전 목록*

16세기

1538 라틴어-프랑스어 사전Dictionarium Latinogallicum, 로베르 에티엔

1539 프랑스어-라틴어 사전Dictionaire françoislatin contenant les motz et les manieres de parler françois tournez en latin, 로베르 에티엔

1549 프랑스어-라틴어 사전Dictionaire françoislatin, 제2판, 로베르 에티엔

1562 프랑스어-플랑드르어 사전Dictionnaire françois flamand, 가브리엘 뫼리에

1564 프랑스어-라틴어 사전Dictionaire françoislatin, 제3판, 장 티에리

1572 프랑스어 라임사전Dictionnaire des rymes françoises, 장 르 페브르

1573 프랑스어-라틴어 사전Dictionnaire françoislatin, 제4판, 쟈크 뒤퓌

1575 프랑스어-에스파냐어 보고Thresor de deux langues françoise et espagnole, 세자르 우뎅

17세기

1606 프랑스어 보고Thresor de la langue françoise, tant ancienne que moderne, 장 니코

1611 프랑스어-영어 사전A Dictionarie of the French and English Tongues, 랜들 콧그레이브

* 이 목록은 장 프뤼보의 『프랑스어 사전들』(2002)을 주로 참고하여 작성하였다. 사전 명칭의 표기는 원 저작의 표기법을 준수했다. 출판년도 등에 차이가 있을 때는 프랑스 국립도서관(BnF)의 서지정보를 따랐다.

1617 3개 언어(에스파냐어, 프랑스어, 이탈리아어) 보고Thresor des III langues espagnole, françoise, italienne, 세자르 우뎅

1635 프랑스어-라틴어 목록Inventaire des deus langues françoise et latine, 필리베르 모네

1640 프랑스어-이탈리아어 사전Recherches italiennes et françoises, 앙투안 우뎅

1647 프랑스어-에스파냐어 어휘목록Nomenclature françoise et espagnole, 앙투안 우뎅

1650 프랑스어 어원사전Origines de la langue françoise, 질 메나즈

1664 왕립 프랑스어-라틴어 사전Dictionnaire royal des langues françoise et latine, 필리베르 모네

1664 왕립 프랑스어-라틴어 사전Dictionnaire royal des langues françoise et latine, 프랑수아-앙투안 포메

1667 라임사전Dictionnaire de rimes dans un nouvel ordre, 피에르 리슐레

1671 왕립 3개 언어(프랑스어, 라틴어, 독일어) 대사전Grand dictionnaire royal en trois langues savoir la françoise, la latine et l'allemande, 프랑수아-앙투안 포메

1673 신 라틴어-프랑스어 사전Dictionarium novum latinum et gallicum, 피에르 다네

1674 새롭고 풍부한 3개 언어(이탈리아어, 프랑스어, 독일어) 사전Nouveau et ample dictionnaire trois langues(italien, françois, allemand), 앙투안 우뎅

1677 신 프랑스어 영어 사전A New Dictionary French and English, 기 미에즈

1680 낱말과 사물을 포함한 프랑스어 사전Dictionnaire françois contenant les mots et les choses(2권), 세자르-피에르 리슐레

1690 보편사전Dictionnaire universel contenant generalement tous les mots françois, tant vieux que moderne(3권), 앙투안 퓌르티에르

1694 아카데미 프랑세즈 사전Dictionnaire de l'Académie françoise(2권), 초판

1694 기술과 과학 사전Dictionnaire des arts et des sciences(2권), 토마 코르네유

1694 프랑스어 어원사전Dictionnaire étymologique ou Origines de la langue françoise, 질 메나즈

1697 역사비평사전Dictionnaire historique et critique, 피에르 베일

18세기

1701 보편사전Dictionnaire universel(3권), 앙투안 퓌르티에르(쟈크 바나주 드 보발의 수정판)

1702 왕립 프랑스어-영어 사전Dictionnaire royal françois et anglois, 아벨 부아이에

1704 트레부의 프랑스어-라틴어 보편사전Dictionnaire universel françois et latin, vulgairement appelé Dictionnaire de Trévoux(3권)

1705 신 프랑스어-에스파냐어 사전Dictionnaire nouveau des langues françoise et espagnole, 프랑수아 소브리노

1718 아카데미 프랑세즈 사전Dictionnaire de l'Académie françoise(2권), 제2판

1721 트레부의 프랑스어-라틴어 보편사전Dictionnaire universel françois et latin de Trévoux(5권), 제2판

1732 트레부의 프랑스어-라틴어 보편사전Dictionnaire universel françois et latin de Trévoux(5권), 제3판

1736 프랑스어 동의어Synonymes françois, 지라르 신부

1740 아카데미 프랑세즈 사전Dictionnaire de l'Académie françoise(2권), 제3판

1743 트레부의 프랑스어-라틴어 보편사전Dictionnaire universel françois et latin de Trévoux(6권), 제4판

1748 속담사전Dictionnaire des proverbes et façon de parler, 앙드레 조셉 팡쿠크

1751 백과전서Encyclopédie ou Dictionnaire raisonné des sciences, des arts et des métiers(35권, 1780년), 드니 디드로 & 장 르 롱 달랑베르

1752 트레부의 프랑스어-라틴어 보편사전Dictionnaire universel françois et latin de Trévoux(7권+부록2권), 제5판

1762 아카데미 프랑세즈 사전Dictionnaire de l'Académie françoise(2권), 제4판

1765 상업, 자연사, 기술과 공예 보편사전Dictionnaire universel de commerce, d'histoire naturelle, d'arts et métiers(2권), 자크 사바리 데 브뤼스롱

1767 프랑스어 동의어사전Dictionnaire de synonymes françois, 디보데 위로 드 리부아

1768 프랑스어 문법사전Dictionnaire grammatical de la langue françoise, 페로 신부

1771 트레부의 프랑스어-라틴어 보편사전Dictionnaire universel françois et latin de Trévoux(8권), 제6판

1771 프랑스어 어휘 또는 아카데미 프랑세즈 사전 요약집Vocabulaire françois ou abrégé du Dictionnaire de l'Académie françoise(2권), 레냐르 & 드몽빌

1771 신 프랑스어-이탈리아어 사전Nouveau Dictionnaire françois-italien, 프랑수아 달베르티 드 빌네브

1785 신 프랑스어 동의어Nouveaux synonymes françois, 피에르 조셉 앙드레 루보

1787 프랑스어 비평사전Dictionnaire critique de la langue française(3권), 페로 신부

1792 신 대혁명 용어사전Nouveau dictionnaire pour servir a l'intelligence des termes mis en vogue par la Révolution, 아드리엥-캉텡 뷔에

1795 프랑스 민중의 신조어 표현을 포함한 신 프랑스어 사전Nouveau dictionnaire français contenant les expressions de nouvelle Création du Peuple français, 레오나르 스네트라즈

1797 신 휴대용 프랑스어 사전Nouveau dictionnaire portatif de la langue française(2권), 클로드 마리 가텔

1798 아카데미 프랑세즈 사전Dictionnaire de l'Académie françoise(2권), 제5판

19세기

1800 프랑스어 보편사전Dictionnaire universel de la langue française, 피에르-클로드-빅투아르 보이스트 & 장-프랑수아 바스티앵

1801 신 프랑스어 어휘 또는 아카데미 사전 요약집Nouveau Vocabulaire Français ou Abrégé du Dictionnaire de l'Académie, 노엘-프랑수아 드 와일리 & 에티엔-오귀스탱 드 와일리

1801 프랑스어 동의어 보편사전Dictionnaire universel des synonymes de la langue française(2권), 브누아 모렝

1801 휴대용 프랑스어 사전Nouveau vocabulaire ou Dictionnaire portatif de la langue française, J. L. 바르텔레미 코르몽

1802 2만 단어 이상 증가된 아카데미 프랑세즈 사전Dictionnaire de l'Académie française, augmenté de plus de vingt mille mots(2권), 장 샤를 라보

1803 프랑스어 보편사전Dictionnaire universel de la langue française, 제2판, 피에르 클로드-빅투아르 보이스트

1808 체계적인 의성·의태어 사전Dictionnaire raisonné des onomatopées françaises, 샤를 노디에

1809 신 프랑스어 동의어 보편사전Nouveau dictionnaire universel des synonymes de la langue française, 프랑수아 기조

1810 휴대용 프랑스어 사전Nouveau vocabulaire, ou Dictionnaire portatif de la langue française, 자크-프랑시 롤랑

1813 휴대용 프랑스어 보편사전Dictionnaire universel portatif de la langue française(2권), 클로드 마리 가텔

1818 프랑스어의 난해한 문법과 문학에 관한 체계적 사전Dictionnaire raisonné des difficultés grammaticales et littéraires de la langue françoise, 장 샤를 라보

1819 프랑스어 소사전Petit dictionnaire de la langue française, 에두아르 옥카르

1820 신 프랑스어 사전Nouveau dictionnaire de la langue française(2권), 장 샤를 라보

1825 아카데미 프랑세즈 사전 부록Supplément au Dictionnaire de l'Académie française, 프랑수아 레이몽

1826 신 프랑스어 사전Nouveau dictionnaire de la langue française, 노엘 & 챱살

1832 프랑스어 일반사전과 보편 어휘Dictionnaire général de la langue française et vocabulaire universel(2권), 프랑수아 레이몽

1834 프랑스어 사전들의 프랑스어 일반 및 문법 사전Dictionnaire général et grammatical des dictionnaires français(2권), 나폴레옹 랑데

1834 프랑스어 보편사전Dictionnaire universel de la langue française, 보이스트의 보편사전 제8판, 샤를 노디에

1835 아카데미 프랑세즈 사전Dictionnaire de l'Académie française(2권), 제6판

1836 아카데미 프랑세즈 사전 부록Supplément au Dictionnaire de l'Académie française, 프랑수아 레이몽

1836 아카데미 프랑세즈 축약 사전Dictionnaire abrégé de l'Académie française, 빅토르 베르제

1837 아카데미 프랑세즈 사전 보유판Complément du dictionnaire de l'Académie française, 루이 바레 & 나르시스 랑두아

1839 판 렉시크Pan Lexique(보이스트의 보편사전의 재판), 샤를 노디에 & 루이 바레

1842 반의어 사전Dictionnaire des antonymes ou contremots, 폴 악케르만

1842 아카데미 프랑세즈 사전 보유판Complément du dictionnaire de l'Académie française, 루이 바레

1843 동사사전Dictionnaire usuel de tous les verbes, 베슈렐 형제

1843 국어사전Dictionnaire national, 루이-니콜라 베슈렐

1845 국어사전 또는 프랑스어 비평 대사전Dictionnaire national ou Grand dictionnaire critique de la langue française, 루이-니콜라 베슈렐

1847 삽화가 곁들어진 프랑스어 사전Dictionnaire français illustré(2권), 뒤피네 드 보르피에르

1851 프랑스어 발음사전Dictionnaire de la prononciation de la langue française, 아드리엔 펠린

1851 프랑스어 사전, 구어와 문어의 체계적 주석Dictionnaire de la langue française, glossaire raisonné de la langue écrite et parlée, P. 푸아트벵

1853 고빈도 낱말사전Dictionnaire rationnel des mots les plus usités en sciences, en philosophie, en politique, en morale et en religion, 루이 조셉 앙투안 드 포터

1853 언어학 및 비교문헌학 사전Dictionnaire linguistique et philologie comparée, 루이-프랑수아 장

1853 프랑스어 사전Dictionnaire de la langue française, 샤를 르루아 & Th. 베나르

1853 신 동의어 사전Panorama des mots. Nouveau dictionnaire de synonymes, 퐁통 다메쿠르

1854 로만어 어원사전Dictionnaire étymologique des langues romanes, F. 디에

1856 삽화가 곁들어진 프랑스어 사전Dictionnaire français illustré, 모리스 라샤트르

1856 신 프랑스어 보편사전Nouveau dictionnaire universel de la langue française (2권), P. 푸아트벵

1856 신 프랑스어 사전Nouveau Dictionnaire de la langue française, 피에르 라루스

1858 프랑스어 동의어사전Dictionnaire des synonymes de la langue française, B. 라페

1858 그리스어 어근의 정원Jardin des racines grecques, 피에르 라루스

1859 신 프랑스어 사전Nouveau Dictionnaire de la langue française, 루이 도체

1860 라틴어 어근의 정원Jardin des racines latines, 피에르 라루스

1860 신 프랑스어 정통사전Nouveau dictionnaire classique de la langue française, J. 조르주

1862 프랑스어 유추 사전Dictionnaire analogique de la langue française, 프뤼당스 부아시에르

1863 프랑스어 사전Dictionnaire de la langue française(4권, 1873; 부록: 1879), 에밀 리트레

1863 신 프랑스어 정통사전Nouveau dictionnaire classique de la langue française, 루이-니콜라 베슈렐

1863 삽화가 곁들어진 프랑스어 사전과 보편 백과사전Dictionnaire français illustré et encyclopédie universelle, 뒤피네 드 보르피에르

1864 신 프랑스어 동의어 보편사전Nouveau dictionnaire universel des synonymes de la langue française, 증보판, 프랑수아 기조

1864 프랑스어 일반사전Dictionnaire général de la langue française, 앙투안-레앙드르 사르두 & 모르 게라르

1865 프랑스어 역사사전Dictionnaire historique de la langue française, 아카데미 프랑세즈, 미완성(2권 1884; 3권 1888; 4권 1894)

1865 신 보편사전Nouveau dictionnaire universel(2권), 모리스 라 샤트르

1866 19세기 보편대사전Grand Dictionnaire universel du XIXe siècle(15권, 1877; 부록2권: 1878, 1888), 피에르 라루스

1875 고대프랑스어 역사사전Dictionnaire historique de l'ancien langage français (10권 1882), 라퀴른 드 세인트-팔레

1878 파리 은어사전Dictionnaire du jargon parisien, 뤼시앙 리고

1878 아카데미 프랑세즈 사전Dictionnaire de l'Académie française, 제7판

1881 고대 프랑스어 및 11세기부터 15세기까지 방언사전Dictionnaire de l'ancienne langue française et de tous ses dialectes du XIe au XVe siècle(10권, 1902), 프레데릭 고드프루아

1881 근대 은어사전Dcitionnaire d'argot moderne, 뤼시앙 리고

1884 사전들 사전: 문학, 과학과 기술 백과사전Dictionnaire des dictionnaires: encyclopédie universelle des lettres, des sciences et des arts(6권, 1890), 피에르 게렝

1884 삽화가 곁들어진 신 보편 백과사전Nouveau dictionnaire encyclopédique universel illustré(5권, 1886; 부록: 1891), 쥘 트루세

1885 낱말과 사물의 삽화가 곁들어진 프랑스어 사전Dictionnaire français illustré des mots et des choses(3권, 1889), 라리브 & 플레리

1890 프랑스어 일반사전Dictionnaire général de la langue française du commencement du XVIIe à nos jours(2권, 1900), 아돌프 하츠펠드 & 아르센 다르메르트테르

1892 삽화가 곁들어진 신 보편사전Nouveau dictionnaire universel illustré, 폴 게렝 & G. 보비에-라피에르

1892 알파벳순 유추 사전Dictionnaire alphabétique et analogique, 에밀 블랑

1893 프랑스어의 모든 낱말을 포함한 백과식 보편사전Dictionnaire encyclopédique universel contenant tous les mots de la langue française(8권, 1899), 카미유 플라마리옹

1894 캐나다 프랑스어 사전Dictionnaire canadien-français, 실바 클라펭

1894 세기말 은어사전Dictionnaire d'argot fin de siècle, 샤를 비르메트르

1897 삽화가 곁들어진 신 라루스Nouveau Larousse illustré(7권, 1904; 부록: 1907), 클로드 오제

1898 낱말에 의해 연상되는 개념사전Dictionnaire des idées suggérées par les mots, 폴 루애

20세기 전반

1905 삽화가 곁들어진 라루스 소사전Petit Larousse illustré, 클로드 오제

1905 삽화가 곁들어진 백과식 사전Dictionnaire encyclopédique illustré, 아르망 콜렝

1907 삽화가 곁들어진 월간 라루스Larousse mensuel illustré(14권, 1907-1957)

1907 모두를 위한 라루스Larousse pour tous(2권, 1909), 클로드 오제

1908 20세기 보편적 백과사전Encyclopédie universelle du XXe siècle(12권), G. 아노토

1910 삽화가 곁들어진 고전 라루스Larousse classique illustré, 클로드 오제

1912 포켓 라루스Larousse de poche, 클로드 오제

1914 삽화가 곁들어진 초급 라루스Larousse élémentaire illustré, 클로드 오제 & 폴 오제

1914 삽화가 곁들어진 프랑스어 사전Dictionnaire illustré de la langue française, 클로드 오제 & 폴 오제

1914 프랑스어 발음사전Ditionnaire phonétique de la langue française, 폴 파시 & 에르만 미카엘리

1922 보편 라루스Larousse universel en deux volumes(2권), 클로드 오제

1923 삽화가 곁들어진 신 라루스 소사전Nouveau Petit Larousse illustré

1924 신 라루스 소사전Nouveau Petit Larousse('삽화가 곁들어진 라루스 소사전'의 새 이름)

1925 16세기 프랑스어 사전Dictionnaire de la langue française du XVIe siècle (7권, 1967), 에드몽 위게

1925 유추에 의해 분류된 수식어 사전Dictionnaire des qualificatifs classés par analogie, 피에르 쉐페르

1925 체계적이고 실용적인 프랑스어 라임 사전Dictionnaire méthodique et pratique des rimes françaises, 필립 마르티농

1927 20세기 라루스Larousse du XXe siècle(6권, 1933; 부록: 1953), 클로드 오제

1930 프랑스어 발음사전Dictionnaire phonétique de la langue française, 알프레드 바르보 & 구스타프 에밀 로드

1932 아카데미 프랑세즈 사전Dictionnaire de l'Académie française(2권, 1935), 제8판

1932 프랑스어 어원사전Dictionnaire étymologique de la langue française, O. 블로흐 & W. von 바르트부르크

1933 언어학 용어 사전Lexique de la terminonogie linguistique, 쥘 마르조

1934 키에 백과식 사전Dictionnaire encyclopédique Quillet(6권, 1935), 라울 모르티에

1936 프랑스어 기본사전Dictionnaire essentiel de la langue française, 아제(Azed)

1936 프랑스어 소사전Petit dictionnaire français, 클로드 아제

1936 유추 사전Dictionnaire analogique, 샤를 마케

1938 프랑스어 어원사전Dictionnaire étymologique de langue française, 알베르 도자

1938 초현실주의 축약사전Dictionnaire abrégé du surréalisme, 앙드레 브르통 & 폴 엘뤼아르

1946 키에 프랑스어 사전Dictionnaire Quillet de la langue française(3권), 라울 모르티에

1949 초보자 라루스Larousse des débutants, 미쉘 드 토로

20세기 후반

1953 프랑스어 알파벳순 유추 사전Dictionnaire alphabétique et analogique de la langue française(6권 1964; 부록 1970), 폴 로베르

1953 나의 첫 라루스Mon premier Larousse en couleur, 마르트 퐁트노 & 수잔 퇴로

1955 캐나다 프랑스어 소사전Petit lexique canadien-français, R. 르 비두아

1956 키에 실용사전Dictionnaire pratique Quillet(2권), 알렝 르미에르

1956 키에-플라마리옹 상용사전Dictionnaire usuel Quillet-flammarion, 피에르 지오안

1957 캐나다 프랑스어 일반사전Dictionnaire général de la langue française au Canada, 루이-알렉상드르 벨리슬

1958 기본 프랑스어 사전Dictionnaire du français fondamental, G. 구겐하임

1959 프랑스어 사전Dictionnaire de la langue française(7권), 리트레, 갈리마르-아쉐트 출판사

1959 라루스 소사전Petit Larousse('삽화가 곁들어진 라루스 소사전'의 새 이름)

1959 리트레 소사전Petit Littré, 갈리마르-아쉐트 출판사

1960 라루스 대백과사전Grand Larousse encycolpédique(10권, 1964; 부록1: 1968; 부록2: 1975), 클로드 뒤부아

1960 고전주의 프랑스어 사전Dictionnaire de la langue classique, 장 뒤부아 & R. 라간

1961 기본 프랑스어 사전Dictionnaire fondamental de la langue française, 제2판, G. 구겐하임

1961 프랑스어 사전Dictionnaire de la langue française, 아제

1962 기본 어휘 사전Dictionnaire du vocabulaire essentiel, 조르주 마토레

1963 아티에 프랑스어 사전Dictionnaire Hatier de la langue française

1965 키에 백과식 사전Dictionnaire encyclopédique Quillet(6권), 제2판

1965 프랑스어 은어 역사사전Dictionnaire historique des argots français, G. 에스놀

1966 현대 프랑스어 사전Dictionnaire du français contemporain, 장 뒤부아

1967 로베르 소사전Petit Robert, 폴 로베르

1968 로베르 고유명사 대사전Grand Robert des noms propres(5권, 1974), 폴 로베르

1968 키에 백과식 사전Dictionnaire encyclopédique Quillet(8권; 부록 1971), 장 로코 & 크리스티안 로코 & 기 로코

1968 신조어 사전Dictionnaire des mots nouveaux, 피에르 질베르

1969 근대 프랑스어 사전Dictionnaire du français moderne, 모리스 레미

1971 라루스 프랑스어 대사전Grand Larousse de la langue française(7권, 1978), 루이 길베르 & 로베르 라간 & 조르주 니오베

1971 프랑스어 보고Trésor de la langue française(16권 1994), 폴 엥브(1979년 7권까지), 베르나르 크마다(8권부터)

1971 현대 프랑스어 사전Dictionnaire du français contemporain, 장 뒤부아

1971 로베르 극소사전, 가장 중요한 프랑스어 사전Micro-Robert. Dictionnaire du français primordial, 폴 로베르

1971 신 프랑스어 어원사전Nouveau dictionnaire étymologique du français, 자클린 피코슈

1971 라루스 대백과사전La Grande Encyclopédie. Larousse(20권, 1976)

1971 낱말에 의한 개념사전Dictionnaire des idées par les mots, 다니엘 들라 & 다니엘르 들라-드몽

1971 현대어 사전Dictionnaire des mots contemporains, 피에르 질베르

1972 생생 프랑스어 사전Dictionnaire du français vivant, M. 다보, M. 코엔, M. 날르망

1973 실제로 쓰이는 프랑스어 발음사전Dictionnaire de la prononciation française dans son usage réel, 앙드레 마르티네 & 앙리에트 발터

1973 지구과학 프랑스어 문맥사전Dictionnaire contextuel de français pour les sciences de la terre, J.-L. 데캉

1974 로베르 소사전 2, 알파벳순 유추 고유명사 보편사전Dictionnaire universel des noms propres alphabétique et analogique, Le Petit Robert 2, 폴 로베르

1974 9살 미만을 위한 첫 사전Je doute, je cherche, je trouve. Premier dictionnaire pour les moins de 9 ans, G. 코테-프레퐁텐 & R. 프레퐁텐 & F. 테르

1974 아프리카 기본 프랑스어 사전Dictionnaire du français fondamental pour l'Afrique, J. 다비드

1975 라루스 멀티 사전Pluridictionnaire Larousse, 에티엔 질롱

1975 렉시스, 프랑스어 사전Lexis, Dictionnaire de la langue française, 장 뒤부아

1976 로고스, 프랑스어 대사전Logos, Grand dictionnaire de la langue française(3권), 장 지로데

1976 나의 만 단어Mes dix mille mots, 마르셀 디디에

1976 나탕 능동 사전, 1000 낱말Dictionnaire actif Nathan, 1000 mots, 프랑크 마르샹

1977 나탕 첫 사전, 200 낱말Premier dictionnaire Nathan, 200 mots, 프랑크 마르샹

1977 초보자를 위한 신 라루스Nouveau Larousse des débutants, 르네 라간

1977 신 동의어 사전Nouveau Dictionnaire des synonymes, 에밀 즈누브리에

1977 프랑스어 라루스: 렉시스Larousse de la langue française: lexis(2권)

1977 기본 라루스: 프랑스어 학습사전Larousse de base: dictionnaire d'apprentissage du français

1977 로베르 소사전Petit Robert, 제2판

1978 외국어로서의 프랑스어 사전Dictionnaire du français langue étrangère (1단계), 장 뒤부아, 프랑수아 뒤부아 샤를리에(2단계는 1979)

1978 퓌르티에르 보편사전Dictionnaire universel(1690), 알랭 레(서문), 로베르 출판사

1979 표현과 숙어사전Dictionnaire des expressions et locutions, 알랭 레 & 소피 샤트로

1979 프랑스어 어원사전Dictionnaire étymologique du français, 자클린 피코슈

1980 아셰트 프랑스어 사전Dictionnaire Hachette de la langue française

1980 아셰트 주니어 사전Dictionnaire Hachette junior, 폴 본느비, 필립 아미엘

1980 비관례적 프랑스어 사전Dictionnaire du français non conventionnel, 자크 셀라르, 알랭 레

1980 퀘벡 언어사전Dictionnaire de la langue québécoise, 레앙드르 베르즈롱

1980 발음사전Dictionnaire de la prononciation, 알랭 르롱

1980 현대어 사전Dictionnaire des mots contemporains, 피에르 질베르

1980 영어 차용어 사전Dictionnaire des anglicismes, 조제트 레-드보브 & 질베르트 가뇽

1981 흑아프리카 프랑스어 어휘목록Inventaire des particularités lexicales du français en Afrique noire, AUPELF

1982 현대 프랑스어 계통 사전Robert Méthodique, Dictionnaire méthodique du français actuel, 조제트 레-드보브

1982 라루스 백과식 대사전Grand Dictionnaire encyclopédique Larousse(10권, 1985)

1982 애매한 어원 사전Dictionnaire des étymologies obscures, 피에르 기로

1983 과학과 기술 신조어 사전Dictionnaire des mots nouveaux des sciences et des techniques, 가브리엘 크마다

1984 현대 프랑스어 설명·결합 사전Dictionnaire explicatif et combinatoire du français contemporain(4권, 2000), 이고르 멜축

1985 로베르 프랑스어 대사전Grand Robert de la langue française. Dictionnaire alphabétique et analogique de la langue française(9권), 제2판, 알렝 레

1985 퀘벡 숙어와 비유표현 사전Dictionnaire des locutions et d'expressions figurées du Québec, 앙드레 클라 & 에밀 쇠텡

1986 주제별 시각 사전Dictionnaire thématique vusuel, 장-클로드 코르베

1986 왕초보 라루스Larousse Maxi débutant, 르네 라간

1987 프랑스어 소사전Petit Dictionnaire de la langue française, 장 뒤부아

1988 어린이를 위한 로베르 소사전Petit Robert des enfants, 조제트 레-드보브

1988 프랑스어 플러스 사전. 아메리카 프랑스어 용법Dictionnaire du français plus. À l'usage des francophones d'Amérique, 피에르 오제, 노르망 보쉬멩, 클로드 푸아리에

1988 로베르 극소사전 플러스Le Micro-Robert plus, Langue française plus noms propres, chronologie, cartes, 알렝 레

1989 캐나다 프랑스어 사전Dictionnaire des canadianismes, 가스통 뒤롱

1989 로베르 구어-문어 사전. 음성 철자법Robert oral-écrit. L'orthographe par phonétique, 도미니크 토렐

1989 캐나다 프랑스어 사전Dictionnaire des canadianismes, 가스통 뒤롱

1991 외래어 낱말 사전Dictionnaire des mots d'origine étrangère, 앙리에트 발터 & 제라르 발터

1991 라루스 시소러스Thesaurus Larousse, 다니엘 페슈엥

1992 프랑스어 역사사전Dictionnaire historique de la langue française(2권), 알렝 레

1992 로베르 오늘날 사전Le Robert, Dictionnaire d'aujourd'hui, 알렝 레

1992 오늘날 퀘벡어 사전Dictionnaire québécois d'aujourd'hui, 장 클로드 블랑제

1993 로베르 주니어Le Robert jounior, 크리스틴 드 벨르퐁 & 소피 샹트로-라쥐미에 & 로랑스 라포르트

1993 신 로베르 소사전Nouveau Petit Robert, 조제트 레-드보브 & 알렝 레

1994 아카데미 프랑세즈 사전Dictionnaire de l'Académie française, 제9판 1권(A-Enz)

1994 전자 로베르 대사전Grand Robert électronique, 알렝 레

1994 모두를 위한 로베르Le Robert pour tous, 다니엘 모르방

1995 아프리카 보편사전Dictionnaire universel Afrique, AUPELEF-UREF

1995 철자법 역사사전Dictionnaire historique de l'orthographe, 니나 카타치

1996 아쉐트 초등학교 저학년 사전Dictionnaire Hachette benjamin, 장-피에르 메벨

1996 일상 로베르Le Robert quotidien, 조제트 레-드보브

1996 CD-Rom 로베르 소사전Petit Robert sur CD-ROM, 알렝 레, 조제트 레-드보브

1997 스위스 로망어 사전Dictionnaire suisse romand, 피에르 크네시트

1997 로베르 초등학교 저학년 사전Le Robert benjamin, 크리스틴 드 벨르퐁 & 로랑스 라포르트

1997 로베르 중학생 사전Le Robert collège, 마리-엘렌 드리보

1998 프랑스어권 보편사전Dictionnaire universel francophone(1995년의 '아프리카 보편사전'의 신판)

1998 퀘벡 프랑스어 역사사전Dictionnaire historique du français québécois, 클로드 푸아리에

1998 일상 상표명 사전Dictionnaire des noms de marques courants, 로베르 갈리송 & 장-클로드 앙드레

1999 플라마리옹 프랑스어 사전Dictionnaire Flammarion de la langue française, 브뤼노 부르동

1999 CD-Rom 로베르 주니어Robert junior sur CD-ROM

21세기

2000 아카데미 프랑세즈 사전Dictionnaire de l'Académie française, 제9판 2권 (Eoc-Map)

2000 스위스로망어 소사전Petit dictionnaire suisse romand, 피에르 크네시트

2001 프랑스어 지역어 사전Dictionnaire des régionalismes de France, 피에르 로조

2001 로베르 프랑스어 대사전Grand Robert de la langue française(6권), 제2판 증보판, 알렝 레 & 다니엘 모르방

2001 일상 프랑스어 사전Dictionnaire du français usuel, 자클린 피코슈 & 장-클로드 롤랑

2004 삽화가 곁들어진 라루스 소사전Petit larousse illustré 2005(출간 100주년 기념 판)

2005 문화사전Dictionnaire culturel en langue française(4권), 알렝 레

2005 과학과 기술 신조어 사전Dictionnaire des mots nouveaux des sciences et des techniques 1982-2003, 콜레트 뮈르시아 & 위베르 졸리

2011 아카데미 프랑세즈 사전Dictionnaire de l'Académie française, 제9판 3권 (Maq-Quo)

찾아보기

ㄴ

ㄷ

ㄹ

ㅅ

ㅋ

ㅌ

ㅎ

기타

프랑스어 사전의 역사

〈전통과 혁신〉

2020년 12월 5일 인쇄
2020년 12월 10일 발행

저자 | 하영동

발행인 | 정병석
발행처 | 전남대학교출판문화원

등록 | 1981. 5. 21. 제53호
주소 | 61186 광주광역시 북구 용봉로 77
전화 | (062) 530-0571~3 팩스 | (062) 530-0579
홈페이지 | http://www.cnup.co.kr
이메일 | cnup0571@hanmail.net

값 20,000원

ISBN 978-89-6849-752-0 (93760)

이 도서의 국립중앙도서관 출판예정도서목록(CIP)은
서지정보유통지원시스템 홈페이지(http://seoji.nl.go.kr)와
국가자료종합목록 구축시스템(http://kolis-net.nl.go.kr)에서 이용하실 수 있습니다.
(CIP제어번호 : CIP2020052026)